Mike Bickle

Der prophetische Dienst

Mike Bickle

Der prophetische Dienst
Wie Gott ihn sich gedacht hat

Die Originalausgabe erschien unter dem Titel *Growing in the Prophetic.*

Published by Charisma House, a Strang Company, 600 Rinehart Road, Lake Mary, Florida 32746, USA.

Bibelstellen wurden, wenn nicht anders angegeben, nach der Einheitsübersetzung zitiert.

ISBN 978-3-940188-12-0
Best.-Nr. 147412

Übersetzung: Ulrike Becker und Dorothea Appel
Umschlaggestaltung: joussenkarliczek, D-Schorndorf
Satz: Jens Wirth
Druck: Schönbach-Druck, D-Erzhausen
Printed in the EC

Informationen über unser umfangreiches Lieferprogramm an Büchern, Musik usw. finden Sie unter www.asaph.net, oder Sie wenden sich an:
ASAPH, D-58478 Lüdenscheid; E-Mail: asaph@asaph.net.

Inhalt

An meine Leser

Wozu noch ein weiteres Buch über den prophetischen Dienst? Ich habe in den vergangenen Jahren viele Bücher über Prophetie gelesen. Manche konzentrieren sich auf die verschiedenen biblischen Kategorien von Propheten und die übernatürlichen Offenbarungen, die durch sie geschehen. Andere beschäftigen sich damit, wie man Prophetie ausübt und wie man mit prophetischen Worten umgeht.

Dieses Buch berührt solche Themen, aber es beschäftigt sich auch in aller Offenheit mit der Freude und dem Schmerz prophetisch begabter Menschen im Kontext einer Lokalgemeinde. Ich spreche über Gefahren, Irritationen und Spannungen, die auftreten, wenn man Menschen mit der Gabe der Prophetie fördert, die unter anderen, „nicht-prophetischen" Menschen leben. Wenn der Heilige Geist unter schwachen Menschen wie uns wirkt, dann ist das Zusammenprallen von selbstsüchtigem Ehrgeiz und einem Mangel an Weisheit unvermeidbar. Daraus erwachsen viele Spannungen. Dazu kommt noch, dass wir Erfahrungen mit dem Heiligen Geist machen, die uns fremd sind. Dadurch wird es zu einer herausfordernden Erfahrung in unserem Gemeindeleben.

Nachdem ich zwanzig Jahre lang Pastor einer Lokalgemeinde gewesen war, gründete ich 1999 die Missionsstation des *International House of Prayer* in Kansas City (*IHOP Missions Base*). Am 19. September 1999 begannen wir einen Anbetungs- und Fürbittegottesdienst, der seitdem rund um die Uhr ununterbrochen fortgesetzt wird. Unsere Mitarbeiter verstehen sich als „Fürbitt-Missionare", weil sie sich im beständigen Gebet für Dienst und Einsatz engagieren. Sie finanzieren sich selbst als Missionare, ähnlich wie es in anderen Missionsorganisationen wie *Jugend mit einer Mission* und *Campus für Christus* gehandhabt wird. Momentan hat uns Gott in seiner Gnade etwa 1500 Vollzeitliche gegeben. Etwa fünfhundert Menschen bilden die feste Mitarbeiterschaft des Werkes, und weitere tausend sind Vollzeit-Studenten oder -Praktikanten. Jeder von ihnen arbeitet etwa fünfzig Stunden die Woche.

Zusätzlich schließen sich uns etwa zweitausend Menschen in unseren sonntäglichen Gottesdienstfeiern an. Und so setzt sich das, was ich als die *IHOP Missions Base*-Familie bezeichne, aus etwa viertausend Menschen zusammen. Täglich rufen wir zu Gott, dass er den Geist der Weisheit und Offenbarung, wie er in Epheser 1,17 genannt wird, ausgießen möge. Der Herr gibt uns wunderbare Antworten. Viele hatten prophetische Träume, Visionen und übernatürliche Erlebnisse.

Hunderte sind aktiv in unseren prophetischen Teams tätig. Diese Teams geben jedes Jahr Tausenden Menschen prophetische Worte weiter. Es ist wichtig, ganz am Anfang dieses Buches zu sagen, dass wir nur prophetische Erfahrungen empfangen, die Jesus verherrlichen, die Heilige Schrift achten und Heiligkeit und gegenseitige Liebe fördern. Das ist die Absicherung für subjektive prophetische Erfahrungen.

Meine Entwicklung zum Pastor prophetisch tätiger Menschen begann plötzlich, und zwar im Frühjahr 1983. Ich gebe zu, dass ich auf diesem Weg schon viele Fehler gemacht habe, aber ich habe auch ein paar wertvolle Lektionen gelernt. Ich möchte etwas davon weitergeben, was ich in den vergangenen fünfundzwanzig Jahren, in denen ich sehr viel mit prophetischen Menschen und Bewegungen zu tun hatte, gelernt habe.

Die Zukunft der Gemeinde wird sicherlich voller Menschen sein, die in der prophetischen Begabung handeln. In der Generation, in der der Herr zurückkommt, wird die ganze Gemeinde Träume, Visionen und prophetische Erfahrungen empfangen (Apostelgeschichte 2,17–21). Das wird spannend und herausfordernd sein. Der Heilige Geist wird sicherlich in neuen Dimensionen wirken, die Treue zur Schrift ebenso erfordern wie zutiefst demütige Lernbereitschaft (1. Korinther 3,18). Dies ist kein guter Zeitpunkt in der Geschichte für den, der sowieso schon alles weiß. Nein, nun, wo wir tiefer in das Prophetische eindringen, ist es vielmehr genau die richtige Zeit für die Tugend der Demut, die sich in einer belehrbaren Haltung ausdrückt.

Kapitel 1

Hier liegt ein schrecklicher Irrtum vor!

John Wimber ist an allem schuld. Es war im Juli 1989, viertausend Menschen waren zu einer prophetischen Konferenz zusammengekommen, die von der *Vineyard Christian Fellowship* in Anaheim, Kalifornien, ausgerichtet wurde.

John hatte auf der Konferenz mehrfach gesprochen und dann mich und andere vorgestellt, die etwas über den prophetischen Dienst sagen sollten. Ich lehrte darüber, wie man den prophetischen Dienst in der Ortsgemeinde fördern und handhaben kann, und gab einige praktische Ratschläge zum Ermutigen von Menschen mit wenig Erfahrung in dieser Hinsicht. Ich erzählte auch einige Geschichten davon, wie wir hin und wieder erlebt hatten, dass Gott Träume, Visionen, Engel und seine hörbare Stimme einsetzte, um seinen Willen im Leben unserer Gemeinde zu verwirklichen, und berichtete von einigen Begebenheiten, bei denen Gott solche prophetischen Offenbarungen sogar durch Zeichen in der Natur bestätigt hatte – z. B. durch Kometen, Erdbeben, Dürre und Überschwemmungen, die zu einem genau vorhergesagten Zeitpunkt eintrafen.

Ich hätte wohl etwas deutlicher sagen sollen, dass diese übernatürlichen Ereignisse nur sehr selten durch mich selbst geschehen sind. Ich war größtenteils ein Zuschauer des prophetischen Dienstes gewesen, und auch dies ursprünglich nur widerstrebend. Ja, ich war Pastor einer Gemeinde, in der etwa zehn Mitglieder einen vollzeitlichen Reisedienst mit Betonung des prophetischen Dienstes versahen, aber ich selbst hatte nur wenig prophetische Erfahrungen gemacht. Meistens erzählte ich von den Erfahrungen anderer, nicht von meinen.

In den Anfangstagen meines Dienstes, Mitte der 1970er-Jahre, war ich ein konservativer, evangelikaler Jugendmitarbeiter und hoffte, eines Tages das *Dallas Theological Seminary* besuchen zu können. Meine Einstellung war anticharismatisch, und darauf war ich stolz. Aber 1983 sah ich mich plötzlich von einer kleinen Schar ungewöhnlicher Menschen umgeben, die manche als Propheten bezeichneten. Ich hatte keine Erfahrung mit dem prophetischen Dienst; aber nun wurde ich Leiter dieser zehn, fünfzehn prophetisch wirkenden Leute. Oft fragte ich in den folgenden Jahren: „Warum gerade ich, Herr?"

An der Konferenz nahmen größtenteils konservative, evangelikale Gemeindeleiter teil, die durch Wimbers Theologie über Heilungen gesegnet, aber in der Regel noch nie mit irgendeiner Art von prophetischem Dienst konfrontiert worden waren. Sie repräsentierten eine rasch wachsende Zahl von Christen, die große Sehnsucht haben, Gottes Reden direkter auf übernatürliche und persönliche Weise zu hören.

Ich hatte mein Referat beendet und leitete die Gebetszeit, als John Wimber aufs Podium kam und mir ins Ohr flüsterte: „Würdest du den Heiligen Geist bitten, über Menschen die Gabe der Prophetie freizusetzen?"

Wer von Ihnen das Vorrecht hatte, John Wimber vor seinem Tod im November 1997 zu erleben, weiß, dass er niemals Gefühle hochpeitschte oder eine Show abzog. In demselben Tonfall, in dem er den Heiligen Geist bat, Tausende von Menschen zu berühren, kündigte er auch die organisatorischen Bekanntmachungen ab. In genau dieser nüchternen Art bat er mich jetzt auch, für die Menschen zu beten, damit sie das empfangen würden, was ich soeben beschrieben hatte.

Unter den Augen von viertausend geistlich hungrigen Menschen flüsterte ich zurück: „Kann ich das denn tun, wo ich doch selbst gar nicht prophetisch begabt bin?"

John antwortete: „Nur zu! Bete um die Freisetzung der Gabe, und lass den Herrn die Menschen so berühren, wie er es möchte."

„Warum bete ausgerechnet *ich* für diese Menschen?", dachte ich. Hilfesuchend schaute ich mich nach einem der anderen Sprecher um, die bekannte Propheten waren. So jemand sollte für die Leute beten, dass sie mehr prophetisch dienen dürften! Doch ich entdeckte keinen von ihnen, ich war offensichtlich ganz auf mich gestellt.

„Na gut, John", sagte ich, „wenn du es so willst …" Das würde ein harmloses Gebet werden.

John kündigte an, dass ich den Heiligen Geist bitten würde, die Gabe der Prophetie im Leben der Anwesenden freizusetzen. Also betete ich. Ich bemerkte einen der Leiter meiner Gemeinde in Kansas City hinten im Konferenzsaal, der auf mich zeigte und leise lachte. Er wusste, dass ich kein Prophet war, und er wusste auch, dass mir das Wasser bis zum Hals stand, weil ich diese Gebetszeit leitete, in der die prophetische Begabung in anderen freigesetzt werden sollte.

Sobald die Versammlung vorbei war, bildete sich eine lange Schlange von Menschen, die unbedingt mit mir sprechen wollten. Einige baten mich, für die Freisetzung der prophetischen Gabe in ihnen zu beten, andere wollten, dass ich ihnen ein „Wort des Herrn" sagte, dass ich Prophetien über den Plan Gottes für ihr Leben aussprechen sollte. Immer wieder erklärte ich: „Nein, ich habe kein Wort für Sie. Nein, ich kann die Gabe der Prophetie nicht weitergeben. Nein, ich bin nicht prophetisch begabt."

Ich schaute mich suchend nach John um, konnte ihn aber nicht finden. Nachdem ich einige Zeit damit zugebracht hatte, diesen Sachverhalt etwa fünfundzwanzig Leuten nacheinander zu erklären, begab ich mich einfach auf die Bühne und gab übers Mikrofon eine Erklärung ab: „Hier liegt ein großer Irrtum vor. Ich stehe nicht im prophetischen Dienst! Ich habe überhaupt kein prophetisches Wort für euch." Damit verließ ich den Saal.

Richard Foster, der Autor von *Nachfolge feiern,* hatte darauf gewartet, dass ich mit dem Beten fertig wurde, damit wir zusammen zu Mittag essen konnten. Auf unserem Weg zum Wagen hielten mich auf dem Parkplatz mehrfach Leute an, die ebenfalls wollten, dass ich über ihnen prophezeite. Natürlich hatte ich auch für sie kein prophetisches Wort.

Schließlich gelang es uns zu entfliehen, und wir fanden ein Restaurant, das etwa fünfzehn Kilometer vom Tagungsort entfernt war. Doch während ich mit meinem Teller an der Salatbar stand, baten mich zu meiner Überraschung zwei Konferenzteilnehmer unabhängig voneinander, prophetische Worte für sie auszusprechen. Nun wünschte ich mir sehr, dass ich während meines Vortrags deutlicher gesagt hätte, dass ich weder ein Prophet noch der Sohn eines Propheten war.

Menschen, die darauf brennen oder die es verzweifelt nötig haben, das Reden Gottes zu hören, sind selten zurückhaltend und höflich. Ich wurde langsam ungeduldig, und das hartnäckige Drängen der Leute verärgerte mich. Die Tatsache, dass ich mit Richard Foster zusammen war, den ich schon lange kennenlernen wollte, vermehrte meinen Ärger nur.

Es war auch ein bisschen peinlich. Richard lachte, als ich zu ihm sagte: „Ich bin kein prophetisch begabter Mensch! Heute ist ein schrecklicher Irrtum passiert!“

Diese Situation war geradezu harmlos, verglichen mit der Aufregung einige Jahre später. Mir schien, Gott habe den verkehrten Mann gewählt, um ein Team von prophetisch begabten Leuten als Hirte zu begleiten.

Eine widerwillige Einführung in den prophetischen Dienst

Viele Menschen kennen Gott nur im Zusammenhang mit Dingen, die weit entfernt und vor langer Zeit geschehen sind. Sie hungern danach, den Gott kennenzulernen, der auf ganz persönliche Weise hier und heute mit ihrem Leben zu tun hat. Wenn diese Erkenntnis zum ersten Mal auf dramatische Weise in ihnen wachgerufen wird, dann neigen die Menschen eine Zeit lang zu Überreaktion und oft zu Übereifer. Es gibt einen großen Hunger in Gottes Volk, auf übernatürliche Weise direkt von ihm zu hören. Diesen Hunger sehe ich im Lauf der Jahre nur noch stärker werden.

Viele Menschen, die in Dienste hineingewachsen sind, die auch das Prophetische umfassen, haben sich zunächst heftig dagegen gewehrt. Mein guter Freund Jack Deere war früher Dozent am *Dallas Theological Seminary* und Anhänger des *Cessationalismus*, bevor er John Wimber kennenlernte und Manifestationen der Kraft Gottes erlebte. (Der Cessationalismus lehrt, dass die übernatürlichen Gaben des Heiligen Geistes nach der Apostelgeschichte aufhörten.) Auch er geriet in eine schwierige Zeit der Gewissensprüfung, als er anfing, den prophetischen Dienst zu befürworten. Als hervorragender Bibellehrer musste er sicherstellen, dass alles hundertprozentig schriftgemäß war.

Wir schätzen es, die Gaben des Heiligen Geistes in Bezug auf das geschriebene Wort Gottes angewendet zu sehen. Das ist ein nicht verhandelbarer Aspekt dessen, was die *IHOP Missions Base* für erforderlich hält, um im Prophetischen zu wachsen. Acht Mitglieder unseres Hauptamtlichenteams haben einen Magisterabschluss, weitere vier einen Doktortitel – meistens von konservativen, evangelikalen, nichtcharismatischen Ausbildungsstätten. Fünf andere Männer haben Abschlüsse in Jura gemacht, bevor sie Mitarbeiter unserer *Missions Base* wurden. Die Persönlichkeit solcher Männer und Frauen ist normalerweise ganz anders als die von Menschen, die sich auf den prophetischen Dienst ausrichten, aber die Verschiedenartigkeit ist überaus wichtig. Wir alle brauchen einander.

Der Herr hat uns geholfen, eine vollzeitliche Bibelschule namens *The Forerunner School of Ministry* aufzubauen, die in akademischer Hinsicht recht hohe Anforderungen stellt. Die „Theologen" lehren hier Seite an Seite mit „Propheten" in einem Team. Es ist sehr wichtig, dass die Gaben des Heiligen Geistes mit einem verantwortungsbewussten Schriftstudium verbunden werden.

Wie die meisten Leute in der *IHOP Missions Base* ist die Mehrzahl dieser theologisch ausgebildeten Mitarbeiter nicht besonders prophetisch begabt. Es sind Hirten und Lehrer, die sich deutlich berufen fühlen, in einem Werk mitzuarbeiten, zu dem unter anderem auch der prophetische Dienst gehört.

Vielleicht überrascht es Sie, dass viele der prophetisch dienenden Leiter in unserer Mitte tatsächlich in einer Gemeinde aufgewachsen sind, in der die Geistesgaben keine Rolle spielten.

Nur allzu oft widerspricht Gottes Berufung völlig unseren natürlichen Stärken und unserer gewohnten geistlichen Ausrichtung. Wir sind davon überzeugt, dass Gott ein stark evangelikal geprägtes Bibelstudium mit übernatürlichen Manifestationen des Heiligen Geistes zusammenbringen möchte. Es kommt häufig vor, dass Gott Menschen zu einer Aufgabe beruft, für die sie keine natürlichen Begabungen mitbringen. Petrus, der ungebildete Fischer, wird zum Apostel gelehrter Juden berufen. Paulus, der selbstgerechte Pharisäer, wird als Apostel zu den heidnischen Griechen gesandt.

Die ersten Begegnungen mit dem prophetischen Dienst erlebte ich als Skeptiker. Aufgrund meiner frühen Religionserziehung und -zugehörigkeit hätte niemand gedacht, dass ich mich je in einem prophetischen Dienst einbringen würde. Gott hat Humor, so viel ist sicher.

WIE ICH ANTI-CHARISMATISCH WURDE

Im Februar 1972 wurde ich als Siebzehnjähriger von der Kraft des Heiligen Geistes berührt. In einer Gemeinde der *Assemblies of God* in Kansas City namens „Evangel Temple" schien mich der Heilige Geist von allen Seiten zu umgeben, und ich betete zum ersten Mal in Sprachen. Vor diesem Erlebnis hatte ich noch nicht einmal etwas von der Gabe des

Sprachengebetes gehört. Ich hatte keine Ahnung, was mit mir geschehen war. Ich bat die Leute, die mit mir gebetet hatten, mir zu helfen, das Geschehene zu verstehen. Sie sagten, ich hätte in Sprachen gebetet. Ich fragte: „Was ist das?" Sie empfahlen mir, 1. Korinther 14 zu lesen und dann zur nächsten Versammlung zu kommen, um mehr darüber zu lernen.

Obwohl es eine gewaltige Gottesbegegnung gewesen war, wurde ich von meinen presbyterianischen Jugendgruppenleitern umgehend davon überzeugt, dass dieses Erlebnis eine dämonische Imitation gewesen wäre. So schlussfolgerte ich, dass ich durch diese Nachahmung betrogen worden war. Ich sagte mich sofort entschieden von diesem Erlebnis los und beschloss, mich allem Charismatischen zu verschließen, weil etwas, was so real erschien, nur allzu leicht auch andere Menschen verführen könnte. Ich fing an, andere „unschuldige" Christen vor solchen falschen Erlebnissen wie dem Sprachengebet zu warnen.

In den nächsten Jahren machte ich es zu meiner persönlichen Mission, die charismatische Theologie bloßzustellen und diejenigen zu retten, die von einem solchen falschen Erlebnis in die Irre geführt worden waren.

Ich mochte Charismatiker genauso wenig wie die charismatische Theologie. Die Charismatiker, denen ich begegnet war, schienen so zu tun, als hätten sie die Weisheit mit Löffeln gefressen. Ich hielt sie für arrogant und ohne geistlichen Tiefgang. Meiner Einschätzung nach fehlte ihnen vieles, insbesondere die Leidenschaft für das Wort Gottes und das Bemühen um einen geheiligten persönlichen Lebensstil. Als junger Christ verschrieb ich mich den großen Gestalten der evangelikalen Bewegung und vertiefte mich in die Schriften von J. I. Packer, John Stott, Jonathan Edwards, Martyn Lloyd-Jones, A. W. Tozer und ähnlichen anderen. Mein Eifer für die evangelikale Rechtgläubigkeit und mein Kreuzzug gegen die übernatürlichen Gaben des Heiligen Geistes begleiteten mich überall hin, wo ich das Wort Gottes predigte. Ich sprach an einer Reihe von Colleges im mittleren Westen der USA. Ich wollte Charismatiker dazu bringen, ihre Erlebnisse als nicht schriftgemäße Täuschungen zu verurteilen.

Noch ein schrecklicher Irrtum

Im April 1976 wurde ich, zwanzig Jahre alt, in ein Städtchen auf dem Land eingeladen, um vor einer kleinen lutherischen Hausgruppe von fünfundzwanzig Leuten zu predigen. Bei dem Städtchen handelte es sich um Rosebud, Missouri. Rosebud ist eine Autostunde von St. Louis entfernt. Die Leute aus der Hausgruppe suchten einen Pastor, der mit ihnen eine neue Gemeinde gründen würde. Ich wusste nicht, dass sie mit der charismatischen Erneuerung zu tun hatten, die damals durch die lutherische Kirche fegte. Ich nahm ihre Einladung an und lehrte über die Taufe im Heiligen Geist aus einem anti-charismatischen Blickwinkel heraus. Diese Predigt hatte ich schon viele Male an Colleges gehalten. Es war eine direkte Ableitung aus John Stotts Büchlein über die Taufe im Heiligen Geist. Die Hausgruppe sollte von vornherein wissen, dass ich mit charismatischen Irrlehren nichts zu tun haben wollte.

Obwohl diese Menschen Jesus offensichtlich liebten, waren sie sich all der theologischen Argumente gegen das Sprachengebet nicht bewusst. Die in meiner Predigt implizierten Lehrmeinungen drangen einfach nicht zu ihnen durch. Die meisten von ihnen hielten sich erst seit sehr kurzer Zeit zu der charismatischen Erneuerung der lutherischen Kirche.

Bei dem Ehepaar, das diese Hausgruppe hauptsächlich leitete, handelte es sich um „erfahrene Charismatiker". Sie waren verreist gewesen, als ich die Probepredigt hielt. Bei ihrer Rückkehr hörten sie, dass der junge Prediger namens Mike Bickle über „die Taufe im Heiligen Geist" gesprochen habe. Damit waren sie zufrieden, und ich wurde als Pastor eingestellt. Weil man ihnen sagte, ich habe über die Taufe im Heiligen Geist gepredigt, gingen sie davon aus, dass ich mit ihrer *charismatischen* Theologie übereinstimmte. Ironischerweise nahm ich an, dass sie alle aufgrund der Probepredigt meine *anti-charismatische* Einstellung kannten. So war ich völlig unvorbereitet auf das, was in den folgenden Monaten, in denen ich mich an meine neue Rolle als Pastor gewöhnte, passieren sollte. Das leitende Ehepaar bat mich, die Aufforderung zur Bekehrung am Ende des Gottesdienstes auszuweiten und auch Gebet für Menschen anzubieten, die in Sprachen beten wollten. „Ich glaube nicht an das Sprachengebet", antwortete ich ohne Zögern. Da wurde uns klar, dass sie bei meiner Anstellung nichts von meiner anti-charismatischen Einstellung gewusst hatten. „Oh, da liegt ein schrecklicher Irrtum vor!", stöhnte ich.

„Pastor einer charismatischen Gemeinde!" – Ich verzog das Gesicht. Auf der Stelle wollte ich kündigen und diese kleine Landgemeinde verlassen. Das war ja unglaublich! Wie war ich nur in diesen Schlamassel geraten? Rückblickend besteht kein Zweifel, dass Gott selbst mich in diese Situation geführt hatte. Inzwischen waren mir diese Leute aber wirklich lieb geworden. Ich vertraute ihrer Echtheit, ihrer Liebe zur Heiligen Schrift und ihrem evangelistischen Engagement. Wie konnten Menschen, die Jesus so lieb hatten, verführte Charismatiker sein?

Gott benutzte das, was ich in dieser Gemeinde erlebte, um einige meiner Vorurteile gegen Charismatiker zu erschüttern. Wegen der Frömmigkeit und Demut der Leute in dieser kleinen Landgemeinde gefiel mir jetzt der Umgang mit Charismatikern, auch wenn ich überzeugt war, dass sie falsche theologische Ansichten hatten. Jetzt tolerierte Mike Bickle also Charismatiker. Das war für den Moment in Ordnung, weil ich bereits Pläne hatte, als Missionar nach Mexiko zu gehen. Ich dachte mir: „Für kurze Zeit kann ich alles ertragen." Und so kündigte ich nicht.

Gott schiesst aus dem Hinterhalt

Einige Monate später begegnete mir das erste öffentliche prophetische Wort, das an mich gerichtet war; natürlich glaubte ich es nicht. Dieser Prediger rief mich heraus und sagte: „Junger Mann da hinten im Saal, Gott wird Sie von dort, wo sie jetzt sind, wegnehmen, und Sie werden regelmäßig Hunderte junger Erwachsener lehren – ab sofort."

„Nicht ich", dachte ich mir. Ich würde nicht in Amerika bleiben, um unter jungen Leuten zu arbeiten. Ich hatte bereits meine Mitarbeit bei einer Missionsorganisation in Mexiko-Stadt in die Wege geleitet. Ich lehnte mich gegen dieses prophetische Wort auf und sagte zu mir selbst: „Das kann nicht sein." Dann fuhr der Prediger fort zu prophezeien: „Auch wenn Sie jetzt gerade sagen: ‚Das kann nicht sein', wird Gott es sofort tun." Die Leute klatschten. Ich wollte nur raus.

Schon in der darauffolgenden Woche besuchte ich einen Freund in St. Louis und traf dort zufällig den Pastor der größten charismatischen Gemeinde der Gegend mit mehreren Tausend Mitgliedern. Er schaute mich an und sagte: „Ich weiß, wir kennen uns überhaupt nicht, aber ich habe eine ungewöhnliche Bitte an Sie. Der Heilige Geist hat soeben zu mir gesagt, dass Sie Samstagabend bei unserem Jugendgottesdienst predigen sollen, zu dem jede Woche über tausend junge Leute kommen." Noch bevor ich darüber nachdenken konnte, hörte ich mich bereits Ja sagen. Ich war schockiert und verwirrt, dass ich so spontan zugestimmt hatte, in dieser radikal charismatischen Gemeinde zu predigen. Diese

Einladung anzunehmen schien mir ein Kompromiss zu sein. Es war mir peinlich. Was würden meine Freunde denken? Auch sie waren anti-charismatisch eingestellt.

Widerstrebend fuhr ich zu dem Gottesdienst, und nach meiner Lehre kam der Pastor auf die Bühne, um den Gottesdienst zu beenden, und fragte, ob die jungen Leute mich in der folgenden Woche wieder hören wollten. Sie applaudierten, und so sagte ich unter dem Druck des Augenblicks zu, auch in der nächsten Woche zu predigen. Am nächsten Samstagabend geschah das Gleiche. Sie nahmen meine Botschaft so offen auf, dass ich zu dem Schluss kam, Gott habe mich hierhin gesandt, damit ich ihre falsche Theologie veränderte. Ich sagte zu, die nächsten zwölf Samstage hintereinander zu lehren.

Einen Monat später, am Tag meiner Hochzeit, trafen sich die Ältesten meiner kleinen Landgemeinde während der Hochzeitsfeier inoffiziell mit diesem Pastor und einigten sich darauf, dass ich der neue Jugendpastor dieser großen Gemeinde werden sollte. Ohne mich überhaupt in die Entscheidung einzubeziehen, verkündeten sie diese Neuigkeit einfach am Schluss der Hochzeitsfeier. Ich war so aufgeregt darüber, mit Diane verheiratet zu sein, dass ich einfach antwortete: „Prima, ich arbeite überall.“

Auf unserer Hochzeitsreise wurde mir bewusst, dass ich jetzt der Jugendpastor einer großen charismatischen Gemeinde war – ich konnte gar nicht fassen, wie leichtfertig ich zugestimmt hatte, und fragte mich: „Wie konnte ich das nur zulassen? Da liegt ein schrecklicher Irrtum vor.“ Es schien, dass Gott mich ständig in Dinge hineindrängte, gegen die ich Vorbehalte hatte.

Meine widerstrebende Reise zu den Gaben des Geistes hatte gerade erst begonnen. Die Prophezeiung, die ich von dem Prediger der *Geschäftsleute des vollen Evangeliums* bekommen hatte, dass ich ab sofort regelmäßig Hunderte junger Menschen lehren würde, hatte sich innerhalb von zwei Monaten erfüllt. Jetzt war ich der Jugendpastor dieser großen Gemeinde in St. Louis. Aber ich glaubte immer noch nicht an die Gabe des Sprachengebets oder die Gabe der Prophetie, und so hätte ich mir niemals vorstellen können, was in den kommenden Jahren passieren würde, als ich nach Kansas City umzog. Ich ahnte nicht, dass ich, ein konservativer Evangelikaler, mit Geistesgaben, besonders der Gabe der Prophetie, in einem Maß zu tun bekommen sollte, das wohl sogar für viele Charismatiker sehr ungewöhnlich war.

Im Frühjahr 1979 bat mich die Leitung dieser großen Gemeinde, auf der anderen Seite von St. Louis im Rahmen ihrer Vision, dass die ganze Stadt erreicht würde, eine Tochtergemeinde zu gründen. So startete ich im September 1979 eine neue Gemeinde. Diese wuchs, und meine Frau Diane und ich gingen davon aus, dass wir viele Jahre dort dienen würden. Ich verwarf die Idee, als Missionar nach Mexiko zu gehen. Dass Gott andere Pläne für uns hatte, war nicht weiter befremdlich, aber die Art, wie er uns diesen Plan mitteilte, forderte meinen Glauben heraus.

Der nächste Glaubensschritt

Im Juni 1982, drei Jahre nach der Gründung der neuen Gemeinde in St. Louis, traf ich einen Mann, der behauptete, er habe prophetische Begegnungen mit Gott gehabt. Sein Name war Augustine, und er versah einen prophetischen Reisedienst, bis er 1996 starb. Seine Prophezeiungen halfen mir eine Übersiedlung nach Kansas City zu beschließen, um eine neue Gemeinde zu gründen. Bald nach dem Umzug im März 1983 begegnete ich Bob Jones in Kansas City. Diese Männer sprachen beide über ungewöhnliche Erfahrungen, unter anderem hörbare Stimmen, Engelserscheinungen, farbenprächtige Visionen und Zeichen am Himmel, um nur einige der spektakuläreren zu nennen.

Manche ihrer prophetischen Erfahrungen hatten weitreichende Auswirkungen für die Richtung, in die mein Dienst ging. Wenn Gott so daran interessiert war, meine Aufmerksamkeit zu erlangen, warum gab er mir nicht einfach meine eigene Vision? Natürlich glaubte ich nicht besonders an die Gültigkeit solcher Erfahrungen. Inzwischen konnte ich den Gedanken akzeptieren, dass Gott Kranke heilte, aber für prophetische Erfahrungen war ich nicht bereit.

Zunächst schien mir das, was diese Männer behaupteten, eher einer lebhaften, aber fehlgeleiteten Fantasie zu entspringen, als echte Offenbarungen von Gott zu sein. Aber bald bestätigte der Heilige Geist die Authentizität dieser Männer. Gleichzeitig begannen auch meine Freunde und Mitarbeiter, denen ich wirklich vertraute, zu glauben, dass es sich um echte Prophezeiungen handelte. Obwohl dies alles meinen lange gehegten Vorbehalten gegen diese Dinge völlig entgegenstand, beschloss ich, einen Glaubensschritt zu wagen und in unserer Gemeinde den prophetischen Dienst zuzulassen.

Von 1983 bis 1985 waren meine Erlebnisse mit dem prophetischen Dienst ein großer Segen für die neue Gemeinde, die ich in Kansas City gründete. Ja, wenn er nicht ordentlich gehandhabt wird, kann er viel Verwirrung und Spaltung bewirken. Ja, ich habe in der ersten Zeit bei der Anwendung des prophetischen Dienstes in dieser neuen Gemeinde viele Fehler gemacht.

In den ersten paar Jahren sammelte der Herr fünf bis sechs prophetisch begabte Leute in unserer jungen Gemeinde. Dann schlossen sich uns weitere sieben bis acht prophetische Dienste an. Wir gingen auf sehr interessante Zeiten zu. Die dramatische Entwicklung von Ereignissen, die vor uns lagen, hätte ich mir nie vorstellen können. Bleiben Sie dran, es geht weiter.

Kapitel 2

Die Bestätigung von Prophetien durch Gottes Eingreifen in die Natur

Die Bestätigung prophetischer Worte durch Gottes Eingreifen in die Natur ist unter Christen kein allgemein verbreitetes Thema. Doch zweifellos werden am Ende dieses Zeitalters die Zeichen am Himmel und die Naturkräfte auf Erden sowohl der Gemeinde als auch den Ungläubigen als ein dramatisches Zeugnis dienen.

In Kansas City haben wir diese Dinge nur einige wenige Male beobachtet und wissen von einigen weiteren Begebenheiten solcher Art. Wir vermuten jedoch, dass die Kirche in anderen Teilen der Erde in dieser Hinsicht mehr erlebt als in der westlichen Welt.

Wenn ein prophetischer Dienst gedeiht, wird er häufig von Zeichen und Wundern bestätigt. In seiner Pfingstpredigt zitiert Petrus die Verheißung aus dem dritten Kapitel des Joelbuches über eine Erweckung in den letzten Tagen. Natürlich begannen diese „letzten Tage“ mit dem Kreuz, der Auferstehung und dem Pfingstereignis. Die endgültige Erfüllung dieser Dinge aber wird in den letzten Jahrzehnten der „letzten Tage“ geschehen, die ich als „Endzeit“ bezeichne; das heißt in den wenigen Jahren direkt vor dem zweiten Kommen Christi.

Die erste Hälfte des Abschnitts in Apostelgeschichte 2 spricht von der Ausgießung des Heiligen Geistes und der Zunahme an prophetischen Offenbarungen im gesamten Leib Christi:

> In den letzten Tagen wird es geschehen, so spricht Gott: Ich werde von meinem Geist ausgießen über alles Fleisch. Eure Söhne und eure Töchter werden Propheten sein, eure jungen Männer werden Visionen haben, und eure Alten werden Träume haben. Auch über meine Knechte und Mägde werde ich von meinem Geist ausgießen in jenen Tagen, und sie werden Propheten sein (Apostelgeschichte 2,17–18).

Die zweite Hälfte dieses Abschnitts ist der deutlichen Zunahme göttlichen Handelns in der Natur gewidmet:

> Ich werde Wunder erscheinen lassen droben am Himmel und Zeichen unten auf der Erde: Blut und Feuer und qualmenden Rauch. Die Sonne wird sich in Finsternis verwandeln und der Mond in Blut, ehe der Tag des Herrn kommt, der große und herrliche Tag. Und es wird geschehen: Jeder, der den Namen des Herrn anruft, wird gerettet (Apostelgeschichte 2,19–21).

Dieser Text gibt eine göttliche Ordnung und Reihenfolge vor: die Ausgießung des Heiligen Geistes, gefolgt von der Zunahme prophetischer Träume und Visionen, wiederum gefolgt von dem Eintreten bestätigender Zeichen an Himmel und Erde. Wir haben einige dieser übernatürlichen Bestätigungen für bedeutende Prophezeiungen in der Natur miterlebt.

Wir glauben, dass das, was wir gesehen haben, nur ein kleiner Vorgeschmack dessen ist, was auf noch dramatischere Weise in vielen Gemeinden in allen Nationen geschehen wird. In den letzten Tagen wird es zu einer Multiplikation aller vier Elemente der Prophetie aus dem dritten Kapitel des Joelbuches kommen:

1. die Ausgießung des Heiligen Geistes
2. prophetische Träume und Visionen
3. Zeichen und Wunder auf der Erde und am Himmel
4. das Anrufen Jesu von ganzem Herzen – erstens mit der Bitte um Errettung, zweitens mit der Bitte um Befreiung aus Schwierigkeiten und schließlich in überfließender, herzlicher Liebe zu Gott (siehe Matthäus 22,37).

Dieses Kapitel soll Ihnen Mut machen: In der kommenden Zeit wird Gottes Herrlichkeit in nie da gewesener Weise freigesetzt werden. In der Endzeit wird es deutlich mehr prophetische Visionen und Träume geben, die durch Zeichen und Wunder in der Natur bestätigt werden. Diese prophetischen Ereignisse werden nicht einfach innerhalb der Grenzen einiger *prophetisch orientierter* Gemeinden stattfinden, sondern vor den Augen der ganzen Menschheit – sowohl vor Gläubigen wie vor Ungläubigen.

Beim Nachdenken über die Bedeutung unserer eigenen prophetischen Erfahrungen kommen wir zu dem Schluss, dass es mehrere Gründe gibt, warum der Herr Prophetien durch sein übernatürliches Handeln in der Natur bestätigt. Je näher die Wiederkunft Jesu rückt, desto mehr müssen wir verstehen, wie prophetische Offenbarungen gehandhabt werden, die Gott durch sein Eingreifen in die Natur bestätigt. Deshalb soll dieses Kapitel einiges vermitteln, was wir zu dem Thema gelernt haben.

Unerwarteter Schneefall

Augustine, der Prediger, den Gott für meinen Umzug von St. Louis nach Kansas City 1982 als Propheten gebraucht hatte, warnte mich vor einem falschen Propheten, der in den Anfangstagen unserer neuen Gemeindegründung in Kansas City anwesend sein würde.

Am 7. März 1983, nicht lange nach unserer Ankunft in Kansas City, kam ein ungewöhnlich wirkender Mann namens Bob Jones in mein Büro und stellte sich mir vor. Zunächst stand ich ihm skeptisch gegenüber, ich dachte, er sei der falsche Prophet, vor dem mich Augustine gewarnt hatte. Aber zu meinem Erstaunen warnte auch Bob mich bei unserer ersten Begegnung vor einem falschen Propheten mitten in unserem Gemeindegründungsprojekt. Ich fragte mich: „Kann denn Bob Jones selber dieser falsche Prophet sein und mich trotzdem vor einem falschen Propheten warnen?" Allein dieser Gedanke wühlte mich ein paar Tage lang völlig auf!

Es kam mir komisch vor, dass Bob an jenem Tag einen Wintermantel anhatte. Das war merkwürdig, weil es in Kansas City längst keinen Winterschnee mehr gab und es ungefähr eine Woche schon ziemlich warm gewesen war. Warum trug er einen schweren Wintermantel?

Bei dieser ersten Begegnung prophezeite Bob, dass Gott eine Gebetsbewegung unter jungen Erwachsenen auf der ganzen Welt ins Leben rufen würde, und zwar unter der Leitung von prophetischen Sängern und Musikern in Kansas City. Während unseres Treffens sagte er mir, dass der Herr diese Prophetie mit einem Zeichen in der Natur bestätigen würde; wir könnten es als ein ungewöhnliches Wetterphänomen am Himmel wahrnehmen (Apostelgeschichte 2,19), genauer: Am ersten Tag des Frühlings würde unerwarteter Schneefall einsetzen, und dann würde er mit mir an einem Tisch sitzen und ich würde sein prophetisches Wirken anerkennen. Diese Prophetie nahm ich nicht ernst, weil ich davon ausging, Bob wäre der falsche Prophet, vor dem mich Augustine gewarnt hatte. Ich verwarf sie, weil ich dachte, jeder, der voraussagte, wie er selbst anerkannt würde, müsse ja wohl ein falscher Prophet sein. Dieser merkwürdige Mann, der an einem warmen Tag einen schweren Wintermantel trug, verwirrte mich.

Mehrere Wochen später besuchte ein bekannter Prediger namens Arthur Katz unseren Sonntagmorgen-Gottesdienst. Ich hatte von Arthur Katz gehört, war ihm aber noch nie begegnet. Nach dem Gottesdienst sah ich ihn in vertrauter Unterhaltung mit Bob Jones. Ich erwartete, dass Art Bob ebenso ablehnen würde, wie ich es getan hatte. Stattdessen sagte er als Erstes, als ich ihn begrüßen kam: „Mike, dieser Mann hier, Bob Jones, ist ein Prophet Gottes. Er hat mir eben Dinge genannt, die in meinem Inneren verborgen waren!“ Was Art über Bob sagte, überraschte mich.

Arthur hatte nach dem Gottesdienst am Sonntag wegfliegen wollen, aber seine kleine Privatmaschine konnte wegen eines plötzlichen Wetterumschwungs nicht starten. Um etwa neun Uhr abends wollte Art unbedingt noch einmal Bob sehen. Wir trafen uns von zehn Uhr abends bis drei Uhr früh bei uns zu Hause. Es war eine sehr ungewöhnliche und emotionale Nacht. Ich war überwältigt, welche privaten Dinge Gott Bob über mein persönliches Leben offenbarte. Aus dem Gefühl des Augenblicks platzte ich heraus: „Bob, ich glaube, Sie sind ein Prophet!“ Lächelnd erinnerte mich Bob an den 7. März, als er prophezeit hatte, dass ich ihn am ersten Frühlingstag akzeptieren würde, wenn der Schnee schmelzen würde. Da fiel mir auf, dass es der 21. März war, Frühlingsanfang, und der Schnee, der unerwartet gefallen war, schmolz gerade wieder. Wir saßen am Tisch, und ich hatte eben mit meinen eigenen Worten Bob als Propheten anerkannt. Alles geschah genau so, wie Bob es zwei Wochen zuvor, am 7. März, vorhergesagt hatte.

Der unerwartete Schneefall am 21. März war von Bob so genau vorhergesagt worden, um die prophetische Vision zu bestätigen, dass Gott in Kansas City eine prophetische Bewegung unter jungen Erwachsenen, prophetischen Sängern und Musikern, aufrichten werde. Das kleine, aber bedeutsame Zeichen am Himmel, das uns Bobs Prophetie bestätigte, war die Vorhersage des Schneefalls, der genau am 21. März, dem Frühlingsanfang, unerwartet eintreffen sollte. Dieser Schneefall überraschte Kansas City, nachdem es bereits mehrere Wochen ungewöhnlich warm gewesen war.[1]

Zufällig traf ich kurz nach der ersten Begegnung mit Bob Jones einen der Pastoren der Gemeinde, zu der Bob mehrere Jahre lang gehört hatte. Ich fragte ihn, was für ein Mann Bob Jones wirklich sei. Dieser Pastor versicherte mir, Bob sei ein gottesfürchtiger Mann mit bestätigtem prophetischen Dienst, der viel gute Frucht brächte. Er sagte mir auch, dass Bob prophezeit hatte, eine Gruppe junger Leute würde im Frühling 1983 in den Süden von Kansas City kommen, die Gott in einer kommenden Erweckung benutzen würde. So gab der Pastor seinen Segen zu Bobs Entscheidung, sich unserer neuen Gemeinde anzuschließen.

Ein unerwarteter Komet

Mehrere Wochen waren seit dem Schneefall-Ereignis am 21. März vergangen. Wir trafen uns weiterhin jeden Abend um neunzehn Uhr, um für Erweckung zu beten. Am Mittwochabend-Gebetstreffen, am 13. April 1983, hatte ich eine weitere ungewöhnliche prophetische Erfahrung mit Gott. Nun hörte ich zum zweiten Mal das, was ich als die „innere hörbare Stimme" Gottes bezeichne, durch die der Heilige Geist in unmissverständlicher Klarheit zu mir spricht. Er sagte mir, ich solle Christen aus Kansas City zu einundzwanzig Tagen Fasten und Gebet für Erweckung aufrufen (Daniel 10,3). Die Geschichte vom Engel Gabriel, der Daniel erschien, um Gottes Absichten in der Endzeit zu offenbaren, war mir sehr wichtig geworden (Daniel 9,20–27).

Ich hatte Bedenken. Wie käme ich dazu, als neu zugezogener, junger Pastor die Stadt zu Gebet und Fasten aufzurufen? Wer sollte schon auf mich hören? Die anderen Pastoren würden mich für ausgesprochen anmaßend und stolz halten! Am nächsten Morgen rief ich Bob Jones an. Erst einen Monat zuvor hatte ich seinen prophetischen Dienst zum ersten Mal empfangen. Ich hatte seine Hilfe bis jetzt nicht nötig gehabt.

Am Telefon erklärte ich: „Bob, gestern Abend bekam ich ein ganz ungewöhnliches Wort vom Herrn. Es muss mir prophetisch bestätigt werden. Können Sie mir helfen?" Mit seinem schleppenden Südstaatenakzept erwiderte Bob seelenruhig: „Yeah, ich weiß Bescheid. Gott hat mir schon gesagt, was er gestern Abend zu Ihnen gesprochen hat."

Das fand ich ein bisschen verwunderlich, aber es passierte ja immer mehr Merkwürdiges und Ungewöhnliches. Wie konnte Bob Jones schon wissen, was Gott mir gestern Abend gesagt hatte? Mit ein paar Leuten fuhr ich sofort zu ihm nach Hause. Auf dem Weg erklärte ich ihnen, dass Gott zu mir über einen Aufruf zu einem einundzwanzigtägigen Fasten für Erweckung gesprochen hatte. Dazu war mir die Schriftstelle Daniel 9 gegeben worden, wo der Engel Gabriel zu Daniel über Gottes Absichten für die Endzeit spricht (Daniel 9,24.27; 10,3).

Bevor wir weitermachen, möchte ich definieren, wie ich die zwei Begriffe „die letzten Tage“ und „Endzeit“ verwende. Die letzten Tage begannen an Pfingsten und werden sich fortsetzen bis zur Wiederkunft Jesu. Mit dem Begriff „Endzeit“ bezeichne ich die letzten Jahrzehnte der letzten Tage und verwende ihn auch synonym für „die Generation, in der der Herr zurückkommt“.

Zurück zur Geschichte: Als wir bei Bob ankamen, war ich gespannt, ob er wirklich die gleiche Botschaft von Gott empfangen hatte. Noch nie hatte ich so sehr ein prophetisches Wort gebraucht, um die nötige Bestätigung für etwas zu erhalten, wie in dieser Situation. Ich stellte Bob auf die Probe und bat ihn zu sagen, was Gott mir offenbart hatte. Breit lächelnd erzählte er uns, in der Nacht habe der Engel Gabriel im Traum zu ihm über Daniel 9 gesprochen. Wir saßen ehrfürchtig staunend da und hörten zu, wie er uns die Bedeutung von Gabriels Worten erläuterte. Bob wusste, dass Gott uns damit zum gemeinsamen Beten für Erweckung aufrief, gemäß Joel 2,12–17. Als Bestätigung für diese heilige Versammlung zu einundzwanzig Tagen Fasten und Beten, die am 7. Mai beginnen sollte, sagte er, würde unerwartet ein Komet am Himmel auftauchen. Ich fragte mich, wohin uns diese neue prophetische Reise führen würde.

Drei Wochen später, am 7. Mai 1983, dem Tag, an dem unser dreiwöchiges Fasten begann, stand in der Zeitung:

> Nächste Woche haben Wissenschaftler die seltene Gelegenheit, einen erst kürzlich entdeckten Kometen zu beobachten, der der Erde bis auf die extrem geringe Entfernung von vier Millionen Kilometern nahe kommt. … Dr. Gerry Neugebauer, leitender US-Wissenschaftler des internationalen astronomischen Infrarotsatelliten-Projekts (IRAS), sagte: „… Es war reines Glück, dass wir zufällig gerade hinschauten, als der Komet vorbeizog.“[2]

Gott hatte mir prophetisch offenbart, ich solle zu einundzwanzig Tagen Fasten und Beten für Erweckung in Kansas City und Amerika aufrufen. Bob Jones sagte er, dass er dies am 7. Mai mit einem Zeichen am Himmel, nämlich einem unerwartet auftauchenden Kometen, bestätigen würde. Die Zeitung bezeugte das Ereignis an genau dem Tag, an dem das Fasten begann. Siebenhundert Leute versammelten sich am ersten Abend der Fastenzeit. Wir waren voller Glauben und Begeisterung und ahnten nicht, dass sich die Dinge ganz anders entwickeln würden als erwartet.

Es soll nicht regnen

Endlich war der 28. Mai 1983 gekommen, der letzte Tag der dreiwöchigen Fastenzeit. Wir waren alle schockiert, als Bob Jones aufstand und ein überaus enttäuschendes prophetisches Wort aussprach. Er sagte, Gott würde die verheißene Erweckung in Kansas City und Amerika zurückhalten, weil der perfekte Zeitpunkt für die Freisetzung noch nicht erreicht war. Er erklärte, dass momentan eine geistliche Dürre über Amerika liege und dass Gott einen genauen Tag festgelegt habe, an dem er diese Dürre unterbrechen würde, indem er den Regen seines Geistes auf der Nation ausgießen würde.

Weiter prophezeite er, dass Gott dieses enttäuschende prophetische Wort mit einer dreimonatigen Trockenheit über Kansas City bestätigen würde, die an dem Tag, den er bestimmen würde, von Regen unterbrochen werden würde. Bob prophezeite, dass wir den Regen genau am 23. August 1983 erleben würden. Wir waren uns alle einig, dass es ganz schön mutig war, vor Hunderten von Leuten auf den Tag genau drei Monate im Voraus Regen vorherzusagen. Bob erklärte, dass Gott durch das Wetter in Kansas City im Sommer 1983 prophetisch zu uns sprechen würde. Mit anderen Worten, so gewiss wie die natürliche Trockenheit in Kansas City genau an dem Tag, den Gott wählte (23. August), von natürlichem Regen unterbrochen werden würde, so würde auch die geistliche Dürre in Amerika von dem Regen des Heiligen Geistes genau an dem Tag irgendwann in der Zukunft beendet werden, den Gott wählte. Wir waren bestürzt, verwirrt und irgendwie auch zornig über dieses prophetische Wort. Wir hatten hohe Erwartungen, dass die Erweckung in Kansas City und Amerika sofort freigesetzt würde, nicht an irgendeinem „strategischen Datum" weit in der Zukunft.

Wenn es auch ungewöhnlich ist zu prophezeien, dass es nicht regnen wird, so gibt es sicherlich biblische Beispiele dafür. Elia prophezeite

König Ahab: „So wahr der Herr, der Gott Israels, lebt, in dessen Dienst ich stehe: In diesen Jahren sollen weder Tau noch Regen fallen, es sei denn auf mein Wort hin“ (1. Könige 17,1).

Wie sollten wir auf solch ein unerwartetes und sogar ärgerliches prophetisches Wort reagieren? Wir sollten verstehen, dass Gott uns diese übernatürlichen Bestätigungen gab, damit wir uns seiner Hilfe beim treuen Weiterbeten sicher wären, während wir auf seinen, den genau richtigen, Zeitpunkt warteten, an dem die Erweckung völlig freigesetzt würde.

Die dreimonatige Trockenheit in Kansas City begann gegen Ende Juni. Den ganzen Juli und die ersten drei Wochen des August hindurch regnete es so gut wie nicht. Die Glaubwürdigkeit von Bob Jones' prophetischem Dienst in den Augen der tausend Teilnehmer am einundzwanzigtägigen Fasten stand auf dem Spiel.

Schließlich war der 23. August gekommen. Mittags bemerkte ich zu einem der Fürbitter, es sehe nicht so aus, als würde es an dem Tag noch regnen. Er erwiderte: „Hoffen Sie lieber auf Regen, sonst sind Sie in dieser Stadt nämlich erledigt.“ Ich fühlte mich eindeutig unter Druck.

Am Abend des 23. August versammelte sich unsere Gemeinde und wollte Gott um Regen anflehen. Gerade als der Gottesdienst anfangen sollte, fing es an zu schütten. Alles rief laut und lobte Gott. Er hatte übernatürlich bestätigt, dass es richtig gewesen war, vom 7. bis 28. Mai gemeinsam zu beten und zu fasten. Jetzt wussten wir sicher, dass an Gottes Tag die geistliche Dürre über Amerika beendet und Erweckung kommen würde. Wir waren alle ausgelassen.

Darüber hinaus ahnten wir nicht, dass wir auch im Gebet für die zukünftige Geburt der *IHOP Missions Base* arbeiteten, die erst sechzehn Jahre später stattfinden sollte.

Ich möchte bemerken, dass die Trockenheit am nächsten Tag wieder einsetzte und weitere fünf Wochen andauerte – insgesamt drei Monate, wie vorhergesagt, mit Ausnahme der Unterbrechung durch den denkwürdigen Regen am 23. August. Das war einer der trockensten Sommer in Kansas City seit hundert Jahren.

ÜBERZEUGENDE KRAFT, UNBESTREITBARE WAHRHEIT

Das Ziel der Ausgießung des Geistes, der Zunahme des prophetischen Dienstes und schließlich der Zeichen und Wunder in der Natur ist, die Gemeinde zu einem leidenschaftlichen Christsein zu erwecken und vielen Menschen zur Erlösung zu verhelfen. Das ist genau die Aussage der Prophezeiung in Joel 3, die Petrus zitiert: „Und es wird geschehen: Jeder, der den Namen des Herrn anruft, wird gerettet" (Apostelgeschichte 2,21).

Den Namen des Herrn anrufen – das bezieht sich auf Ungläubige, die seinen Namen anrufen, um errettet zu werden, ebenso aber auch auf Gläubige, die in ihrer Leidenschaft für Gott und in beständiger Fürbitte von ganzem Herzen den Namen Jesu anrufen. So soll also die Bestätigung prophetischer Worte durch das Eingreifen Gottes in die Natur uns helfen, in Glauben und Gebet beständig zu bleiben.

Übernatürliche Bestätigung durch Handeln Gottes in der Natur stärkt unseren Glauben, denn es liefert unwiderlegbare Beweise für die spezifische Anweisung, die Gott uns gibt. Das ermutigt uns sehr und hilft uns durchzuhalten, damit wir nicht den Mut sinken lassen, wenn wir erst warten oder sogar leiden müssen.

Zeichen und Wunder in der Natur sollten nicht leichtgenommen werden, da sie nicht aus trivialen Gründen gegeben werden. Erwarten Sie nicht, dass Gott durch ein Zeichen am Himmel zeigt, welches Auto Sie kaufen sollen. Er bewegt die Sterne nicht oder lässt die Erde nicht beben, um uns zu unterhalten oder unsere Neugier zu erregen. Das Maß seiner Kraft in der Bestätigung eines prophetischen Wortes steht im Verhältnis zu der Bedeutung des prophetischen Wortes, das bestätigt wird. Gott wird in der Endzeit nie da gewesene Zeichen und Wunder in der Natur wirken, weil sie die große Seelenernte bestätigen, die zur Wiederkunft Jesu führen wird. Gott hat über die Jahre viele verschiedene Werke benutzt, um bezüglich der großen Erweckung, die in Amerika und anderen Nationen kommen wird, zu prophezeien und Fürbitte zu tun. Kein Werk, keine Denomination ist Gott wichtiger als die anderen. Der Komet am 7. Mai und der Regen am 23. August sollten *nicht* nur etwas in Kansas City verifizieren. Sie hatten ein viel größeres Ziel als das. Sie sollten vielen anderen Gottes Pläne bestätigen, dass er unserer Nation gewiss eine umfängliche Erweckung schenken wird.

Das Buch der Offenbarung gibt Einsicht in die Zeichen am Himmel und auf Erden, die Gottes Endzeitziele bestätigen und ankündigen werden. Vergleichen Sie die Ereignisse, die auftreten werden, wenn das Lamm das sechste Siegel aufbricht, mit den Zeichen, die in Joel 3,1–5 vorhergesagt sind:

> Und ich sah: Das Lamm öffnete das sechste Siegel. Da entstand ein gewaltiges Beben. Die Sonne wurde schwarz wie ein Trauergewand, und der ganze Mond wurde wie Blut. Die Sterne des Himmels fielen herab auf die Erde, wie wenn ein Feigenbaum seine Früchte abwirft, wenn ein heftiger Sturm ihn schüttelt. Der Himmel verschwand wie eine Buchrolle, die man zusammenrollt, und alle Berge und Inseln wurden von ihrer Stelle weggerückt (Offenbarung 6,12–14).

In Offenbarung 11 berichtet Johannes, dass er zwei Zeugen sieht, von denen er sagt:

> Und ich will meinen zwei Zeugen auftragen, im Bußgewand aufzutreten und prophetisch zu reden, 1260 Tage lang. ... Sie haben Macht, den Himmel zu verschließen, damit kein Regen fällt in den Tagen ihres Wirkens als Propheten. Sie haben auch Macht, das Wasser in Blut zu verwandeln und die Erde zu schlagen mit allen möglichen Plagen, sooft sie wollen (Offenbarung 11,3.6)

Wenn wir uns der Endzeit nähern, werden die Prophezeiungen stark zunehmen, die vom Eingreifen Gottes in die Natur bestätigt werden. Die größte Prophezeiung und das größte Zeichen, das je im Himmel gesehen wird, wird das letzte sein – die Erscheinung Jesu selbst.

> Sofort nach den Tagen der großen Not wird sich die Sonne verfinstern, und der Mond wird nicht mehr scheinen; die Sterne werden vom Himmel fallen, und die Kräfte des Himmels werden erschüttert werden. Danach wird das Zeichen des Menschensohnes am Himmel erscheinen; dann werden alle Völker der Erde jammern und klagen, und sie werden den Menschensohn mit großer Macht und Herrlichkeit auf den Wolken des Himmels kommen sehen (Matthäus 24,29–30).

Prophetische Offenbarung und Prüfung

Es ist wichtig, die Verbindung zwischen der Fülle prophetischer Offenbarung und einem größeren Maß an Prüfung zu erkennen. Paulus war der Stachel im Fleisch gegeben, damit er sich auf die vielen Offenbarungen, die ihm zuteil wurden, nichts einbildete.

> Damit ich mich *wegen der einzigartigen Offenbarungen* nicht überhebe, wurde mir ein Stachel ins Fleisch gestoßen: ein Bote Satans, der mich mit Fäusten schlagen soll, damit ich mich nicht überhebe (2. Korinther 12,7).

Beachten Sie, dass dieser Stachel wegen einzigartiger prophetischer Offenbarung gegeben war. Mein guter Freund, Francis Frangipane, sagt: „New levels bring new devils – neue Ebenen bringen neue Teufel.“ Mit anderen Worten, jedes neue Niveau von Kraft und Offenbarung zieht neue Teufel in der geistlichen Kampfführung an, die erreichen wollen, dass wir von den höheren Absichten Gottes Abstand nehmen.

Auf der anderen Seite scheint es so zu sein, dass Gott gerade *wegen* bevorstehender Prüfungen gewaltige Offenbarungen schenkt. Paulus z. B. empfing eine prophetische Vision, in der ihm der Auftrag erteilt wurde, seine Missionsarbeit in Mazedonien fortzusetzen. Diese Entscheidung führte dazu, dass Paulus und Silas übel mit Stöcken geschlagen und ins Gefängnis geworfen wurden. Dass sie davor auf übernatürliche Weise die deutliche Anweisung erhalten hatten, nach Mazedonien zu gehen, gab ihnen die Gewissheit, dass Gott auch inmitten dieser Prüfungen immer bei ihnen war (Apostelgeschichte 16,6–24).

Dieses Prinzip, dass notvollen Zeiten Offenbarungen vorausgehen, wiederholt sich in der Schrift viele Male: beispielsweise bei den Wundern des Auszugs aus Ägypten vor der Prüfung in der Wüste, Josefs Träumen, bevor er in die Sklaverei verkauft wurde, Davids übernatürlichen militärischen Siegen, verbunden mit den prophetischen Worten Samuels vor den Prüfungen in der Wüste, als David von dem eifersüchtigen König Saul verfolgt wurde, usw. Kraftvolle prophetische Offenbarungen geben uns Halt für zukünftige Schwierigkeiten.

Anders ausgedrückt, manchmal löst die prophetische Offenbarung Schwierigkeiten aus, und bei anderer Gelegenheit bereitet sie uns darauf vor, Schwierigkeiten auszuhalten. In der Endzeit werden die gewaltigen Zeichen und Wunder im Himmel und auf Erden, die in Apostelgeschichte 2,17–21 vorhergesagt sind, größer sein als alles, was ein Mensch je gesehen hat.

Aus Fehlern lernen

In unserer Gemeinde bestaunten viele die Bestätigungen durch die Natur – den Kometen, den Schnee und die Trockenheit. Doch manch einer ehrte und beachtete die Propheten des Herrn mehr als den Herrn der Propheten und geriet so in all der gewaltigen prophetischen Aktivität leider aus dem Gleichgewicht. Egal, wie groß die Kraft ist, die der Heilige Geist durch einen Propheten freisetzt, wir sollen unser Herz und unsere Aufmerksamkeit zuerst darauf richten, Jesus zu lieben, ihn anzubeten und ihm zu gehorchen.

Unser Stolz und unsere Unausgewogenheit bewirkte, dass wir in den frühen 1990er-Jahren schmerzliche, aber nötige Korrekturen ertragen mussten. Der Herr eifert um sein Volk. Er wird nicht zulassen, dass wir uns selbst erhöhen oder dass wir schwache Propheten zum Fokus seines Reiches machen. Der Herr disziplinierte uns für unseren Stolz und unsere Irrtümer und ließ zu, dass wir im Leben einiger derer, die im prophetischen Dienst in Kansas City am meisten gebraucht worden waren, große Fehler erkennen mussten. Daraus entstand viel Schmerz und Enttäuschung, weil unsere Gegner darüber spotteten, dass wir von schwachen und gefallenen Propheten empfangen hatten. Wir lernten, unser Vertrauen nicht auf prophetisch wirkende Menschen zu setzen, sondern auf die prophetische Führung des Heiligen Geistes.

Manch einer wird auf dieses Zugeben unserer Fehler reagieren: „Ach so! Aus dem Grund sollten wir uns gar nicht erst mit Prophetie abgeben. Sie macht uns nur unausgewogen und lenkt uns von der Ausrichtung auf Jesus ab.“ Mehr als einmal argumentierte ich mit dem Herrn und sagte ihm, welche Schwierigkeiten der prophetische Dienst mit sich brachte. Wie viele andere war auch ich versucht, einfach von den Propheten abzurücken. Es schien, als wären die Dinge einfacher ohne all die Schwierigkeiten, die mit dem prophetischen Dienst einhergehen. Von diesem falschen Denken habe ich mich aber radikal bekehrt und bin entschlossener denn je, jeden prophetischen Dienst anzunehmen, den der Herr mir senden möchte. Ich möchte alles, was er uns gibt, egal wie schwach die prophetischen Gefäße sind oder mit welcher Unreife auf ihren Dienst reagiert wird. Ich bin entschlossen, den Dienst des Heiligen Geistes durch prophetische Menschen willkommen zu heißen, egal was es kostet. Ich habe mehrere Schlussfolgerungen gezogen.

Zunächst einmal erinnere ich Gott oftmals, dass es nie meine eigene Idee war, mit dem prophetischen Dienst zu tun zu bekommen. Ich sage: „Gott, du hast mich hier reingebracht; jetzt musst du mir die Richtung vorgeben und meinen Ruf verteidigen, wenn ich den Prophetendienst willkommen heiße!“ Wir dürfen nicht erwarten, dass der Herr die Gemeinde so leitet, dass nichts Riskantes oder Störendes geschieht. Ein Werk, das sich der prophetischen Dynamik des Heiligen Geistes widersetzt, wird unweigerlich in einem geistlichen Trott enden, der vermeidbar wäre.

Zweitens gehören die Ausgießung des Geistes, der prophetische Dienst und die Zeichen und Wunder in der Natur eindeutig zu Gottes Plan für die Endzeit. Gott hat es so bestimmt, dass die Gemeinde den Input aus dem prophetischen Dienst für die nötige Ermutigung und Ausrichtung braucht, auch um dem Unglauben so weit wie möglich entgegenzuwirken, der so große Teile der Christenheit heute plagt. Was wir in Kansas City erlebten, ist nur ein Tropfen am Eimer, verglichen mit der kommenden Größe und Häufigkeit des prophetischen Dienstes in der Christenheit weltweit. Das wird offensichtlicher werden, wenn die Wiederkunft des Herrn näher rückt.

Drittens ist ein Grund, weshalb wir das Prophetische willkommen heißen müssen, einfach der, dass die Bibel es uns so lehrt: „Jagt der Liebe nach! Strebt aber auch nach den Geistesgaben, vor allem nach der prophetischen Rede!“ (1. Korinther 14,1). „Strebt also nach der Prophetengabe, meine Brüder, und hindert niemand daran, in Zungen zu reden“ (1. Korinther 14,39). Und: „Verachtet prophetisches Reden nicht!“ (1. Thessalonicher 5,20). Es ist leicht, Prophetien zu verachten, aber das dürfen wir nicht tun.

Kapitel 3

Verantwortliche Handhabung des prophetischen Dienstes

Offenbarung, Auslegung und Umsetzung

Viele sind sehr begeistert von der Aussicht, prophetische Offenbarung von Gott zu bekommen. So herrlich es ist, Information von Gott zu empfangen, ist das doch nur der Anfang des Prozesses, den ich „verantwortliche Handhabung des prophetischen Dienstes" nenne. Ich habe auf die harte Tour gelernt, dass diesbezügliche Unterlassung dazu führt, dass viele, die sich erst einmal für den prophetischen Dienst begeistern, später zu dem Schluss kommen, er sei einfach zu arbeitsintensiv, als dass man damit zu tun haben möchte. Ich habe selber eine Weile so empfunden. Aber jetzt verstehe ich: Wenn ich das anwende, was die Bibel über pastorales Leiten bei der Handhabung des prophetischen Dienstes lehrt, bewirkt dieser viel mehr Gutes als Schwierigkeiten. Es ist ein dreifältiger Prozess, der Weisheit, Verstand und Einsicht umfasst. Wenn diese drei Tugenden in Gottes Haus zusammenwirken, ist das von großem Wert.

> Ein Haus wird durch Weisheit erbaut und durch Verstand befestigt. Durch Einsicht werden seine Zimmer mit den unterschiedlichsten Reichtümern und Kostbarkeiten gefüllt (Sprüche 24,3–4; NLB).

Prophetie verantwortlich zu handhaben oder diesen Prozess biblisch anzuleiten, umfasst drei spezifische Dinge: Offenbarung (Einsicht), Auslegung (Verstand) und Umsetzung (Weisheit). Zuerst müssen wir die Offenbarung oder die göttliche Information empfangen. Zweitens müssen wir sie genau richtig auslegen. Drittens müssen wir sie mit Weisheit umsetzen. Die Auslegung beantwortet die Frage: Was bedeutet diese Offenbarung? Die Umsetzung beantwortet die Fragen: Wann und wie wird dies geschehen? Was sollte ich tun? Umsetzung ist die Aktion, die auf der Basis der Auslegung der empfangenen göttlichen Information getätigt werden soll.

Die Gabe der Leitung bei prophetischen Botschaftern ist in der Palette der charismatischen Gaben wie ein lebenswichtiges Körperorgan (1. Korinther 12,28). Tatsächlich ging es in Paulus' Schreiben in 1. Korinther 12–14 hauptsächlich um die Notwendigkeit der Leitung im Aushalten der Spannung von Ausüben und/oder Zurückhalten der charismatischen Aktivität in der korinthischen Gemeinde. Wir möchten das Prophetische ermutigen und fördern, es aber ebenso richtig einschätzen und einschränken, damit es die höchstmögliche Erbauung der Gemeinden bewirkt. Paulus sagte: „Da ihr nach Geistesgaben strebt, gebt euch Mühe, dass ihr damit vor allem zum Aufbau der Gemeinde beitragt" (1. Korinther 14,12).

Seien Sie sich nicht sicher, dass Sie Prophetie verantwortlich handhaben, wenn nicht alle drei Komponenten richtig vereint worden sind. Der Herr benutzt oft verschiedene Leute, um diesen Prozess zu bewerkstelligen. Seien Sie sich nicht sicher, dass Sie Prophetie gut angeleitet haben, wenn nicht alle drei Komponenten mit Weisheit erkannt wurden. Auch wird der Herr oft drei verschiedene Leute benutzten, um diese Teile zusammenzufügen. Die Herausforderung, der ich mich im Lauf der Jahre am häufigsten gegenübersah, ist nicht das Ergebnis dessen, dass prophetisch begabte Menschen falsche Informationen empfingen. In den meisten Fällen war die Information, die sie empfingen, vom Herrn und somit richtig. Die Probleme beginnen, wenn wir die Information falsch auslegen und falsch umsetzen.

Göttliche Informationen empfangen

Wir verwenden den Begriff *Offenbarung* für die prophetischen Informationen, die man von Gott empfängt. Der Heilige Geist kann uns prophetische Informationen auf viele verschiedene Weisen geben, unter anderem durch prophetische Eindrücke, Träume, offene Visionen, mentale Visionen, die hörbare Stimme Gottes, Trance, Erfahrungen im dritten Himmel usw. Prophetische Informationen über jemanden oder eine Situation sind nicht automatisch an die Weisheit oder Fähigkeit gekoppelt, jene Person oder Situation zu ändern. Die Freisetzung der Kraft Gottes ist oft ein separates Wirken des Geistes. Zum Beispiel könnte jemand prophetisch durch ein Wort der Weisheit eine Krankheit erkennen und doch nicht die Heilung freisetzen können, die der Kranke braucht. Stattdessen könnte er einfach das Wissen weitergeben, dass Gott den Zustand kennt und sich darum kümmert, und so in anderen den Glauben inspirieren, zu empfangen.

Göttliche Informationen auslegen

Die Auslegung prophetischer Informationen ist abhängig davon, dass sie richtig verstanden werden. Wir müssen Gottes Perspektive auf die offenbarte Information gewinnen, sonst kann sie uns nicht wirklich optimal gut tun. Sogar bei richtiger Offenbarung ist es häufig so, dass die Menschen sie falsch auslegen. Prophetische Visionen und Träume beinhalten oft symbolische und rätselhafte Elemente. Gott sagte Aaron und Miriam, wenn er prophetisch spricht, tut er das normalerweise durch eine Vision oder einen Traum mit symbolischer oder rätselhafter Sprache.

> Hört meine Worte! Wenn es bei euch einen Propheten gibt, so gebe ich mich ihm in Visionen zu erkennen und rede mit ihm im Traum. Anders bei meinem Knecht Mose. ... Mit ihm rede ich von Mund zu Mund, von Angesicht zu Angesicht, nicht in Rätseln (4. Mose 12,6–8).

Visionen, Träume, gesprochene Worte usw. haben oft symbolische und geheimnisvolle Elemente. Oft kommt die Offenbarung stückweise, und wir brauchen auch Verständnis vom Herrn, damit die Offenbarung für uns „Sinn macht". Paulus sagte im Zusammenhang mit übernatürlicher Erkenntnis und Prophetie, dass unsere Prophetie Stückwerk sei (1. Korinther 13,9).

Jesus sprach oft in Gleichnissen, um die Wahrheit zu verbergen, damit nur die, die nach Gott hungerten, verstünden. Er sagte: „Deshalb rede ich zu ihnen in Gleichnissen, weil sie sehen und doch nicht sehen, weil sie hören und doch nicht hören und nichts verstehen" (Matthäus 13,13).

Ebenso spricht der Heilige Geist oft prophetisch in Träumen und Visionen zu uns und benutzt dabei Parabeln. Nur die, die Gottes Herz unbedingt erkennen möchten, werden verstehen, was er sagt.

Deshalb ist es wichtig, dass wir aufpassen und nicht allzu schnell vertrauensvoll und rechthaberisch sind beim Geben oder Empfangen von Prophetie. Oft verstehen wir die Offenbarung nicht ganz (und sollen es auch gar nicht), bis die Umstände sich entwickeln, die ihre Erfüllung mit sich bringen. Gott gibt die Information extra in einem Rätsel oder einem Gleichnis. Wir müssen der Versuchung widerstehen, uns eine Auslegung zurechtzubasteln, bevor sie klar ist. Ansonsten manövrieren wir uns selbst in große Schwierigkeiten.

Oft scheinen die, die eine Offenbarung am besten empfangen, sie am schlechtesten auslegen zu können. Wir können nicht eine wahre Offenbarung um die Auslegung, die uns passt, herum konstruieren. Offenbarung kommt oft stückweise, und folglich brauchen wir genügend Demut und Geduld um zu erkennen, wann mehr Verständnis nötig ist, bevor wir weitergehen.

Wenn es zur Erfüllung einer Prophetie kommt, ermutigen wir Menschen, eine „offen erwartungsvolle“ Haltung zu haben.

Die Gnade, Offenbarung zu empfangen, ist nicht dieselbe wie die Gnade, die Auslegung zu erkennen. Wir haben Leute, die prophetische Offenbarung viel klarer auslegen als die Leute, die sie empfangen. Die andere deutlich erkennbare Gnade von Gott ist die Fähigkeit, umzusetzen, was ausgelegt worden ist. Wir haben einen Rat prophetisch begabter Menschen, die sich regelmäßig damit beschäftigen.

Ich habe erlebt, wie erfahrene Propheten Worte vom Herrn empfingen, die mit großer Genauigkeit Ereignisse voraussagten. Nichtsdestoweniger wussten sie selten, wann oder wie die Ereignisse tatsächlich stattfinden würden.

Bob Jones hat eine ganz erstaunliche prophetische Begabung, aber er sagt, dass er bei Auslegung und Umsetzung oft falsch liegt. Einmal gab Bob jemandem ein Wort und nannte dabei die Zeitangabe „bis zum Ende des Jahres“. Nun, das Ende des Jahres kam, aber die Prophetie hatte sich nicht erfüllt. Ich ging zu Bob und fragte ihn, was es damit auf sich habe. Es stellte sich heraus, dass die Zeitangabe „bis zum Ende des Jahres“ nicht zu der Offenbarung gehört hatte.

„Na ja“, sagte Bob, „warum sollte der Herr es denn überhaupt geben, wenn nicht bis Ende des Jahres?“

Die prophetische Information oder die Offenbarung selbst hilft den Menschen nicht viel, wenn sie nicht durch den Prozess von Auslegung und Umsetzung geht. Die Auslegung mag zutreffend sein, aber wenn jemand einen Frühstart hinlegt und Gott mit der Umsetzung vorauseilt, dann kann das zu Verletzung und Verwirrung führen.

Folglich ist Gottes Weisheit bei der Auslegung und Umsetzung ebenso nötig wie beim eigentlichen Empfangen der Offenbarung.

Die Fehlinterpretation einer Offenbarung lässt sich entweder auf den zurückführen, der die prophetische Information direkt von Gott empfangen hat, oder auf den, der sie annimmt. Ein Beispiel: In einem öffentlichen Treffen sagte ein Mitglied unseres Prophetenteams zu einem Mann, dem er noch nie zuvor begegnet war: „Sie haben einen Musikdienst. Sie sind berufen, ein Sänger zu sein. Sie und Ihr Dienst werden großartig wachsen. Sie werden Nationen beeinflussen." Was unser Teammitglied tatsächlich in einer Vision gesehen hatte, war „Musiknoten um den Mann herum". Daraus hatte er geschlossen, dass der Mann berufen war zu singen oder in einer Anbetungsgruppe ein Instrument zu spielen; tatsächlich aber spielte oder sang dieser Mann überhaupt nicht. Er war Inhaber eines Musikgeschäftes. Er war ein international tätiger Geschäftsmann, nicht ein Musiker, der bald einen weltweiten Dienst ausüben sollte.

Bei der Nachbesprechung zu diesem Treffen sagte dieses Mitglied unseres Prophetenteams: „Na ja, woher sollte ich denn wissen, dass er ein Musikgeschäft hat?" Genau das ist es – er sollte es gar nicht wissen. Es schien ihm ganz offensichtlich, dass dieser Mann als Darsteller im Musikdienst wäre. Aber als er eine Mutmaßung über prophetische Offenbarung aufgrund dessen anstellte, was *offensichtlich zu sein schien*, verstand er sie ganz falsch. Er hätte sagen können: „Ich sehe Musiknoten um Sie herum; bedeutet das irgendetwas für Sie?"

Es ist leicht, eine Offenbarung oder göttliche Informationen zu empfangen und dann, ohne sich auch nur darüber klar zu sein, die Grenze zur Auslegung jener Offenbarung zu überschreiten. Wir dürfen nie vergessen, zwischen den reinen Daten (göttliche Information) und der Auslegung ihrer Bedeutung zu unterscheiden.

Außerdem sind viele Leute desillusioniert, weil sie vielleicht nicht sehen, dass sich die prophetische Offenbarung erfüllt. Oft geschieht das nicht so, wie sie es *angenommen* oder ausgelegt haben. Das Problem ist, dass sie Offenbarung und Auslegung in ihrem Denken nicht getrennt hielten, bis sie nicht mehr unterscheiden konnten, was Gott tatsächlich gesagt hatte und was sie aufgrund ihrer falschen Auslegung fälschlicherweise erwarteten.

Wie Gott ein Wort in unserem Leben dann wirklich erfüllt, ist normalerweise ziemlich anders, als wir uns vorstellen, wenn wir das Wort erhalten. Wir sind versucht, unsere Schlussfolgerungen dem Wort des Herrn an uns hinzuzufügen, und mit der Zeit kommt es zu einer Vermischung. Eigentlich sind Samenkorn und Pflanze dasselbe Leben, aber die Form des Samenkorns muss sterben, damit die Form der Pflanze zur Geburt kommen kann (1. Korinther 15,36–38). Ebenso kann die „Form" der Erfüllung einer Prophetie ganz anders aussehen als die „Form" der Erwartung ihrer Erfüllung, die wir ursprünglich projizieren, und doch bleibt die Offenbarung im eigentlichen Sinne wahr. Deshalb ist es so sehr wichtig, dass wir nicht nur in der Prophetie Leitung suchen. Sie kann ein wichtiger Teil der „Maschinerie" sein, aber sie sollte nicht als die gesamte „Maschine" angesehen werden. Wir ermutigen Leute auch, Offenbarungen ohne klare Auslegung „festzuhalten" oder „ins Regal zu stellen".

Wenn über solche unklaren Offenbarungen gesprochen wird, sollte das mit dem Hinweis geschehen, dass die Auslegung noch nicht klar ist. Oft ist es vernünftig, sie aufzuschreiben und mit Pastoren oder solchen Menschen darüber zu reden, die als begabt anerkannt sind, unklare Offenbarungen auszulegen, aber im Allgemeinen gilt, dass sie nicht für die breite Öffentlichkeit gemeint sind.

Prophetische Schriftstellen auslegen

Die Auslegung von Offenbarung ist oft das Gegenteil des Offensichtlichen. Das perfekte Beispiel dafür ist die Art, wie die Schriftgelehrten und Pharisäer an die prophetischen Schriften herangingen. Die Tradition der Väter war mehr als eine Sammlung ihrer Sitten; es war die theologische Auslegung der Thora, der ersten fünf Bücher des Alten Testaments. Im Lauf der Jahrhunderte wurden diese Traditionen in dem niedergeschrieben, was dann Talmud hieß.

Für die Schriftgelehrten und Pharisäer war Jesus ein Gesetzesbrecher, weil er die Traditionen der Väter nicht hielt. Diese religiösen Leiter konnten nicht unterscheiden zwischen der Offenbarung (der Thora) und der Auslegung (dem Talmud). Für sie waren die Auslegungen und Umsetzungen offensichtlich und unbestreitbar. Diese Neigung zum Vermischen von Offenbarung und Auslegung zeigt sich in jeder Generation. Die Pharisäer missinterpretierten die wahren Offenbarungen der Propheten über den Messias und verpassten so, was Gott für ihre Generation tun wollte, indem sie Jesus ablehnten.

Eine der charakteristischen Eigenschaften prophetischer Offenbarung ist, dass sie manchmal parabolisch oder symbolisch sind und folglich erst *nach* dem vorhergesagten Ereignis ganz verstanden werden können. Aus der Perspektive des Alten Testaments war nicht ganz klar, wie der Messias aussehen würde. Die Propheten hatten das Kommen sowohl eines königlichen Messias als auch eines leidenden Dieners vorausgesagt, aber niemand zog in Betracht, dass diese beiden dieselbe Person sein könnten. Ganz klar, ein königlicher Messias ist kein Diener, und er leidet auch nicht.

Sogar den Jüngern fiel das schwer. Die Evangelien zeigen, wie verwirrt die Jünger waren. Das messianische Geheimnis ist ein Thema, das sich durch die Evangelien zieht. Sie fanden es schwierig herauszufinden, wer Jesus und wie sein ewiges, irdisches Reich war.

Das Evangelium des Johannes, das wahrscheinlich einige Jahrzehnte nach den anderen geschrieben worden ist (um 90 n. Chr.), sieht Jesus noch mehr im Rückblick. Im Johannesevangelium besteht kein Geheimnis um die Identität Jesu. Im ersten Vers und durch das ganze Buch hindurch finden sich deutliche Bestätigungen seiner Göttlichkeit

Für die Jünger, und selbst für einige der Pharisäer und Schriftgelehrten war es schwierig, die Ereignisse auszulegen, die in prophetischen Offenbarungen vorhergesagt worden waren, während sie gerade stattfanden, aber die Bedeutung dieser vorhergesagten Ereignisse wurde kristallklar, nachdem sie stattgefunden hatten. Wir müssen aufpassen, dass wir uns nicht zu sehr auf genau unsere Auslegung der prophetischen Offenbarung festlegen, bevor die Ereignisse eintreten, denn sonst könnten wir verpassen, was Gott uns sagt.

Was wir aus dem Fehler lernten, Prophetie nicht richtig auszulegen

Prophetische Offenbarung, die falsch interpretiert wird, kann ein Chaos im Leben eines Menschen anrichten. Mit der Zeit lernten wir, prophetische Information zu verwalten. In dem Lernprozess aber ließen wir in aller Naivität einige bedauernswerte Dinge geschehen. Eine Situation war das Ergebnis einer falschen Auslegung zu einer authentischen prophetischen Offenbarung, und daraus ergab sich ein pastoraler Albtraum.

Zufällig war ich an jenem Vormittag nicht in der Stadt, damit möchte ich aber nicht sagen, dass es nicht geschehen wäre, wenn ich da gewesen wäre. Jemand aus unserem Prophetenteam empfing ein Wort vom Herrn für einen Mann in unserer Gemeinde. Dieser Mann war entsetzt, als der Prophet öffentlich bekannt gab, er sei im Bezug auf Finanzen nicht korrekt.

Als ich zurückkam, ging ich zu der Person, die diese Prophetie ausgesprochen hatte, und fragte ihn, was genau er gesehen habe. Er sagte mir, dass er eine dunkle Wolke über dem Bereich der Finanzen dieses Mannes gesehen habe. Er hatte das so ausgelegt, dass der Mann Geld stahl, aber seine Auslegung war völlig falsch!

Bald danach wurde diesem Mann von seinem Geschäftspartner eine große Summe Geld unterschlagen. Das prophetische Wort hatte ihn warnen sollen, aufzupassen, weil jemand ihm Geld stehlen würde, aber fälschlicherweise wurde es als eine Verurteilung seines Charakters ausgesprochen. Der Bruder war durch das prophetische Wort öffentlich gedemütigt worden, und er hatte die Warnung nicht mitbekommen, dass ihn jemand bestehlen wollte.

In diesem Fall hatten wir die Vorgehensweise, die die Heilige Schrift bei korrektiven Prophezeiungen als nötig vorgibt, nicht befolgt. Wenn dieser Mann tatsächlich einer Sünde auf finanziellem Gebiet schuldig gewesen wäre, dann hätte man ihn unter vier Augen ansprechen sollen, wie es in Matthäus 18,15–17 geboten wird.

Wenn wir das prophetische Wort richtig als eine gnädige Warnung Gottes interpretiert hätten, das dem Mann helfen sollte, einem Diebstahl vorzubeugen, dann wäre es anders ausgesprochen worden, etwa so: „Der Herr zeigt mir eine dunkle Wolke über dem Bereich deiner Finanzen. Beten wir, dass Gott dich vor dem Angriff des Feindes beschützt." Hätten wir richtig zwischen der Offenbarung und der Auslegung unterschieden, dann hätte die Warnung vielleicht seinen finanziellen Verlust verhindern können.

Prophetie durch den eigenen Stolz auslegen

Wenn jemand über uns prophezeit, dass wir vorwärtskommen und aufsteigen, müssen wir unser Herz hüten, dass wir nicht einfach nur deshalb alles glauben, weil wir *wollen, dass es stimmt.* Es geschieht leicht, dass wir Prophezeiungen akzeptieren, die nicht in der Wahrheit gründen, nämlich wegen unseres gar nicht wahrgenommenen Ehrgeizes, der dazu beiträgt, dass wir großartige Dinge über unseren Dienst glauben können, ob der Herr sie nun authentisch bestätigt oder nicht. Prophetische Worte, die uns einen zukünftigen Aufstieg verheißen, können unseren Stolz ebenso auflodern lassen wie Benzin ein Feuer. Weil wir uns danach sehnen, dass solche Worte wahr wären in unserem Leben, wenden wir nicht immer dieselben Wahrheitsstandards an, wie wir es tun würden, wenn wir einem Freund helfen würden, Prophezeiungen über seinem Leben zu interpretieren. Mit anderen Worten, manche Menschen leben mit positiven Prophezeiungen, ohne sich wirklich darum zu kümmern, ob sie tatsächlich von Gott kommen.

Ich habe viele schmeichelhafte prophetische Worte zugesprochen bekommen, die einfach nicht wahr waren. Ich drücke dann einfach den „Löschen"-Knopf und mache weiter und vergesse sie. Wenn wir unsere Identität in Jesus finden, dann fallen wir nicht so schnell auf schmeichelnde Worte herein, die nicht in der Wahrheit gegründet sind. Ein ehrgeiziger oder unsicherer Mensch lässt sich häufiger durch ein übertriebenes oder schöntuendes prophetisches Wort verführen.

HINGEHALTENE HOFFNUNG MACHT DAS HERZ KRANK

Ein Problem, das sich aus dem Glauben falscher Informationen ergibt, ist, dass wir falsche Erwartungen bezüglich der Zukunft haben. Prophetie soll in uns Hoffnung oder Erwartungen wecken. Wenn das, was wir hoffen, nicht eintritt, dann neigen wir dazu, enttäuscht und verletzt zu sein. In Sprüche 13,12 heißt es: „Hingehaltene Hoffnung macht das Herz krank." Hingehaltene Hoffnung enttäuscht uns so sehr, dass wir verzweifeln können oder sogar auf Gott oder den prophetischen Dienst allgemein wütend werden. Es gibt Christen, denen die Tatsache, dass sie auf Gott wütend sind, nicht bewusst ist. Sie sind gegenüber jeglichem prophetischen Dienst zynisch, kritisch und innerlich zornig geworden. Das Problem ist, dass sie über unerfüllte Hoffnungen und Erwartungen tief betrübt sind. Die Antwort ist nicht, das Kind mit dem Bad auszuschütten und alles völlig abzulehnen, was die Bibel über Prophetie sagt. Sie sollten sich die prophetischen Worte, die sie empfangen haben, noch einmal ansehen und überlegen, wo sie sie falsch ausgelegt haben oder wo sie einfach einem Wort geglaubt haben, das falsch war. Wenn wir uns nicht die Zeit nehmen und die Mühe geben, prophetische Offenbarung richtig auszulegen, sind wir am Ende vielleicht tief betrübt. Menschen, die desillusioniert und von Gott verletzt sind, verlieren ihren geistlichen Elan. Das geschieht nicht über Nacht, dennoch geschieht es. Der Feind will zwischen Gott und uns einen Keil treiben, genau, wie er es bei Hiob versucht hat.

Die Umsetzung prophetischer Offenbarung

Der letzte Schritt in unserm Prozess der verantwortlichen Handhabung von Prophetie ist die Umsetzung. Dabei geht es um die Weisheit, wie die Information, die wir eben ausgelegt haben, anzuwenden ist. Selbst wenn eine wahre prophetische Offenbarung mit einer genau richtigen Auslegung vorliegt, hat der Prozess der verantwortlichen Handhabung der Prophetie erst begonnen. Sie muss richtig umgesetzt werden, und deshalb müssen viele verschiedene Fragen gestellt und beantwortet werden. Die Umsetzung beantwortet die Fragen: Wann? Wie? Wem gilt diese Offenbarung? Was sollte ich tun? Die Umsetzung ist das, was wir ganz praktisch unternehmen sollen, wenn wir im Glauben auf die Offenbarung und ihre Auslegung reagieren.

Ich rate, folgende Fragen zu stellen: Wer sollte es hören? Wer sollte es weitersagen? Wem erzählen wir davon – den Leitern, nur Einzelnen oder Fürbittern oder der ganzen Gemeinde? Wie viel davon soll weitergesagt werden – 30 Prozent oder 100 Prozent? Wann sollte es gesagt werden? Warum? Was ist die erwünschte Auswirkung? Welche Gedankengebäude wollen wir verändert sehen oder welche Aktion ist zu unternehmen? Die große Frage über allem anderen muss dabei bedacht werden: Was wird die maximale Erbauung in Bezug auf Einheit, Reinheit, Zeugnis und Wachstum von Gottes Volk bringen?

Ich wiederhole noch einmal, dass die Gnade, Offenbarung zu empfangen und ihre Auslegung zu erkennen, nicht dasselbe ist wie die Gnade, sie weise umzusetzen. Die größte Herausforderung für den Prophetenrat der *IHOP Missions Base* liegt eindeutig auf dem Gebiet der Umsetzung.

Gott wirkt selten nach dem Zeitplan, den wir für richtig halten. Wenn wir darauf drängen, die Prophetie außerhalb von Gottes Zeitplan anzuwenden, dann müssen wir feststellen, dass wir versuchen, durch eine Tür zu gehen, die noch nicht geöffnet ist.

Ein weiterer Aspekt der Umsetzung hat damit zu tun, wem die Offenbarung und Auslegung gesagt werden sollte und wann. Die Frage, die wir beantworten müssen, wenn wir prophetische Offenbarung empfangen, ist, ob sie der gesamten Versammlung oder nur der Leitung mitgeteilt werden sollte.

Josef lernte es auf die harte Tour, dass es ihn in Schwierigkeiten bringen konnte, den Brüdern seine prophetischen Träume zu erzählen (1. Mose 37). Seine Brüder legten die Träume ganz richtig aus und kamen dann mit ihrer eigenen Anwendung daher – sie versuchten, Josef loszuwerden! Wie Josef finden es viele Leute schwer, nicht bekannt zu machen, was sie von Gott gehört haben. Wir wollen andere wissen lassen, dass Gott einen besonderen Plan für uns hat, das liegt in der menschlichen Natur.

Dasselbe gilt für die Person, durch die die prophetische Offenbarung gegeben wird. Oft meint der Prophet, er müsse jedermann sofort alles mitteilen. Er will, dass alle mitbekommen: Er war derjenige, der besondere Offenbarung empfangen hat. Manchmal drängt ihn der Wunsch nach Anerkennung für das Empfangen einer wichtigen Offenbarung.

Propheten, die unbewusst danach streben, für ihre Vorhersagen Anerkennung zu bekommen, enden oft damit, dass sie korrigiert statt gelobt werden. Wenn wir das Lob nicht annehmen, dann brauchen wir auch den Vorwurf nicht anzunehmen. Ich verstehe, warum jemand anerkannt werden will, aber dennoch ist das selbstsüchtiger Ehrgeiz, und es stiftet Verwirrung in dem Prozess einer derartigen Verwaltung prophetischer Offenbarung, bei der Jesus am meisten geehrt und seinem Volk am besten gedient wird. Das Zeichen, dass ein Prophet eine falsche Motivation hat, ist, dass er oder sie auf Anerkennung drängt. Ich habe gelernt, solche prophetisch begabten Menschen nicht zu fördern. Sie geben sich alle Mühe sicherzustellen, dass die Leute wissen, dass sie es waren, die das wichtige prophetische Wort empfangen haben. Unsere Perspektive auf die Umsetzung der prophetischen Offenbarung wird von unserem Bedürfnis beeinflusst, dass andere wissen, dass wir es sind, die auf besondere Weise von Gott hören.

Meiner Meinung nach wird die Mehrzahl der Probleme in diesem Bereich nicht durch unrichtige Prophetien ausgelöst, sondern durch unrichtige – ja, anmaßende – Auslegungen und Umsetzungen.

Wir müssen uns die Zeit nehmen, diesen Prozess der verantwortlichen Handhabung prophetischen Wirkens und prophetischer Offenbarung zu durchlaufen, denn die guten Auswirkungen der prophetischen Offenbarung in der Gemeinde vor Ort sind zu groß und die Konsequenzen eines völligen Verzichts darauf wären zu bedauerlich.

Die Notwendigkeit prophetischer Bestätigung

Wenn wir von jemandem ein prophetisches Wort erhalten, müssen wir es auf Armeslänge von uns halten und nicht versuchen, es auszulegen oder umzusetzen, *bis Gott selbst es bestätigt.* Paulus lehrte, dass alles von Gott entschieden wird, wenn er uns seine Wahrheit bestätigt.

> Durch die Aussage von zwei oder drei Zeugen wird jede Sache entschieden (2. Korinther 13,1b).

Wer gemäß einer neuen Richtungsweisung handelt, bevor er die Bestätigung dafür bekommen hat, läuft aus der Spur. Wenn Sie zum Beispiel eine richtige Offenbarung von einem Propheten empfangen, dass Gott Sie beruft, einen neuen sozialmissionarischen Dienst zu beginnen, dann legen Sie nicht sofort los. Warten Sie, bis der Herr es Ihnen klar und deutlich bestätigt.

Sie empfangen das prophetische Wort vielleicht als eine Art Benachrichtigung, dass Gott mit Ihnen über eine neue Dienstausrichtung sprechen möchte, aber handeln Sie nicht danach, bis der Herr es bestätigt.

In anderen Fällen bestätigen prophetische Worte etwas, was Sie bereits vom Herrn empfangen haben. Es geht mir um das Prinzip, dass niemand aufgrund eines prophetischen Wortes in Aktion treten sollte, bis der Herr es bestätigt.

Wir fordern für unseren gemeinsamen Dienst auf der *IHOP Missions Base*, dass alle richtungweisenden Prophetien zunächst unserem Leitungsteam vorgelegt werden, bevor sie öffentlich ausgesprochen werden, damit wir zuerst auslegen können.

Kapitel 4

Überblick über den prophetischen Dienst

Prophetie ist das Zeugnis des Herzens Jesu für sein Volk. Ein Engel sagte dem Apostel Johannes, „das Zeugnis Jesu ist der Geist prophetischer Rede“ (Offenbarung 19,10). Wenn der Heilige Geist auf verschiedene, übernatürliche Weisen Aspekte des Herzens und Willens Jesu offenbart, dann sprechen wir oft davon, den „Geist der Prophetie zu empfangen“ oder in diesem „zu wirken“.

Es ist wichtig, klar zu unterscheiden zwischen der Autorität der Heiligen Schrift und prophetischen Äußerungen, die unterschiedlich genau zutreffend sind. In diesem Kapitel verwende ich einige der Vorstellungen von Wayne Grudem. Er ist ein sehr respektierter Theologe, der das Wirken des Heiligen Geistes liebt. Früher war er Professor an der *Trinity Evangelical Divinity School* und schrieb *Die Gabe der Prophetie*, ein gutes Buch, das anhand des Alten und des Neuen Testaments einen theologischen Rahmen für Prophetie vermittelt. Grudem schreibt: „Die meiste Prophetie sind menschliche Worte, die etwas berichten, was Gott jemandem in den Sinn gibt.“[1] Der Geist überträgt unserem Sinn Gedanken, die wir in der Sprache unserer Zeit kommunizieren. Sie sind eine Mischung aus Gottes und Menschenworten, die göttliche Inspiration mit dem menschlichen Prozess kombinieren. Wenn es auch möglich ist, Worte auszusprechen, die hundertprozentig von Gott sind, ist Prophetie doch meistens eine Mischung. In jedem Fall sind wir berufen, das Gesagte abzuwägen, indem wir alles prüfen und das Gute behalten, ohne prophetisches Reden zu verachten (1. Korinther 14,29; 1. Thessalonicher 5,20–21).

DIE PROPHETISCHEN DIENSTGABEN IN DER HEUTIGEN ZEIT

Ich spreche normalerweise von „Menschen im prophetischen Dienst" oder „prophetisch Begabten" und nicht von „Propheten". Man sollte den Begriff „Prophet" vorsichtig und sparsam verwenden. Die prophetischen Begabungen verschiedener Menschen unterscheiden sich sehr stark voneinander, ebenso wie auch ihr Maß an Erfahrung, Reife und Glaubwürdigkeit. Wenn Menschen die Gültigkeit einer Prophetie untersuchen, so stolpern sie zunächst vor allem über die Frage, mit welcher Autorität das Wort gesprochen wurde. Wenn Prophetie so etwas wie eine „göttliche Äußerung" ist, warum klingt sie dann häufig so schwach? Warum nehmen wir das, was die Menschen als „Wort des Herrn" aussprechen, nicht als unfehlbar inspirierte Äußerung auf?

Grudem hat diese Fragen beantwortet. Er erklärt, dass die Propheten des Alten Testamentes dazu berufen und beauftragt waren, „das wahrhaftige Wort Gottes" auszusprechen, dem eine absolute göttliche Autorität zukam. Im Neuen Testament, so Grudem, hatten nur die zwölf Apostel diese Autorität, „das wahrhaftige Wort Gottes" zu reden und niederzuschreiben. Alle übrige Prophetie war und ist „ein sehr menschlicher – und manchmal teilweise falsch verstandener – Bericht von etwas, was der Heilige Geist jemandem in den Sinn gibt".[2]

Auf diese Weise erreicht Grudem eine hilfreiche Unterscheidung zwischen dem mit der vollen Autorität Gottes ausgestatteten „wahrhaftigen Wort Gottes", das zu unserer Heiligen Schrift wurde, und den Worten der Propheten in der jungen Kirche, die geprüft und gesichtet und manchmal nicht einmal ausgesprochen werden sollen.

> Auch zwei oder drei Propheten sollen zu Wort kommen; die anderen sollen urteilen. Wenn aber noch einem andern Anwesenden eine Offenbarung zuteil wird, soll der erste schweigen … (1. Korinther 14,29–30).

Grudem argumentiert überzeugend, dass zwischen dem „wahrhaftigen Wort Gottes", das nur von Menschen mit apostolischer Vollmacht gesprochen wurde, d. h. der Heiligen Schrift des Neuen Testamentes, und den inspirierten Botschaften der Propheten des Neuen Testamentes ein qualitativer Unterschied besteht.

Ich würde Grudems Argument gerne eine Dimension hinzugefügt sehen. Obwohl Paulus und die anderen Schreiber des Neuen Testaments manchmal

„Gottes wahrhaftiges Wort“ schrieben, muss auch gesagt werden, dass das nicht immer der Fall war. Die göttliche Inspiration und Unfehlbarkeit der Schrift entspricht zwar meiner persönlichen Überzeugung, doch ich glaube andererseits auch, dass Paulus zusätzliche Briefe geschrieben haben könnte, die nicht notwendigerweise zum „wahrhaftigen Wort Gottes“ gehörten.

Wie steht es mit anderen Menschen? Können Menschen auch heute dann und wann „das wahrhaftige Wort Gottes“ reden? Kann Prophetie hundertprozentig korrekt sein? Bedeutet alle Prophetie, wie Grudem argumentiert, nur „bloße menschliche Worte auszusprechen, um über etwas zu berichten, was Gott uns in den Sinn gibt“? Und ist sie daher eine Mischung aus göttlicher Inspiration und menschlichem Denken?

Während er den Wert der „bunten Mischung“ bestätigt, formuliert Grudem eine hilfreiche Unterscheidung zwischen der Vollmacht der Heiligen Schrift und prophetischen Äußerungen in der jungen Kirche. Es ist absolut klar, dass prophetische Worte unserer Zeit nicht so behandelt werden sollten, wie wir die Heilige Schrift behandeln. Alle prophetischen Menschen, die ich kenne, stimmen dieser Aussage von ganzem Herzen zu. Wie Grudem gesagt hat, bedeutet Prophetie, „in menschlichen Worten zu berichten, was Gott einem in den Sinn gibt“. Gott übermittelt unserem Verstand Gedanken, die wir in unserer heutigen Sprache weitergeben. Sie stellen eine Mischung aus Gottes Wort und Menschenwort dar. Manche „prophetischen Worte“ enthalten – bildlich gesprochen – z. B. zehn Prozent Gottes Wort und neunzig Prozent Menschenwort, während andere einen größeren Anteil Offenbarungserkenntnis enthalten. Manchmal redet Gott zu seinen Dienern mit hörbarer Stimme. Dies ist dann das „wahrhaftige Wort“, das mit einem hohen Grad an Genauigkeit wiedergegeben werden kann. Es ist deutlich, dass manche prophetischen Äußerungen glaubwürdiger klingen als andere. Ich habe versucht, dieses Phänomen der Kombination aus unseren Gedanken und Ideen mit dem Wort Gottes grafisch darzustellen:

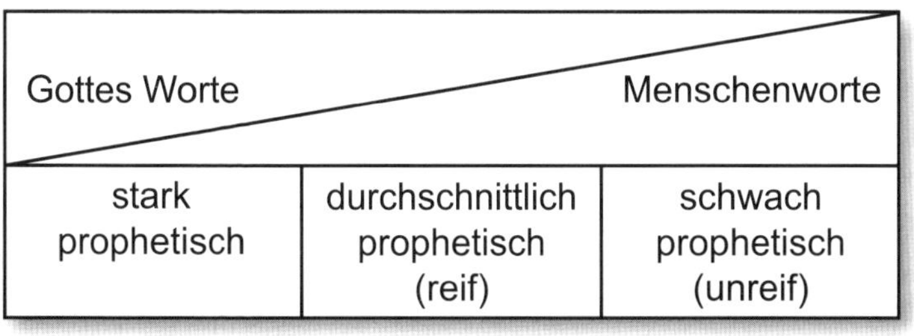

Ich versuche auf diese Weise zu verdeutlichen, dass heute alle Prophetie eine Mischung ist. Manchmal bringt das ein „reifes" Wort hervor, das auf idealere Weise das widerspiegelt, was Gott sagen möchte, und manchmal wird sein Wort alles andere als ideal wiedergegeben und bringt ein „schwaches" Wort mit einem geringeren geistlichen Wert hervor, das man aber dennoch nicht verachten sollte.

Doch egal, wie es sich damit verhält, und egal, wie angesehen der Prophet auch sein mag, wir sind aufgerufen, das Gesagte zu beurteilen (1. Korinther 14,29–30). Paulus weist die Gemeinde in Thessalonich an: „Verachtet prophetisches Reden nicht! Prüft alles, und behaltet das Gute!" (1. Thessalonicher 5,20–21). Wenn eine prophetische Äußerung von Gott stammt, wird der Heilige Geist dafür sorgen, dass dieses Wort unser Herz erreicht, und er wird in uns ein Zeugnis aufrichten, dass dieses Wort an uns wirklich Gottes Reden entspricht. Er wird das Wort auch durch andere prophetisch Begabte (2. Korinther 13,1) oder auf andere Weise bestätigen, einschließlich Gottes Eingreifens in die Natur (siehe Kapitel 2).

Wer kann prophetisch reden?

Die Kirche sollte ihrem Wesen nach prophetisch sein; dies war von ihrer Einsetzung am Pfingsttag an so gedacht. Es ist klar, dass die Gabe der Prophetie potenziell allen zugänglich ist (Apostelgeschichte 2,17–18). „... einer nach dem anderen könnt ihr alle prophetisch reden. So lernen alle etwas und alle werden ermutigt" (1. Korinther 14,31).

Paulus drängt die Korinther, diese Gabe zu suchen (1. Korinther 14,1.24.39), während er gleichzeitig festhält, dass nicht alle Propheten sein werden (1. Korinther 12,29). Was geht hier vor sich?

Wieder finde ich Grudems Aussagen hilfreich, wenn auch nicht ausreichend. Seine Definition von Prophetie – „mit menschlichen Worten berichten, was Gott in den Sinn gibt" – gestattet einen Typ prophetischer Äußerungen, der jedem Gläubigen zugänglich ist. Und dies ist gut so. Er räumt auch ein, dass in der Zeit des Neuen Testaments manche Menschen regelmäßiger im prophetischen Bereich gedient haben und „Propheten" genannt wurden (Agabus in Apostelgeschichte 11,28, die Töchter des Philippus in Apostelgeschichte 21, Barnabas in Apostelgeschichte 13,1). Er erkennt jedoch nicht an, dass es ein „Amt des Propheten" gegeben hat. Doch die meisten Pfingstler und Charismatiker wären da anderer

Meinung. Paulus sagt, dass Apostel und Propheten weiter wirken werden, *bis* die Gemeinde zur vollen Reife gelangt ist. Sicher wird jeder zugeben, dass dieses Ziel noch nicht erreicht wurde. Deshalb brauchen wir bis dahin Apostel und Propheten, die die Christen für den Dienst ausrüsten.

> Und er gab den einen das Apostelamt, andere setzte er als Propheten ein, andere als Evangelisten, andere als Hirten und Lehrer, um die Heiligen für die Erfüllung ihres Dienstes zu rüsten … So sollen wir alle zur Einheit im Glauben … gelangen, damit wir zum vollkommenen Menschen werden und Christus in seiner vollendeten Gestalt darstellen (Epheser 4,11–13).

Johannes berichtet, dass sich der ganze Himmel über Babylons Zerstörung freut, zusammen mit den Aposteln und Propheten der Endzeit, die von Babylon verfolgt worden waren:

> Freu dich über ihren Untergang, du Himmel – und auch ihr, Heilige, Apostel und Propheten, freut euch! Denn Gott hat euch an ihr gerächt. Dann hob ein gewaltiger Engel einen Stein auf, so groß wie ein Mühlstein; er warf ihn ins Meer und rief: So wird Babylon, die große Stadt, mit Wucht hinabgeworfen werden und man wird sie nicht mehr finden. … Aber in ihr war das Blut von Propheten und Heiligen und von allen, die auf der Erde hingeschlachtet worden sind (Offenbarung 18,20–24).

Grudem behauptet, dass der Begriff „Prophet" eher eine Aufgabenbeschreibung darstellte als ein Amt oder einen Titel. Der Schlüssel liegt dann in einem

> „größeren oder kleineren Maß prophetischer Befähigung, die in jeder Gemeinde ein weites Spektrum abdeckt. Die Propheten unterscheiden sich untereinander in ihren Fähigkeiten und erleben auch über die Zeit hinweg eine Veränderung im Ausmaß ihrer eigenen prophetischen Fähigkeiten. Wer ein höheres Maß an prophetischer Befähigung besitzt, spricht häufiger Prophetien aus, und diese Prophetien sind länger, enthalten klarere und überzeugendere Offenbarungen zu wichtigeren Fragen und mit einem breiteren Spektrum an Themen."[3]

Grudem weist also darauf hin, dass manche (z. B. Agabus in der Apostelgeschichte) regelmäßig ihre Gabe der Prophetie einsetzten und, obwohl wir ihnen vielleicht nicht das *Amt* oder den Titel eines Propheten zusprechen möchten, sie doch einen anerkannten und angesehenen prophetischen Dienst ausübten.

Ich möchte diesen Gedanken einer ununterbrochenen Folge weiterführen und behaupten, dass es Ebenen des prophetischen Dienstes gibt, die prophetisch Begabte in unterschiedliche Ebenen oder nach unterschiedlichem Maß einteilen.

1. Einfache Prophetie

Um eine einfache Prophetie handelt es sich, wenn irgendein Christ einen Eindruck ausspricht, den Gott ihm in den Sinn gegeben hat. Wir sollen alle ernsthaft danach streben, prophetisch zu reden (1. Korinther 14,1.39). Alle Männer und Frauen, Jung und Alt, sollen Worte von Gott aussprechen (Apostelgeschichte 2,17). Dennoch sind nicht alle Propheten (1. Korinther 12,29). Einfache Prophetie bewegt sich in der Regel im Rahmen von Aufbauen, Ermutigen und Trösten, der in 1. Korinther 14,3 beschrieben ist, und umfasst weder Zurechtweisung noch Anweisungen oder Voraussagen zukünftiger Dinge.

> Wer aber prophetisch redet, redet zu Menschen: Er baut auf, ermutigt, spendet Trost. ... einer nach dem andern könnt ihr alle prophetisch reden. So lernen alle etwas und alle werden ermutigt (1. Korinther 14,3.31).

Oft handelt es sich hier um einfache Eindrücke, die Gott jemandem in den Sinn gibt. Darunter fallen Worte der Erkenntnis (z. B. spezifische Information bezüglich des körperlichen, geistlichen oder emotionalen Zustands einer Person). Manchmal schließt das das Empfangen von „Visionen“ (mentalen Bildern) oder Träumen ein. Die Person, die die Prophezeiung weitergibt, beschreibt (meistens mit ihren eigenen Worten) eine Vorstellung, die Gott ihr in den Sinn gegeben hat. Diese Worte werden im Rahmen einer Kleingruppe oder der Diensthierarchie weitergegeben (nicht öffentlich am Mikrofon). Kleingruppen können mehr Leuten Gelegenheit bieten, diese Art von Prophezeien zu erleben und daran teilzuhaben. Die inspirierenden prophetischen Worte sind aufbauend, wenn sie durch prophetische Sänger gegeben werden. In einem öffentlichen Gottesdienst beschränkt man am besten die Anzahl von Prophetien, damit nicht eine übermäßige Menge ihre Effektivität zerstört.

2. Prophetische Begabung

Prophetisch begabt sind Gläubige, die regelmäßig Eindrücke, Träume, Visionen oder andere Arten der Offenbarung empfangen. Diese Prophetien sind oft symbolhaft und haben die Form von Gleichnissen und Rätselbildern. Diese Gruppe empfängt regelmäßiger prophetische Informationen als die erste Gruppe, es fehlt jedoch entscheidend die klare Erkenntnis darüber, was man empfangen hat. Ich bin vielen Leuten der ersten und zweiten Ebene begegnet; diese Gruppen stellen die große Mehrheit derjenigen, die in charismatisch geprägten Gemeinden prophezeien.

3. Prophetischer Dienst

Im prophetischen Dienst stehen Christen, deren Begabung erkannt und gefördert wurde und die zu einem regelmäßigen Dienst innerhalb der Ortsgemeinde berufen wurden. Auch hier gibt es noch das gleichnishafte Element in den empfangenen Offenbarungen, doch durch den Prozess des Teamdienstes ist es möglich, ihre Offenbarungen zum großen Teil auszulegen und zu übertragen. Wer im prophetischen Dienst steht, wird regelmäßig Worte und Träume empfangen und wird dann und wann „offene Visionen" haben (z. B. Engelserscheinungen, hörbare Stimme). Manchmal werden diese Menschen detaillierte Informationen wie Namen, Gesichter, Daten und zukünftige Ereignisse empfangen. Manchmal wirken sie auch in anderen Zeichengaben (Heilung, Wunder, Befreiung). Sie könnten – im privaten Rahmen – nicht zugestandene Sünde ans Licht bringen (2. Samuel 12,1–7). Sie geben einfache Prophezeiungen weiter, aber auch Richtung und Korrektur. Diese Menschen sind damit „begabt", dass sie eine ungewöhnliche Menge an Offenbarung empfangen, aber sie müssen dennoch ausgebildet werden (Charakterreife und Weisheit in Bezug auf die Absichten Gottes). Eventuell empfangen sie Worte der Korrektur und Richtungweisung, die sie aufschreiben und der Leiterschaft vorlegen sollten.

Es ist grundlegend wichtig, zwischen einfacher und „vollmächtiger" Prophetie zu unterscheiden. Jeder Christ ist in der Lage, auf einer einfachen Ebene zu prophezeien. Mit Vollmacht zu prophezeien hat aber viel mehr Gewicht und sollte ohne Bestätigung der Gemeindeleitung, die vor Gott verantwortlich ist, das Gemeindeleben zu überwachen, nicht öffentlich getan werden.

4. Das Prophetenamt

Gläubige, deren Dienst in etwa dem der alttestamentlichen Propheten entspricht, haben das Prophetenamt inne. Sie bringen dem Leib Christi Korrektur, Richtungweisung und neue Schwerpunkte. Sie äußern Richtungweisungen und Korrektur vor den Entscheidungsträgern in Kirche, Wirtschaft und politischen Regierungen. Oft dienen sie durch Zeichen und Wunder und sind bekannt dafür, dass sie regelmäßig sehr genau Gottes Worte aussprechen, wie es Samuel tat:

> Samuel wuchs heran und der Herr war mit ihm und ließ keines von all seinen Worten unerfüllt. Ganz Israel von Dan bis Beerscheba erkannte, dass Samuel als Prophet des Herrn beglaubigt war (1. Samuel 3,19–20).

Das bedeutet nicht, dass Propheten hundertprozentig unfehlbar wären, aber ihre Worte sind ernst zu nehmen. Anders als die alttestamentlichen Grundregeln für Propheten, wo bei Todesstrafe hundertprozentige Richtigkeit gefordert war, gilt im Neuen Testament nicht derselbe Standard für Propheten. Ihre Glaubwürdigkeit steht nicht in Frage, weil sie bereits auf eine große Zahl zutreffender Prophetien zurückblicken können und außerdem einen gottwohlgefälligen Lebensstil und Liebe und Respekt vor der Heiligen Schrift zeigen. Sie sagen zukünftige Ereignisse genau voraus. Regelmäßig fließt ihnen göttliche Offenbarung zu, einschließlich offener Visionen und der Vorhersage von Naturerscheinungen (z. B. in Bezug auf das Wetter oder politische Entwicklungen). Ihre Worte können durch Zeichen an der Natur bestätigt werden (z. B. Erdbeben, Stürme, Dürren). Ihre Worte sind sehr vollmächtig, denn sie sprechen mit viel größerer Genauigkeit. Häufig dienen sie mit Zeichengaben. Sie müssen sich im Dienst bewähren (das kann Jahre dauern). Alle, die prophetische Autorität ausüben, müssen selber unter Autorität sein. Manche haben Erfahrungen, aus denen deutlich wird, dass Gott sie souverän erwählte (wunderbare Geburt, Engelserscheinungen u. Ä.). Zum notwendigen Format für das Amt des Propheten gehören *Gaben* (genaue Offenbarung), *Frucht* (gereifter Charakter) und *Weisheit* (Verständnis von Gottes Absichten und Wegen insgesamt).

Auf hoher Ebene übernatürlich aktiv zu sein setzt diejenigen, die so begabt sind, auch stärkeren satanischen Angriffen aus, und moralische Kompromisse können sie zu ungeschützten Zielen in einem sehr gefährlichen Bereich machen. Propheten brauchen größere Frömmigkeit, Weisheit, Glauben und Nähe zu Jesus, um dem zusätzlichen Angriff des Feindes zu widerstehen, der wegen ihrer Begabung auf sie abzielt.

Was ich als verschiedene Ebenen des prophetischen Dienstes beschrieben habe, ist einfach ein Versuch, das, was die meisten Autoren glauben, die über das Thema geschrieben habe, mit Etiketten zu versehen.

Man kann nicht wirklich ganz eindeutige Standards festlegen, nach denen jemand auf Ebene 1, 2, 3 oder 4 operiert, oder ganz genau sagen, worin die Unterschiede bestehen. Es handelt sich hier nicht um biblische Festlegungen; es sind einfach Kategorien, die uns helfen, effektiver miteinander zu kommunizieren. Vielleicht stellt sich heraus, dass mehr Ebenen nötig sind, aber ich glaube, dass diese Einteilungen zunächst einmal einen gewissen Rahmen für weitere Forschung bieten.

Ich kenne Hunderte von Menschen, viele davon in der *IHOP Missions Base*-Familie und andere außerhalb davon, die auf Ebene 1 dienen und „einfach“ prophezeien, und viele andere, von denen man sagen könnte, dass sie auf Ebene 2 wirken – sie werden dann und wann benutzt, um ein starkes prophetisches Wort auszusprechen.

In Laufe der Jahre habe ich einige wenige prophetisch Dienende der Ebene 3 kennengelernt. Das sind Männer und Frauen, denen regelmäßig Träume, Visionen und übernatürliche Begegnungen zuteil werden. Das gehört einfach zu ihrem Leben. So funktionieren sie als eine Gabe für den Leib Christi. Manche dieser Leute werden vielleicht eines Tages als Inhaber eines neutestamentlichen Prophetenamtes anerkannt werden.

Was ich das Prophetenamt auf Ebene 4 nenne, stellt eine Reife und Kraft im prophetischen Dienst dar, die den alttestamentlichen Diensten von Männern wie Samuel und Elia entsprechen. Nach meiner Vorstellung gehören zum Anerkennen einer Person als ein neutestamentlicher Prophet auf der Ebene 4:

1. Der Prophet ist in hohem Maße übernatürlich begabt, was sich darin zeigt, dass er regelmäßig göttliche Informationen vom Heiligen Geist empfängt. Die Echtheit dieser Gabe hat sich im Lauf der Zeit erwiesen.
2. Der Prophet hat einen gottwohlgefälligen Charakter, welches ein grundlegendes Kennzeichen für einen echten Propheten ist. Jesus sagte, dass man gute und falsche Propheten an ihren Früchten erkennen würde (Matthäus 7,15–20). Die Frucht, die Jesus hier

meint, umfasst auch den Einfluss ihres Dienstes ebenso wie die Frucht des heiligenden Wirkens des Heiligen Geistes in ihrem Charakter. Echte Propheten wollen beständig heilig und voller Leidenschaft für Jesus leben.

3. Der Prophet hat die gereifte Weisheit Gottes, die durch Erfahrung und Beziehung mit dem Heiligen Geist gekommen ist. Diese Weisheit befähigt die Person, ein Instrument des prophetischen Wissens und der Kraft Gottes auf eine Weise zu sein, die das Volk und die Absichten Gottes aufbaut. Diese Weisheit ist grundlegend wichtig, um das Prophetische zum Aufbau der Lokalgemeinde einzusetzen.

Ich habe den Heiligen Geist bei den mir bekannten prophetischen Dienern in diesen drei Bereichen am Werk gesehen. Manche sind mehr gewachsen als andere. Aber ich zögere dennoch, jemanden öffentlich als Inhaber eines neutestamentlichen Prophetenamtes zu bezeichnen, gemessen an dem Reifegrad seiner Begabung, seines Charakters und seiner Weisheit. Ich möchte da lieber auf Nummer sicher gehen. Prophetisch begabte Menschen müssen sich im Kontext langfristiger Beziehungen in der örtlichen Gemeinde bewähren, unabhängig von der Ebene ihres Wirkens.

Ich glaube, die Gemeinde fügt sich Schaden zu, wenn sie zulässt, dass sich Menschen allzu schnell als „Apostel" oder „Propheten" identifizieren, einfach nur, weil sie sich selbst dafür halten oder weil es sich im Prospekt gut macht. Wenn wir das tun, dann trivialisieren wir die Gaben und Berufungen Gottes und hindern das Herauskommen von Gottes echten Dienstgaben für die Gemeinde. Ich glaube, dass es in der kommenden Generation viele prophetische Dienste auf Ebene 3 und mehr als ein paar Propheten der Ebene 4 geben wird. Pastoren werden lernen müssen, wie man diese prophetischen Dienste effektiv fördert und sie in die Dienste der Gemeinde einbaut.

Wir glauben, dass die Prophetie aller vier Ebenen mehr und mehr in der heutigen Gemeinde wiederhergestellt wird. Wir haben gesehen, wie der Herr auf diese Weise große Offenbarungen auf dramatische Weise bestätigt hat. Grenzen, die der Heilige Geist aufrichtet, löschen den Heiligen Geist nicht aus – es sind charismatisch erstellte Grenzen für charismatische Aktivität. Ein Fluss ohne Ufer kann sehr zerstörerisch sein!

Ich glaube fest, dass die Gemeinde noch zu der prophetischen Gemeinschaft wird, die Petrus in Apostelgeschichte 2 beschreibt. Hilf uns, Herr.

Nutzen der Prophetie

Damit Pastoren und Leiter überzeugt sind, dass sich die Zeit, Energie und Geduld lohnen, die eine effektive Verwaltung von Prophetie erforderlich macht, müssen sie ihren Wert und Nutzen erkennen. Regelmäßig schenkt Gott Einsicht in seine Pläne in der Wirtschaft, der Lokalgemeinde oder über deren einzelne Mitglieder, indem er den Ort und Zeiten für Aktivitäten, Gebäude oder finanzielle Belange vorhersagt.

Wenn wir die Leitung des Heiligen Geistes bezüglich der Lage von Gebäuden und dem Zeitplan großer finanzieller Ausgaben empfangen, dann gehen wir viel zuversichtlicher voran.

An kritischen Weggabelungen und in Zeiten von Entscheidungen hat der Herr uns bei zahllosen Gelegenheiten Leitung und Wegweisung gegeben durch prophetische Offenbarung oder Geschehnisse aus zwei, drei oder mehr unverlangten und voneinander unabhängigen Quellen. Genaue Gebäude, Entscheidungen, Geldbeträge, Worte, die uns gesagt werden würden, Menschen, denen wir begegnen würden, und exaktes Timing mehrerer Events sind alle prophetisch „gesehen", bestätigt und später tatsächlich erlebt worden.

Über die Jahre ist ein deutlicher Nutzen des prophetischen Dienstes in meiner eigenen Arbeit das Empfangen göttlicher Information über neue Leiter gewesen, die von Gott geschickt worden waren, um unserem Team zu helfen. Wenn neue Leiter mit prophetischen Worten gesandt und eingesetzt werden, dann ist man zuversichtlicher, dass Gott am Ruder der Gemeinde oder des Geschäftsbetriebes sitzt. Zum Beispiel wurden vier unserer Leiter durch prophetische Offenbarung ohne menschliches Wissen von ihrer Existenz namentlich genannt. Sowohl die Vor- als auch die Nachnamen wurden zweien gegeben. Von den anderen Leitern wurden durch Offenbarung vorab Familien, Begabungen, Umstände u. Ä. gesehen. Dieser „prophetische Hintergrund" hat uns sehr zuversichtlich gemacht, dass unsere Verbindung bezüglich Beziehung und Funktion von Gott herbeigeführt war, und nicht von uns selbst oder anderen. (Natürlich ist jeder Leiter auch aufgrund vieler anderer Dinge, nicht nur der Prophetie, berufen worden.)

Er warnt uns vor bevorstehenden Angriffen, indem er Aussprüche und Aktionen, Umstände oder die Art und den Bereich des Angriffs voraussagt. „Vorgewarnt ist gewappnet."

Der Heilige Geist warnt uns vor satanischem Angriff. Bei mehreren Gelegenheiten hat der Herr uns prophetische Warnungen vor direkten und satanischen Anschlägen auf unser Werk gegeben. Diese Einsicht hat uns geholfen, unsere Kräfte zu sammeln und in der Schlacht unsere Stellung und Perspektive beizubehalten. Falsche Korrekturen und die daraus entstehende emotionale Belastung wurden vermieden. Menschen, die der Feind gesandt hatte, um unser Werk zu stören, wurden neutralisiert. Ein bisschen „Geheimdienstwissen" hilft in jedem Krieg.

Prophetische Worte helfen uns, den Glauben zu behalten. Kolosser 1,9 hebt hervor, dass wir gestärkt werden durch das Wissen von Gottes Willen:

> [Wir hören] nicht auf, inständig für euch zu beten, dass ihr in aller Weisheit und Einsicht, die der Geist schenkt, den Willen des Herrn ganz erkennt.

Der prophetische Dienst stützt die Hoffnung in uns, die uns stärkt, Gottes Willen mit größerer Gewissheit zu kennen. Weil Gottes Wille im Lauf unserer Geschichte prophetisch offenbart und bestätigt worden ist, waren wir in Zeiten von Schwäche, Dürre, in Zeiten, wo der Himmel schweigt, in Verfolgung und bei mangelnder Salbung gestärkt. In all dem trägt uns das gemeinsame Bewusstsein, dass Gott mit uns ist, trotz aller Hindernisse, Schwierigkeiten, Fehler und Rückschläge, die wir erleben. Oft hat uns dies zur Buße geführt, zu Motivierung, Opferbereitschaft, Ehrfurcht und anderen, ähnlichen Herzensthemen, an die so oft nicht gerührt wird.

> … um die tiefe und reiche Einsicht zu erlangen … (Kolosser 2,2).

Alle können prophezeien

In 4. Mose 11,16–29 sehen wir zwei sehr unterschiedliche Einstellungen gegenüber dem Geist der Prophetie. Josua dachte ganz anders als Mose (4. Mose 11,16–27, 24–29). Moses Einstellung ließ Gottes Absichten ahnen, beim Aufrichten einer prophetischen Endzeitgemeinde viele Leute zu salben. Die Josua-Einstellung war falsch. Sie lässt sich erkennen, als Josua sich bei Mose beschwerte, dass außer diesem auch andere prophezeiten, wie Eldad und Medad, die auch den „Salbungs- und Einsetzungsgottesdienst" versäumt hatten. Josua dachte exklusiv, seiner Meinung nach sollte der Heilige Geist nur auf Mose und nicht auf irgendwem sonst ruhen. Dieses Denken erhöht eine auserwählte Gruppe sehr gesalbter Einzelner in ungebührlicher Weise.

Die Mose-Einstellung verstand Gottes Großzügigkeit, die letztendlich will, dass sein ganzes Volk im Geist wirkt. Moses Einsicht lässt die Offenbarung ahnen, dass Gott sein ganzes Volk mit Prophetie salben will, wie in Joel 3,1–2 zu lesen. Statt den „Mann der Stunde“ zu sehen, erkennen wir, dass Gott gerne eine Familie von Kindern aufrichten will, die alle in der Kraft des Geistes wirken können. Genau dies betont Paulus, wenn er erklärt, dass er wünschte, alle würden prophezeien (1. Korinther 14,5.31). Es bildet sich ein neuer Weinschlauch: Freunde, die als eine prophetische Gemeinschaft leben, in der alle prophezeien können. Dies ist das Paradigma, in welchem die prophetische Salbung ihr höchstes Maß erreichen wird. Den Kontext dafür bildet ein Lebensstil, zu dem regelmäßiges Beten und Fasten gehören und Wort Gottes und Geben von Herzen.

Gott möchte unsere Identität verändern, dass wir nicht länger „begabte Diener“ sind, sondern seine engen Freunde, wie es Mose war. Im Neuen Bund gab Gott allen den Heiligen Geist, damit wir alle Offenbarung über das, was auf seinem Herzen ist, empfangen können. Er liebt es, uns seine Gedanken und sein Wirken mitzuteilen.

Wir müssen beharrlich nach der Prophetie streben. Wir alle sind dafür geschaffen, zu hören und zu sehen und im Geist zu handeln. Es gehört zu unserem Erbe zu prophezeien. Ein Grund, weshalb die Menschen auf prophetischem Gebiet schwach sind, ist, dass sie zu wenig darauf vertrauen, dass sie etwas von Gott empfangen können. Wir können das geringste Wispern seines Herzens empfangen. Die Frage stellt sich immer: „War das Gott oder nicht?“ Das Risiko, dabei falsch zu liegen, behindert manche mit der Angst, dass sie abgelehnt werden, wenn sie Fehler machen. Der Feind weiß darum, und so greift er unser Herz mit Anschuldigungen an, um unsere Ängste zu schüren.

Gott möchte, dass wir den Dingen des Geistes nachgehen. Er möchte, dass wir um mehr bitten. Der erste Schritt dahin ist zu glauben, dass Gott uns wirklich mehr geben möchte. Diesem Verlangen geben wir im Gebet Ausdruck. Wir bitten den Herrn, unsere Augen zu öffnen, damit wir „sehen“. Bei manchen, die das noch nicht erlebt haben, müssen wir um eine geistliche Sicht bitten (Epheser 1,17). Was heißt das genau? Es geht um die Erkenntnis durch Träume, um Visionen (innere oder äußere) und umfasst auch das Sehen von Engeln und/oder des dämonischen Bereichs. Wir müssen den Herrn bitten, unsere Ohren zu öffnen, sodass wir seine Stimme hören. Das umfasst die äußerliche, hörbare Stimme des Herrn oder des Engelsbereichs, und das Wispern oder die leise Stimme des Heiligen Geistes. Wir müssen den Herrn bitten, uns zu erlauben, dass wir seine Gegenwart verspüren. Wir könnten ganz unterschiedliche Dinge verspüren, z. B. Druck, der von außen auf unseren Körper einwirkt (wie eine Energie), Kälte oder brennende Hitze, Schwere (wegen der sich manche Leute hinknien) oder buchstäblich einen Wind oder eine Brise um uns. Innerlich können die Gefühle von Schluchzen zu Lachen oder dem tiefen inneren Bewusstsein von Frieden und Einsamkeit gehen. Am einfachsten und schlichtesten erreicht man eine bleibende „geistliche Wachsamkeit“, wenn man regelmäßig fragt: „Herr, was sagst du, was tust du gerade? Zeig es mir.“ Schwache Eindrücke sind die häufigsten Manifestationen, die wir erleben. Aber wenn wir nicht danach fragen, was Gott gerade sagt oder tut, dann lassen wir viele Gelegenheiten ungenutzt verstreichen, durch die wir dem Heiligen Geist gegenüber immer sensibler werden könnten.

Den prophetischen Dienst fördern

Menschen, die sich danach sehnen, im Prophetischen zu wachsen, müssen ihre Angst vor Verurteilung und Ablehnung überwinden. Das Leitungsteam kann dazu beitragen, indem es die Menschen fördert und versorgt und darauf achtet, dass Frucht beurteilt wird, nicht Methoden. Wir beurteilen das Prophetische anhand der Frucht, die es trägt, nicht anhand der Methoden, mit denen es angewendet wird (Matthäus 7,15–20). Die Frucht, die wir in den prophetischen Menschen und in denen, die von ihnen etwas empfangen, sehen wollen, ist eine größere Leidenschaft für Jesus und ein heiliger Lebensstil in Achtung vor dem geschriebenen Wort.

Wir müssen eine Atmosphäre der Ermutigung schaffen, in der sich die Menschen sicher fühlen können, in der für Fehler viel Gnade und Geduld herrscht, damit die Menschen im Vertrauen wachsen und immer sicherer werden können in ihrer prophetischen Begabung, ohne sich vor Zurückweisung und Ablehnung fürchten zu müssen. Einer der besten Orte zum Wachsen im Prophetischen liegt im eher privaten Rahmen einer Kleingruppe. Gruppen sind barmherzig gegenüber Leuten, die sich etwas sagen lassen. Allerdings müssen wir „ungesegnete Barmherzigkeit" gegenüber solchen, die stur eine Zusammenarbeit ablehnen, vermeiden. Lassen Sie die Leute wissen, dass sie zum Wachsen Risiken eingehen müssen, auch wenn sie hin und wieder Fehler machen. Salomo lehrte, dass Ochsen für den Bauern reichen Ertrag und Stärke bedeuten; dennoch machen sie den Stall schmutzig. Das, was sie erbringen, wiegt den Dreck, den sie machen, auf.

> Ein leerer Stall bleibt zwar sauber – aber ohne Rinder gibt es keinen Ertrag! (Sprüche 14,4).

Lassen Sie das Risiko zu, und akzeptieren Sie die unvermeidliche Demütigung als Gemeinde, wenn Sie im Prophetischen Wachstum anstreben. Vergessen Sie nicht, dass genau der Ochse, der dem Bauern Ertrag bringt, seinen Stall verschmutzt. Manch einer hat lieber einen Dienst, der wie ein sauberer Stall ist, auch wenn das bedeutet, dass er auf die Stärke und den Ertrag, den der prophetische Dienst erbringt, verzichtet.

Kapitel 5

Prophetisch begabt sein oder Prophet sein?

Meine Geschichte mit dem Prophetischen fing so richtig an, als ich im Dezember 1982 eine neue Gemeinde in Kansas City gründete. Einige Monate danach kam ich mit Menschen in Kontakt, die von sich behaupteten, Gott begegnet zu sein. Außerdem behaupteten sie, dass ihre Gottesbegegnungen weitreichende Auswirkungen auf die Richtung hätten, die mein Leben und mein Dienst nehmen würde. Sie sprachen von ungewöhnlichen Dingen – von hörbaren Stimmen, Engelserscheinungen, mehrfachen „Farbfilm"-Visionen, buchstäblichen Zeichen am Himmel und Trancen, um nur einiges zu nennen. Sie wurden auf dramatische Weise bestätigt. Nach und nach machten meine Zweifel und Ängste langsam dem Glauben Platz, dass Jesus, das Haupt der Gemeinde, wirklich mit diesen prophetischen Ereignissen zu tun hatte. Dies war der Anfang meines persönlichen Weges, auf dem ich die Prinzipien der verantwortlichen Handhabung prophetischer Offenbarung lernte. Prophetie kann Glauben und Klarheit hervorbringen. Aber, zugegeben, sie kann auch viel Verwirrung stiften, Verdammnis bringen und kontraproduktiv sein, wenn sie nicht ordentlich gehandhabt wird. Während der darauf folgenden sechzehn Jahre, in denen ich in dieser Gemeinde Pastor war, bevor die *IHOP Missions Base* begonnen wurde, gab es viele Siege und ebenso manche Niederlagen und sogar schmerzliche Enttäuschungen. Manche der hervorragendsten prophetischen Gefäße jener Anfangszeit verursachten kurze Zeit einigen Schmerz und Verwirrung. Einer der Hauptgründe war, dass ich abklären musste, was die Schrift über den Unterschied zwischen Propheten des Alten und denen des Neuen Testaments sagt, und darüber, wie Prophetie für jeden verfügbar ist, ohne dass man ihn gleich als Propheten betrachtet.

Wenn die Leute hören, dass jemand Prophet genannt wird, so haben sie das Bild eines Mannes mit einer wilden Mähne und feurigem Blick vor Augen, der die Sünde anprangert und Feuer vom Himmel ruft. Andere denken an einen Menschen, der Gericht und Untergang predigt oder das Ende der Welt vorhersagt. Obwohl ich dieses Bild vielleicht etwas verzerrt wiedergegeben habe, entspricht es doch dem Bild, das viele sich von einem Propheten machen, so wie er im Alten Testament auftritt. Neutestamentliche Propheten und Prophetie sind jedoch etwas anders. Manche Menschen haben Probleme, sich heute Propheten und Prophetien vorzustellen, weil sie sie durch die Brille des Alten Testaments und mit einem alttestamentlichen Verständnis betrachten.

Wir leben in einer neuen Ära, und unsere Beziehung zu Gott steht unter dem Zeichen des Neuen Bundes. Es gibt mehrere Schlüsselunterschiede zwischen alttestamentlichen Propheten und dem prophetischen Dienst im Neuen Testament. Jeder Christ ist gerufen, nach der Gabe der prophetischen Rede zu streben (1. Korinther 14,1). Lukas beschreibt die junge Gemeinde in Antiochien als eine, zu der Propheten gehörten (Apostelgeschichte 13,1).

Neutestamentliche Prophetie

Zu Zeiten des Alten Testaments gab es in der jeweiligen Epoche in der Regel nur eine kleine Zahl von Propheten. Prophetengemeinschaften werden zwar hier und da erwähnt. Wir wissen nicht viel von ihnen. Es ist aber klar, dass die bekannten alttestamentlichen Propheten normalerweise allein oder fast allein wirkten. Manche unter ihnen waren Zeitgenossen (Haggai und Sacharja oder Hesekiel und Daniel), doch meist handelten sie isoliert als einsame Sprecher Gottes. Oft hatten sie am religiösen Alltag und an den religiösen Traditionen keinen Anteil, sondern standen abseits und waren von Gott ausgesondert worden. An keinem Propheten können wir dies besser erkennen als an Elia, der König Ahab, den Propheten Baals und den Sünden eines aufsässigen Volkes ganz allein gegenüberstand. Auch Johannes der Täufer passt in dieses Muster – der Mann Gottes, der aus der Wüste kam und Buße predigte, um dem Herrn den Weg zu bereiten.

Im Neuen Testament gab es manchmal mehrere Propheten in jeder Stadt, wo eine Gemeinde gegründet war, statt nur ein paar echte Propheten (Ebene 4) für die ganze Welt wie in alttestamentlichen Zeiten. Mit der Ausgießung des Geistes verteilte sich die Gabe der Prophetie weit über die gesamte Gemeinschaft von Gottes Volk. Im Alten Testament gab es relativ zur Menge von Gottes Volk wenig Propheten. Das Schicksal der ganzen Nation konnte buchstäblich von der Richtigkeit der Offenbarung eines einzigen Propheten abhängen.

Im Alten Testament herrschte „prophetische Konzentration", im Neuen „prophetische Streuung". Das Schicksal der Gemeinde hing nie von der Genauigkeit eines einzigen Propheten ab. Mit potenziell mehreren oder sogar einer Menge von Propheten an jedem geografischen Ort ist diese Art von Genauigkeit bei der Offenbarung nicht mehr nötig, aufgrund der Absicherung durch den Auftrag anderer Propheten, sich gegenseitig zu prüfen, und auch die vom Geist gegebene Fähigkeit von Christen, die Behauptung, eine Offenbarung empfangen zu haben, zu prüfen, zu unterscheiden, zu bestätigen oder abzulehnen (1. Korinther 14,29, 1. Johannes 2,27).

Die Gabe der Prophetie, der prophetische Dienst und das Wort des Herrn sind auf den gesamten Leib Christi *verbreitet* und *verteilt*. Heute wohnen wahrscheinlich in den meisten Nationen der Erde Männer und Frauen mit einer prophetischen Begabung. Sie mögen unreif sein, aber wahrscheinlich gibt es sie.

Als Menschen des Neuen Bundes erleben wir in der Regel keine Propheten, die ganz für sich in der Wüste leben. Der prophetische Dienst ist ein lebenswichtiger Bestandteil des Leibes Christi in einer Stadt. Menschen, die im prophetischen Dienst stehen, sind durch die Heilige Schrift beauftragt, sich in einer Ortsgemeinde zu engagieren, nicht von ihr getrennt zu sein. Prophetische Menschen dienen innerhalb der Gemeinde als eines der „stützenden Gelenke" den anderen Gliedern und verhelfen der Gemeinde so dazu, die prophetische Stimme auf Erden zu sein (Epheser 4,16).

Im Neuen Testament richtet sich der prophetische Dienst weniger an nationale Leiter und mehr an die Gemeinde. Im Alten Testament warnten Propheten oft – wenn auch nicht immer – vor dem Gericht, das über den König und/oder die Nation kommen würde, und kündigten Wiederherstellung an, wenn sie Buße tun würden. Alttestamentliche Propheten waren darauf ausgerichtet, zu den Führern des Volkes zu sprechen. Im Neuen Testament haben manche Propheten Zugang zu nationalen Leitern, während die meisten jedoch berufen sind, den Leib Christi ihrer Region im Blick zu haben.

Es gibt einen weiteren großen Unterschied zwischen den Propheten des Alten und des Neuen Testamentes. Weil die Propheten des Alten Testamentes eine direkte und unmissverständliche Offenbarung empfingen, trafen ihre Worte mit hundertprozentiger Sicherheit zu. Es war nicht nötig, dass andere das prophetische Wort prüften. Sie konnten am Wort Gottes nur vorbeireden, wenn sie das, was Gott gesagt hatte, unverfroren veränderten oder bewusst falsche Prophetien erdachten. Folglich galt im Alten Testament für falsche Propheten die Todesstrafe durch Steinigung.

> Doch ein Prophet, der sich anmaßt, in meinem Namen ein Wort zu verkünden, dessen Verkündigung ich ihm nicht aufgetragen habe ..., ein solcher Prophet soll sterben. Und wenn du denkst: Woran können wir ein Wort erkennen, das der Herr nicht gesprochen hat?, dann sollst du wissen: Wenn ein Prophet im Namen des Herrn spricht und sein Wort sich nicht erfüllt und nicht eintrifft, dann ist es ein Wort, das nicht der Herr gesprochen hat (5. Mose 18,20–22).

Im Alten Testament wurde verlangt, dass Propheten hundertprozentig genau waren, und zwar bei Todesstrafe. Diese Propheten sprachen mit einem klaren und unmissverständlichen „So spricht der Herr!“. Sie behaupteten immer wieder, dass ihre Worte genau die Worte waren, die Gott ihnen zum Weitersagen gegeben hatte.

> Ich bin mit deinem Mund und weise dich an, was du reden sollst (2. Mose 4,12).

> Hiermit lege ich meine Worte in deinen Mund (Jeremia 1,9).

Das Neue Testament legt für seine Propheten, die im Glauben und oft aufgrund subtiler Eindrücke des Heiligen Geistes prophezeien, nicht denselben Standard zugrunde. Die Absicherung der neutestamentlichen Prophetie besteht in dem Mandat zum gegenseitigen Wort-Prüfen. Im Neuen Testament lehrt Paulus spezifisch: „Auch zwei oder drei Propheten sollen zu Wort kommen; *die anderen sollen urteilen*“ (1. Korinther 14,29). Die *Revised Standard Version* übersetzt: „... let the others weigh what is said“ („... die anderen sollen abwägen, was gesagt wird“).

Wir steinigen niemanden, der sich mal irrt, aber wir glauben auch nicht alles, was er sagt. Und wenn er in 99 von hundert Fällen richtig liegt, wägen wir seine Prophezeiungen dennoch ab. Paulus gibt der Gemeinde in Thessalonich ähnliche Anweisungen und sagt ihnen, sie sollen Prophezeiungen nicht verachten, sondern prüfen:

> Verachtet prophetisches Reden nicht! Prüft alles und behaltet das Gute! (1. Thessalonicher 5,20–21)

Dieser Abschnitt setzt voraus, dass manche prophetische Äußerung ein gewisses Maß von Irrtum enthält – „Prüft alles und behaltet das Gute“ wurde in Bezug auf prophetisches Reden geschrieben. Nirgends im Neuen Testament gibt es die Anweisung, dass ein Christ mit dem Tode bestraft, aus der Gemeinschaft ausgeschlossen oder auch nur als „falscher Prophet“ gebrandmarkt werden sollte, weil er eine ungenaue Prophetie weitergegeben hat; ein solches Wort sollte nämlich im Prozess des richtigen Umgangs der Gemeinde mit Prophetie ausgefiltert werden.

Im Alten Testament findet sich nicht ein Fall, in welchem die Prophetie eines wahren Propheten von seinen Kollegen „geprüft“ worden wäre, um zwischen dem Guten und dem Bösen zu trennen, dem genau Zutreffen den und dem, was nicht ganz stimmt. Warum? Weil es undenkbar war, dass ein wahrer Prophet irgendein Orakel abliefern würde, irgendeine Mischung aus zutreffender und nicht zutreffender Information. Es gab keine Grauzone. Entweder war jemand ein wahrer Prophet, der Gottes Wort genau weitersagte und dem man entsprechend zu gehorchen hatte, oder er war ein falscher Prophet und musste umgebracht werden.[1]

Wir heute sind geheißen, jegliche Prophetie zu prüfen, denn im Neuen Testament prophezeien wir durch Glauben, oft nur aufgrund eines subtilen Eindrucks des Heiligen Geistes und daher ohne volle Klarheit. 1. Korinther 13,9 sagt: „Denn Stückwerk ist unser Erkennen, Stückwerk unser prophetisches Reden.“

Im Alten Testament waren Propheten Gottes Stellvertreter vor dem König – der die Macht hatte, sie zu bestrafen, wenn sie falsch prophezeiten. Die Frage nach dem genauen Unterscheiden, ob das Wort wirklich von Gott kam, stellte sich nie. Für den Propheten ging es nur darum: Hatte er genug Mut, die Botschaft zu überbringen?

Eigentlich war der prophetische Dienst des Alten Testaments auf die beschränkt, die *direkte Offenbarung von Gott* empfingen. Im Neuen

Testament prophezeien wir im Glauben, das heißt auch, dass wir subtile Eindrücke, die der Heilige Geist uns gibt, aussprechen. Wir lernen, nach dem Maß unseres Glaubens zu prophezeien, und so passiert es, dass wir schon einmal Gottes Ideen mit unseren Worten und Gedanken vermischen. Wie es in Römer 12,6 heißt: „Hat einer die Gabe prophetischer Rede, dann rede er in Übereinstimmung mit dem Glauben."

Die alttestamentlichen Propheten machten sich keine Mühe, subtile Eindrücke des Geistes von ihren eigenen Gedanken zu unterscheiden. Die Botschaft war klar und unmissverständlich. Sie brauchten nicht beurteilt und geprüft zu werden, weil sie nur dann sprachen, wenn sie eine offene Vision empfangen hatten, nicht nach einem subtilen Eindruck.

Können Sie sich vorstellen, wie Noah sagt: „Ich denke, der Herr legt mir aufs Herz, dass er die Welt mit einer Flut zerstören wird und dass ich den Bau einer Arche in Betracht ziehen sollte"? Im Glauben voranzugehen hieß für die Leute damals nicht, zuversichtlich zu verkünden, was sie nur irgendwie entfernt spürten. Es hieß, ungeachtet der Konsequenzen das zu wiederholen, was Gott klar gesagt hatte.

Manchen fällt es schwer, das Konzept der Prophetie aufgrund subtiler Eindrücke des Heiligen Geistes mit der Möglichkeit von Irrtum und Weitergabe eines falschen prophetischen Wortes zu akzeptieren – natürlich deshalb, weil sie den Wandel im prophetischen Dienst nicht verstanden haben. Während ihnen bei anderen Aspekten vollkommen einsichtig ist, dass sich mit dem Übergang vom Alten zum Neuen Testament eine Veränderung vollzogen hat, verstehen sie unter dem prophetischen Dienst immer noch den nach alttestamentlicher Art.

Viele meiner prophetisch begabten Bekannten drücken ihre Eindrücke in Form von Fragen an die Person aus, der sie dienen. Wenn sie z. B. meinen, der Heilige Geist zeige ihnen, dass der, mit dem sie gerade sprechen, eine bestimmte Krankheit haben könne, finden sie es okay zu fragen, ob er diese Krankheit hat. Die Gaben des Geistes können auch im Rahmen eines normalen Gesprächs funktionieren. Ich nenne das „übernatürlich natürlich sein". Wir müssen nicht mit den Augen rollen, in Lutherdeutsch verfallen, die Stimme erheben wie ein feuriger Pfingstprediger oder mit „So spricht der Herr!" enden. Wenn wir ruhig und langsam sprechen, wird manch einer das Gesagte viel leichter aufnehmen können. Mit anderen Worten, es wird trotzdem funktionieren! Die Leute sind nicht beeindruckter oder empfänglicher, wenn eine Botschaft in aufgebauschter Form überbracht wird.

Der Heilige Geist gibt uns nicht deshalb prophetische Eindrücke, damit wir als Prophet bekannt werden, sondern damit wir anderen Menschen helfen. Wenn ein prophetisch Begabter jemanden nach seiner Krankheit fragt, weil er einen entsprechenden Eindruck vom Heiligen Geist vernommen hat, und der Gesprächspartner bestätigt, ja, er leide an dieser Krankheit, dann ist der Prophet häufig versucht, doch noch hinzuzufügen: „Tja, das hat mir der Herr schon gezeigt ..." Manchmal ist es uns so wichtig, dass die Menschen unbedingt mitbekommen, wie besonders wir sind, weil wir Eindrücke vom Heiligen Geist empfangen! Es ist besser, sich nicht so sehr um die Aufmerksamkeit für die eigene Person zu kümmern und sich damit zufrieden zu geben, einfach nur zu sehen, wie die Leute gesegnet werden, und dem Herrn dankbar zu sein. Mit dieser eher zurückhaltenden Art des Dienstes ist nicht so viel persönliche Ehre verbunden, andererseits werden Propheten, die sich mal irren, auch nicht mehr gesteinigt. Prophetisch Begabte müssen verstehen, dass es nicht um ihre persönliche Anerkennung und Ehre geht. Die Gabe ist im ganzen Leib Christi verteilt, damit Jesus erhoben und den Menschen geholfen wird.

Bewusst oder unbewusst begünstigt das „geistliche Klima" rund um pfingstliche/charismatische Bewegungen oft einen ungesunden Druck auf Menschen, die Gott nahe und nützlich sein wollen, indem sie sehr überzeugt direkt in Gottes Namen handeln und sprechen. Wenn sich solch wagemutiges Vorgehen als unrichtig herausstellt, fällt es den Menschen schwer zuzugeben: „Das war nicht von Gott." Viel bequemer ist es, das Chaos unter ihren psychologischen und sozialen „Teppich" zu kehren; aber auf lange Sicht untergräbt das ihren Glauben und ihre Beziehungen, und ihre Nähe zu Jesus leidet sehr.

Wenn Christen sich aufmachen und lernen, nach dem Maß ihres Glaubens zu prophezeien, wird es sich nicht vermeiden lassen, dass sie mehr als einmal ausgebremst werden, weil sie über ihr Maß hinausschießen und aus ihrem eigenen Denken oder ihrer Einstellung heraus sprechen. Das liegt an der unvermeidlichen Unreife, durch die wir alle lernen müssen. Das zu wissen, nimmt einigen Druck und hilft den Menschen, in liebevoller Atmosphäre in ihrer Begabung zu wachsen und korrigiert, aber nicht völlig niedergemacht zu werden. Diejenigen, die regelmäßig unrichtige „Prophezeiungen" weitergeben, dürfen nicht so oft oder so spezifisch sprechen. Sie sollten innerhalb des Rahmens der einfachen Prophetie bleiben.

Weil die Gemeinde im Großen und Ganzen das Prophetische nicht gut und weise verantwortlich handhabt, leiden viele mit prophetischer Salbung in der Entwicklung ihrer Persönlichkeit und ihrer Begabung.

In einer Atmosphäre der Großzügigkeit gegenüber einander dürfen wir nicht versäumen, falsche Propheten zu erkennen und zu urteilen (Matthäus 7,15–16). Ja, es gibt böse Verführer – falsche Propheten –, die sich in christliche Versammlungen einschleichen und mit ihrer falschen Prophetie arglose und unwissende Christen heimtückisch ködern und verführen. Diese sollten aus der Gemeinde ausgeschlossen werden, wenn sie nicht Buße tun.

Priester und Propheten unter dem Neuen Bund

Gott hat seine Gemeinde berufen, als ein Reich von Priestern zu funktionieren, die alle direkten Zugang zu Gott haben (Hebräer 4,16; 1. Petrus 2,5.9; Offenbarung 1,5). Im Neuen Bund hat jeder Christ die Fähigkeit, durch den in ihm wohnenden Heiligen Geist direkt von Gott zu hören:

> Seht, es werden Tage kommen – Spruch des Herrn –, in denen ich mit dem Haus Israel und dem Haus Juda einen neuen Bund schließen werde … Ich lege mein Gesetz in sie hinein und schreibe es auf ihr Herz. … sie alle, Klein und Groß, werden mich erkennen – Spruch des Herrn (Jeremia 31,31–34).

Im Alten Bund waren der Priester- und der Prophetendienst einigen wenigen Auserwählten vorbehalten. Sie wurden mit dem Tode bestraft, wenn sie in falscher Weise tätig waren. Sowohl Propheten als auch Priester wurden für Anmaßung im Amt mit dem Tode bestraft (5. Mose 18,18–22, 3. Mose 10,1–3).

Der Neue Bund ist anders. Petrus betonte, dass *alle* unsere Söhne und Töchter, Jung und Alt, prophezeien würden, weil der Heilige Geist ausgegossen worden war (Apostelgeschichte 2,17–18). Statt nur einige wenige ist jeder ein Priester, und der Geist der Prophetie ist im ganzen Leib Christi verteilt. Statt Offenbarung ausschließlich durch Gottes hörbare Stimme und offene Visionen wirkt der prophetische Dienst zum großen Teil durch Eindrücke des Heiligen Geistes in unserem Herzen. Statt Propheten zu steinigen, sollen wir ihre Aussagen beurteilen und prüfen, um zu wissen, ob sie von Gott sind.

Im Lauf der fünfzehnhundert Jahre nach dem Pfingsttag kehrten viele wieder zu dem alttestamentlichen Verständnis von Priestertum zurück und erhöhten es dergestalt, dass nur vollzeitliche Geistliche Priester sein konnten. Martin Luther, ein Augustinermönch und Priester, war besorgt über dieses alttestamentliche Verständnis des Priestertums. Die Priester waren wenige, und sie waren exklusiv. Luther lehrte das, was wir heute als *Priestertum aller Gläubigen* kennen. Dieses neutestamentliche Verständnis des Priestertums ist eine anerkannte Grundlage protestantischer Theologie, aber zu Luthers Zeit war es so radikal, dass er deswegen zum Tode verurteilt wurde.

Luther lehrte auch das Prinzip der *individuellen Gewissensentscheidung*, dass jeder Mensch Gott hören und die Schrift selbst auslegen kann. Das war im sechzehnten Jahrhundert eine weitere radikale Vorstellung. In Luthers Betonung des Priestertums aller Gläubigen sind Parallelen zum neutestamentlichen Verständnis des prophetischen Dienstes zu sehen. Jeder Christ kann von Gott hören, unterscheiden und vom Heiligen Geist geführt werden. Ein Dienst, der im Alten Testament exklusiv war (Propheten und Priester), ist im Neuen jetzt verteilt und verbreitet.

Die neutestamentlichen Lehren zum Priestertum aller Gläubigen und zur individuellen Gewissensentscheidung (Gott selber hören) öffnen die Tür für viel mehr Wirken des Heiligen Geistes in der Gemeinde. Gottes Plan war die ganze Zeit, ein Reich von Priestern zu haben, welche sich aus seinen eigenen Söhnen und Töchtern rekrutieren, die alle prophezeien können. Stellen Sie sich Hunderte Millionen wiedergeborener Christen weltweit vor, die durch die Kraft des in ihnen wohnenden Geistes prophezeien können. Bei so viel mehr prophetisch wirkenden Menschen gibt es mehr Frucht, gleichzeitig auch mehr Möglichkeiten von Irrtum und Fehlern. Wenn es dadurch auch manchmal chaotisch sein kann, unvorhersehbar und schwer zu kontrollieren, bleibt uns die herrliche Lehre vom Priestertum aller Gläubigen erhalten. Kein Evangelikaler wird das leugnen. Wir alle stimmen darin überein, dass dies eine Wahrheit ist, die es zu verteidigen lohnt.

Der neutestamentliche prophetische Dienst ist eine Erweiterung dieser Vorstellung, dass wir alle Priester sind und deshalb alle von Gott hören können. Prophetie hat hauptsächlich Erbauung, Ermutigung und Trost im Blick (1. Korinther 14,3). Tatsächlich kann jeder wiedergeborene Christ auf dieser Ebene (die ich Ebene 1 nenne) prophezeien. Oft spricht man dabei von *einfacher Prophetie*.

Für manche Fundamentalisten und konservative Evangelikale ist der prophetische Dienst in der Gemeinde eine schwierige Sache, weil sie ein alttestamentliches Verständnis des Prophetischen haben, nach welchem nur einige wenige direkte Offenbarung empfangen, die hundertprozentig zutreffend ist – sonst werden sie umgebracht.

Obwohl die neutestamentliche Prophetie tatsächlich manchmal auf dem Weg über Träume, Visionen und die hörbare Stimme Gottes kommt, kann prophetische Offenbarung oft subtiler sein. Häufigere Formen der Offenbarung sind Eindrücke durch den Heiligen Geist – die leise, kleine Stimme sozusagen – im Gegensatz zu der immer unmissverständlichen, hörbaren Stimme Gottes.

Verpackungen des prophetischen Dienstes

Der Geist der Prophetie wirkt in unterschiedlichen Verpackungen, weil es so viele verschiedene Persönlichkeiten im Leib Christi gibt. Normalerweise hat niemand ein Problem mit der Frau, die sich in der Gebetsgruppe vom Heiligen Geist gedrängt fühlt, für ein bestimmtes Anliegen zu beten. Das ist eine Verpackung, die viele Leute verstehen und gerne akzeptieren. Wenn diese Frau aber während des Gottesdienstes am Sonntagmorgen das Wort ergreift und immer wieder „So spricht der Herr“ einstreut, dann könnte das deutlich andere Reaktionen hervorrufen. Dieselbe Botschaft mit genau denselben Worten in einer anderen Umgebung löst möglicherweise völlig andere Reaktionen aus. Manchmal geht es uns mehr um die Verpackung, und die Botschaft selbst ist uns nicht wichtig genug.

Es stört mich, wenn prophetische Leute allem ein „So spricht der Herr“ voranstellen. Vielleicht sagen sie das, weil sie es bei anderen so gehört haben. Vielleicht versuchen sie aber auch, auf diese Weise dramatischer zu wirken oder die Chance zu erhöhen, dass man auf sie hört. Möglicherweise liegt es an einem alttestamentlichen Verständnis von Prophetie. Wie auch immer, es ist viel leichter, auf jemanden zu hören, der das, was der Herr ihm gegeben hat, verkündet, ohne theatralisch oder geheimnisvoll zu tun.

Im Leib Christi kann man auf vielen verschiedenen Ebenen Erkenntnis gewinnen, von subtilen Eindrücken bis zu hörbaren Stimmen und Engelserscheinungen. Deshalb ist es besser, wenn der Sprechende das, was er empfangen hat, deutlich macht. Subtile Eindrücke müssen nicht genauso präsentiert werden wie eine offene Vision. Sonst könnte sich jemand in derselben Situation wiederfinden wie der Junge, der in einer Geschichte immer wieder „Vorsicht, Wolf!" schreit: „Aber diesmal habe ich *wirklich* etwas gehört. So spricht der Herr – *ehrlich*!" Und alle gähnen.

MIT DER MACHT KOMMT DIE VERSUCHUNG

Wenn Sie es schafften, bei zehn Versuchen einen Blinden sehend zu machen, könnten Sie innerhalb von 24 Stunden überall auf der Welt Hunderttausende um sich versammeln. Wenn Sie bei zehn Versuchen zehn Blinde heilen könnten, wie Jesus es tat, wären Sie der mächtigste Mensch im Land. Vergessen wir nicht, man wollte Jesus zum König machen, weil er die Kranken heilte und Fisch und Brot vermehrte. Die Freisetzung eines übernatürlichen Dienstes mit offener Machtdemonstration lässt den Menschen, die Gott benutzt, viel Aufmerksamkeit zukommen.

Weil echte, allgemein erkennbare Wunder so etwas Besonderes sind, werden die Nationen kommen, um sie zu erleben. Die Reichen, Berühmten und Mächtigen der Erde werden einfach alles tun, um an wirklichen Wundern Gottes teilzuhaben. Es gibt viele Millionäre in der Welt, aber wie viele Menschen können Tote auferwecken, wie es der Prophet Elia tat? Ein Prophet von der alttestamentlichen Art wäre unglaublichen Versuchungen ausgesetzt, weil so viele Reiche und Mächtige seine Gunst suchen würden.

Deshalb ist es wichtig, dass Menschen mit einer Gabe der Prophetie einer Gruppe von reifen Gläubigen rechenschaftspflichtig bleiben, die um die Begabung und die dazu gehörenden, besonderen Versuchungen und Angriffe wissen. Demut und Belehrbarkeit sind Schlüsseleigenschaften, die prophetische Menschen haben müssen, damit sie nicht nachlassen, Gott in allem zu ehren. Denn es ist Gott, der ihnen die Gnade gibt, in seiner Macht zu wirken.

Kapitel 6

Frauen im prophetischen Dienst

Der Dienst von Frauen in der Kirche ist heute in vielen Kreisen ein heiß debattiertes Thema. Unglücklicherweise ist die Effektivität der Kirche durch enge Grenzen für das Wirken von Frauen stark eingeschränkt worden. Die unnachgiebige und manchmal chauvinistische Position, die von manchen in der Kirche vertreten wird, ist das Ergebnis lang gehegter, stereotyper Ansichten über Frauen und über nicht gelingende Mann-Frau Beziehungen; sie ist auch das Ergebnis einer eingeschränkten Sichtweise der frühen Kirchengeschichte.

Ich habe an dieser Stelle nicht die Absicht, eine umfassende theologische Theorie für den Dienst von Frauen in der Gemeinde darzulegen. Auch versuche ich keine Exegese neutestamentlicher Texte, die mit der Rolle der Frau in der Gemeinde zu tun haben.

Ich möchte hier in einigen Beispielen zeigen, was in der Kirchengeschichte geschehen ist und wie Frauen heute am prophetischen Dienst der *IHOP Missions Base* beteiligt sind.

Wenn in der Endzeit sowohl Männer als auch Frauen mächtige Träume und Visionen empfangen, die andere in eine tiefe Beziehung mit Jesus führen, wird die Gemeinde blühen und gedeihen. In Apostelgeschichte 2,17–18 können wir Gottes Absicht klar erkennen: Er möchte, dass sein Geist auf seine Söhne *und* Töchter ausgegossen wird und *sie* prophezeien werden. Wir werden nie unsere volle Schlagkraft entwickeln können, wenn die Hälfte des Gottesheeres aus der Schlacht gegen Satans Angriff herausgehalten wird. Sowohl Männer als auch Frauen müssen mit aller Entschiedenheit ihren Platz vor Gottes Thron einnehmen und miteinander voller Vertrauen und Sicherheit im Leib Christi wirken. Gemeinsam können wir die leidenschaftliche Liebe Gottes zu uns erfahren und dann unsere Autorität in Jesus einsetzen, um in dem Reich der Finsternis in unserer Generation Beute zu machen.

Frauen in der Kirchengeschichte

Im Dienst Jesu spielten Frauen eine wichtige Rolle; das ist bestens dokumentiert. Sie waren Zeugen seiner Kreuzigung und Auferstehung, während die Männer in diesen Momenten auffällig fehlten. Lukas berichtet, dass die Frauen, die Jesus aus Galiläa gefolgt waren, immer noch bei ihm waren, als er zu Grabe getragen wurde (Lukas 23,27–31). Matthäus erzählt davon, wie sie am Grab wachten, nachdem die Männer geflohen waren (Matthäus 27,61). Johannes berichtet, dass die Gruppe unmittelbar unter dem Kreuz aus drei Frauen und einem Mann bestand (Johannes 19,25–27). Obwohl das einen Bruch aller möglichen sozialen und religiösen Traditionen bedeutete, war es Jesus wichtig, Frauen in seinen Dienst einzubeziehen.

Kaum verwunderlich, dass auch in der Entwicklung der frühen Kirche Frauen eine herausragende Rolle spielten. Einige Frauen waren Leiter von Hausgemeinden, die zur Gesamtgemeinde Roms gehörten. Erwähnt werden unter anderem Priscilla, Chloe, Lydia, Aphia, Nympha, die Mutter von Johannes Markus und möglicherweise die „auserwählte Schwester" aus dem zweiten Johannesbrief. Paulus erwähnt Phöbe und bezeichnet sie als „Diakonin der Gemeinde von Kenchreä" (Römer 16,1).

Außerdem erwähnt Paulus Junia und bezeichnet sie als „angesehenen Apostel" (Römer 16,7). Manche haben sich über die genaue Bedeutung dieses Verses gestritten. Bis ins Mittelalter hinein war unumstritten, dass Junia ein weiblicher Apostel gewesen war. Später versuchten die Übersetzer, das Geschlecht zu ändern, indem sie den Namen in *Junias* umwandelten.[1]

Es gab Frauen im prophetischen Dienst. Philippus, der als einer von sieben für die Verwaltung der Armenspeisungen ausgewählt worden war (Apostelgeschichte 6), leitete die Gemeinde in Cäsaräa. Er hatte vier jungfräuliche Töchter, die in der Gemeinde als Prophetinnen anerkannt waren (vgl. Apostelgeschichte 21,8–9). Einige glauben, dass diese Prophetinnen zum Maßstab und Vorbild für den prophetischen Dienst in der frühen Kirche wurden.

Als Papst Miltiades verkündete, zwei weibliche Anhänger des Montanus seien Häretiker, verglich er sie kontrastiv mit den Töchtern des Philippus. Miltiades erklärte, das Problem dieser beiden Frauen sei nicht, dass sie Prophetinnen waren (denn das waren ja auch Philippus' Töchter), sondern dass sie falsche Prophetinnen waren. Eusebius erwähnt einen gewissen Quadratus, einen im 2. Jahrhundert berühmten Mann, der „eine ausgeprägte Gabe der Prophetie mit den Töchtern des Philippus gemein hatte".[2]

Die Kirche breitete sich von ihrem Geburtsort Jerusalem schnell in Gebiete aus, deren kulturelle Prägung heidnisch, griechisch-römisch oder beides war. In einem solchen Umfeld hatten Frauen häufig hohe Positionen inne und besaßen großen Einfluss in sozialen, politischen und religiösen Kreisen. Daher hielt man es nicht für etwas Negatives, wenn Frauen auch in der Gemeinde einen führenden Einfluss ausübten.

Um etwa 112 nach Christus schrieb Plinius der Jüngere, ein römischer Statthalter, über sein Bemühen, mit den Christen in Bithynien fertig zu werden. Er sah sich genötigt, zwei Gemeindeleiter zu vernehmen: zwei Sklavinnen, die als *ministrae* oder „Diakoninnen" bezeichnet wurden.[3]

Es gibt zahllose Beispiele von Frauen, die der Gemeinde mit ganzer und unermüdlicher Hingabe dienten und die ohne mit der Wimper zu zucken schreckliche Foltern und den Märtyrertod ertrugen. Ein wichtiger Schritt dahin, dass das Christentum in Rom eine politische und soziale Übermacht gewinnen konnte, waren die vielen Bekehrungen unter Frauen aus höheren Kreisen.

Männer wurden nicht so leicht Christen, weil sie dadurch ihren sozialen Status verloren. Die ungewöhnlich große Zahl von Frauen aus der Oberschicht ist vielleicht der Grund dafür, dass Callistus, 220 n. Chr. Bischof von Rom, versuchte, den Frauen aus der Schicht römischer Senatorenfamilien den kirchlichen Segen für eine Heirat mit Sklaven oder freigelassenen Sklaven zu geben.

Diese Frauen edler Herkunft nutzen die Chance, das Wort Gottes zu studieren. Eine unter ihnen war Marcella, eine Frau aus dem 4. Jahrhundert. Der große Gelehrte Hieronymus, der die Bibel ins Lateinische übersetzte (bekannt als die „Vulgata"), verwies Gemeindeleiter ohne zu zögern an Marcella, wenn sie bei Auslegungsfragen Hilfe benötigten.[4]

Frauen konnten sich in den frühen Tagen der Kirche auf viele Weise Ausdruck verschaffen. Weil aber verschiedene Probleme auftraten, wurde diese Freiheit in der Kirche durch einen strenger gefassten Verhaltenskodex ersetzt, der von seinem Wesen her reaktionär war. Je mehr man definierte, was einer Frau angemessen war und was nicht, umso mehr engte man die Rolle der Frau wieder ein.[5]

Dennoch gab es sogar im Mittelalter Frauen, die als ein herausragendes Vorbild an Frömmigkeit und Hingabe lebten. Die Waldenser, eine Gruppe, die ins 12. Jahrhundert zurückreicht und die man vierhundert Jahre vor der Reformation bereits als Protestanten hätte bezeichnen können, wurden unter anderem beschuldigt, Frauen die Erlaubnis zum Predigen zu geben. Katharina von Siena (1347–1380) diente den Armen von ganzem Herzen; sie hatte einen kirchlichen Doktortitel und hegte eine tiefe Liebe zu Gott. Ihre Theologie und Frömmigkeit wurden selbst von den Reformatoren bewundert.

Im Alter von etwa dreizehn Jahren sah Johanna von Orléans eines Sommers während der Arbeit auf dem Feld plötzlich ein helles Licht und hörte Stimmen. Die Stimmen, die Johanna entweder für die Stimmen von Heiligen oder für die von Engeln hielt, befahlen ihr, dem Dauphin (dem Thronfolger von Frankreich) zu helfen und Frankreich zu retten. Mit sechs Rittern ritt sie über vierhundertfünfzig Kilometer durch Feindesland, um dem Dauphin Karl von ihren Plänen zu berichten.

Als Johanna die große Halle betrat, hatte sich der Dauphin verkleidet und unter die Menge gemischt. Johanna ging geradewegs auf ihn zu und sprach ihn an.

„Ich bin nicht der Dauphin“, antwortete Karl.

Johanna erwiderte: „Im Namen Gottes, edler Herr: Doch, das sind Sie.“

Dann sagte sie ihm seine eigenen Gedanken. Die Neunzehnjährige führte die französischen Truppen an und rettete Frankreich, sodass der Dauphin den Thron zurückerhielt. Mark Twain hat das Leben der Johanna von Orléans zwölf Jahre lang studiert und kam zu dem Schluss, ihr Leben sei „das edelste, das je in diese Welt hineingeboren wurde, mit einer Ausnahme [Jesus]“.[6]

Obwohl es unmöglich ist, eine klare Unterscheidung zwischen Legende, Fakten und geistlicher Begabung zu treffen, scheinen die prophetischen Erlebnisse der Johanna von Orléans denen anderer zu ähneln, von deren Berufung in den prophetischen Dienst ich weiß.

Frauen haben auch bei der Entwicklung und Ausbreitung des Protestantismus eine bedeutende Rolle gespielt, insbesondere im Bereich der

Mission. Im 19. Jahrhundert begannen Frauen in Dienst- und Leitungsaufgaben in Erscheinung zu treten, zunächst in der Heiligungsbewegung und dann in den Pfingstgemeinden (20. Jh.). Es gibt dafür unzählige Beispiele. Am herausragendsten sind Aimee Semple McPherson, Gründerin der *International Church of the Four Square Gospel*, und Kathryn Kuhlmann.

David Yonggi Cho hat in der *Yoido Full Gospel Church* in Seoul in Südkorea Frauen in Dienst- und Leitungsaufgaben berufen und mit ihrer Hilfe die größte Gemeinde der Welt aufgebaut, zu der über eine dreiviertel Million Mitglieder gehören.

Der Dienst von Frauen in der IHOP Missions Base

Unter uns gibt es eine Reihe von Frauen, die tief gehende, zutreffende und aufbauende Beiträge zu unserem prophetischen Dienst leisten. Das geschieht vielfach im Dienst am Leitungsteam, „hinter den Kulissen", doch wir sind begeistert, wenn Frauen sich im prophetischen Bereich bewegen. Die Grenzen und Möglichkeiten, die der Mitarbeit einer Frau in unserem prophetischen Team gesetzt werden, sind die gleichen, die auch für Männer gelten. Wir bieten prophetisch begabten Menschen keine besondere Plattform – egal, ob es sich um Männer oder Frauen handelt.

Wir haben eine wachsende Zahl von Frauen, die bevollmächtigt sind, das Wort öffentlich zu predigen. Sie sprechen auf unseren Konferenzen, in Gottesdiensten und in unserer Vollzeit-Bibelschule ebenso wie in unserer Musikakademie.

Unser prophetisches Netzwerk besteht aus etwa 250 Leuten, die regelmäßig Träume, Visionen und prophetische Worte vom Herrn empfangen. Der prophetische Rat leitet dieses Netz prophetisch begabter Leute an. Dieser Rat setzt sich aus Männern und Frauen zusammen, die helfen, die Begabungen der Menschen im Netzwerk zu fördern. Sie reden mit ihnen über die prophetischen Offenbarungen und helfen uns bei deren Interpretation und Umsetzung. Diese prophetische Gemeinschaft soll die, die regelmäßig prophetische Information von Gott bekommen, ermutigen, ausbilden und in hilfreicher Weise korrigieren.

„Typisch Frau“

Klischees, Vorurteile und unfaire Voreingenommenheiten begegnen Frauen häufig. Solches Denken hindert das Wirken Gottes sehr. Manche dieser in männlich dominierten Kulturen tief sitzenden Stereotypen gibt es auch in der Gemeinde. Wir müssen diese falschen Klischees klar und deutlich ermitteln, um dann gegen sie angehen zu können.

Doch mehr und mehr männliche Leiter in der Gemeinde können den großen Einfluss von Frauen im Reich Gottes erkennen. Wir achten den Dienst, den die Mütter zu Hause tun, hoch. Doch wir glauben ebenso, dass Frauen oft auch eine Berufung außerhalb ihres Heimes haben, um dem Reich Gottes zu dienen.

Es gibt auch stereotype Ansichten über die psychische Verfassung von Frauen; meist hält man sie für intuitiv, spricht ihnen aber die nötige Kontrolle über die emotionale Seite ihres Wesens ab. Ich denke nicht, dass dieses Klischee fair ist. Sicherlich kann manche Frau so treffend beschrieben werden, aber es gibt auch Männer, auf die das zutrifft. Ich denke, diese Vorstellungen sind zu allgemein gefasst und sollten nicht eingesetzt werden, um Frauen den geistlichen Dienst zu verwehren.

Sowohl Männer als auch Frauen handeln intuitiv und emotional, ebenso wie beide intelligent und objektiv sind. Beide können kontrollieren und manipulieren, ebenso wie beide zu Demut und Leidenschaft in ihrer Liebe zu Jesus fähig sind.

Dass Männer und Frauen nicht in der Lage sind, funktionierende Beziehungen zu gestalten, hat sowohl in der Gesellschaft als auch in der Kirche schon immer zu vielen Problemen geführt. Manche Männer hegen gegenüber Frauen mit einem geistlichen Auftrag unbegründete Ängste; z. B., dass Frauen in Leitungsfunktionen ihre Weiblichkeit einbüßten oder dass Frauen anfälliger wären für Verführung (was beides nicht zutrifft). Deshalb wagen sie nicht, Frauen prophezeien oder predigen zu lassen. Dieses Problem wird mitunter durch radikale Vertreter der feministischen Bewegung verstärkt, weshalb sich manche Männer sogar gegen biblisch begründete Formen der Teilnahme von Frauen an geistlichen Diensten wehren.

Ich glaube, wenn die Männer in der Kirche Frauen von Anfang an geachtet hätten, so wäre manchem, was wir mit der radikal-feministischen Bewegung in unserer Gesellschaft heute erleben, die Spitze genommen.

Hätte die Kirche ein Zeichen gesetzt und Frauen in den eigenen Reihen geachtet, so hätte sie damit womöglich die heutige Gesellschaft insgesamt positiv beeinflussen können. Wenn es mehr Frauen gegeben hätte, die in der Gesellschaft eine herausragende Rolle hätten spielen dürfen, weil sie innerhalb der Kirche von Männern entsprechend bestärkt worden wären, so hätte man die negativen Folgen der radikal-feministischen Bewegung auf ein Minimum begrenzen können.

Dies ist eine praktische Form, wie die Kirche der Gesellschaft gegenüber auf prophetische Weise Maßstäbe setzen kann: Wenn sie sowohl Frauen als auch Kinder in einer Weise achtet, die der Gnade Gottes angemessen ist (vgl. Maleachi 4,6; 1. Petrus 3,7).

DER GEIST ISEBELS

Ein Thema, das in Bezug auf prophetisch begabte Frauen in der Gemeinde mit am häufigsten missverstanden wird, ist die Vorstellung von einem „Geist Isebels". Dies gilt besonders dann, wenn dieser Begriff für eine kontrollierende Frau steht, die Männer dominiert. „Der Geist Isebels" ist eigentlich kein biblischer Ausdruck. Doch gibt es unbestreitbar eine starke, negative, „isebel-artige" Einstellung oder Haltung, die von manchem deutlich Besitz ergriffen hat.

Wenn eine Frau sich hinstellt und eine Auseinandersetzung mit einem Mann wagt, so wird ihr von manchen sehr schnell nachgesagt, sie habe den „Geist Isebels". Manche Frauen haben in der Tat eine unangemessen dominierende Haltung, aber das trifft auch auf manche Männer zu. Manchmal sind diese Frauen verletzt und wissen sich nicht in Beziehungen zu verhalten. Auch Männer werden verletzt und müssen ihre Fähigkeiten im Umgang mit anderen Menschen und im Bereich von Beziehungen verbessern. Doch Männern sagt man selten nach, sie hätten einen „Geist der Isebel".

Viel zu viele Frauen in der Gemeinde mit einer legitimen Leitungsgabe werden als „Isebel" abgestempelt, nur weil es zu Auseinandersetzungen mit unsicheren männlichen Leitern kommt, die eine kontrollierende Persönlichkeit haben.

Frauen sollten nicht zulassen, dass unsichere Männer sie dominieren und sie in ihrem Dienst am Reich Gottes hindern. Allzu viele Frauen werden durch ungerechte Verurteilungen eingeschränkt, einfach nur, weil sie sich geäußert haben und einen Mann mit falscher Einstellung infrage stellten. Das macht sie aber nicht zur „Isebel“.

Bei mir brennt innerlich eine Sicherung durch, wenn ich höre, wie Frauen vorschnell als „Isebel“ abgeschrieben werden. Das kann eine Frau emotional zerstören. In der Regel ist dieses Urteil ungerechtfertigt und kann dazu führen, dass sie ihre Dienstgaben zu Unrecht über Jahre hinweg unterdrückt oder vernachlässigt.

Ich glaube, wir sollten uns sowohl mit dominierenden Frauen als auch mit dominanten Männern auseinandersetzen und ihnen einen Heilungsprozess anbieten. Wir brauchen keinen von ihnen als „Isebel“ zu bezeichnen. Es gibt männliche Leiter, die die Probleme durch einen dominanten Mann augenzwinkernd übergehen: „Er hat eben eine starke Persönlichkeit. So ist er nun mal einfach.“ Doch wenn sich eine Frau genauso wie der dominante Mann verhält, trifft sie oft auf allerlei ungerechtfertigte Kritik. Das Vorurteil gegen Frauen lässt sich häufig auf den Mangel an Fähigkeiten im Umgang von Mensch zu Mensch zurückführen, der sich sowohl unter Männern wie unter Frauen findet. In solchen negativen Situationen kommt es vor, dass Frauen die Pastoren als kontrollierend bezeichnen und die Pastoren die Frauen „Isebel“ nennen. Das ist alles lächerlich. Sowohl solche Männer wie solche Frauen brauchen Heilung.

Isebel – Verführung zur Unmoral

Ich glaube, dass der Gedanke vom „Geist Isebels“ tatsächlich ein gewisses Maß an Dominanz und Kontrolle umfasst. Schaut man sich Königin Isebel und König Ahab an, so scheint Isebel klar die dominantere von beiden zu sein (1. Könige 18). Doch Jesus hat in der Haltung Isebels ganz eindeutig etwas anderes als ihre Dominanz angeprangert.

> Aber ich werfe dir vor, dass du das Weib Isebel gewähren lässt; sie gibt sich als Prophetin aus und lehrt meine Knechte und verführt sie, Unzucht zu treiben (Offenbarung 2,20).

Man könnte also eine „Isebel“-Haltung so beschreiben, dass dadurch das Volk Gottes verleitet wird, Unmoral zuzulassen und willkommen zu heißen. In erster Linie bezeichnet dieser Ausdruck also einen Verführer.

Wenn wir heute von Verführung sprechen, denken wir dabei im Allgemeinen an etwas, was Frauen mit Männern anstellen. Doch es gibt in unserer Zeit auch im Leib Christi männliche Führungspersönlichkeiten, die regelmäßig Frauen verführen. Sie üben im sinnlichen und emotionalen Bereich einen starken Einfluss auf Frauen aus. Männer können genauso verführerisch sein wie Frauen. Man könnte also auch viele Männer mit Isebel vergleichen.

Ich denke, die verführerischste Art des „Geistes der Isebel" finden wir heute in bestimmten Bereichen der Medienindustrie, welche die Menschen der ganzen Welt mit Erfolg desensibilisiert und zu unmoralischem Handeln verführt. Hier werden betrügerische Prostitutionsgeschäfte und die nicht-jugendfreie Filmindustrie gefördert.

Diese bestimmten Anteile der Medienindustrie sind es, die das Stereotyp der verführerischen Frau am Leben erhalten. Doch in Wahrheit ist es ihre Liebe zum Geld, die Öl auf das Feuer der Verführung in unserer Gesellschaft gießt. Mehr als alles andere tragen sie die Züge Isebels.

Wir müssen Frauen mit einer Leitungsgabe achten und ihnen in der Gemeinde Raum geben. Manche Pastoren müssen lernen, sich in ihrer Leitung weniger defensiv und unsicher zu verhalten.

Kapitel 7

Die sieben Dimensionen der prophetischen Kirche

Prophetisch zu sein bedeutet nicht nur einfach etwas, was Charismatiker tun, sondern gehört vielmehr zum Wesen und zum Auftrag des gesamten Leibes Christi in dieser Welt. Wer im prophetischen Dienst engagiert ist, muss das, was er tut, in diesem größeren Zusammenhang mit all den anderen Dimensionen verstehen, die ebenfalls zur Berufung der Kirche als prophetischer Dienstgemeinschaft gehören. Die verbreitetste Vorstellung des Prophetischen bezieht sich auf die Menschen, die in der Gabe der Prophetie wirken. Jeder Gläubige ist berufen, sich ernstlich um die Gabe der Prophetie zu bemühen (1. Korinther 14,1). Die neutestamentliche Gemeinde soll als eine prophetische Dienstgemeinschaft funktionieren, nicht nur um die Erfüllung der endzeitlichen Ereignisse zu verkünden oder Offenbarungsbotschaften zu verkünden, sondern auch, um dies in viel breiterer und multidimensionaler Weise zu tun.

Menschen, die Träume und Visionen empfangen, machen noch nicht den prophetischen Dienst in seiner Gesamtheit aus; sie sind vielmehr eine Ausdrucksweise einer Gemeinschaft, die in mindestens sieben Dimensionen prophetisch ist. Manche dieser sieben Kategorien oder Dimensionen prophetischer Ausdrucksweisen überlappen sich, wie es auch bei manchen der Geistesgaben der Fall ist. Die Aufzählung der neun Gaben des Heiligen Geistes (1. Korinther 12,7–11) ist nur eine Beschreibung, wie der Heilige Geist als Person durch einzelne Glieder der Kirche wirkt. Gewisse Manifestationen sind manchmal schwer zu klassifizieren oder zu definieren. War etwas ein Wort der Erkenntnis, eine Prophetie oder eine Unterscheidung der Geister? In gleicher Weise können sich auch diese sieben Dimensionen der Kirche als prophetischer Dienstgemeinschaft in einigen Aspekten überlappen. Wichtig ist, dass der prophetische Dienst nicht nur etwas ist, was die Kirche macht, sondern etwas, was sie ihrem Wesen nach *ist*.

1. Das Herz Gottes offenbaren

Der Engel des Herrn offenbarte dem Apostel Johannes, dass das Zeugnis Jesu der Geist prophetischer Rede sei (Offenbarung 19,10). Der Geist oder das Ziel von Prophetie ist die Offenbarung dessen, was Jesus getan hat und was ihm derzeit auf dem Herzen liegt. Deutlich machen, wie er fühlt und was auf seinem Herzen brennt, das ist das zentrale Anliegen seines Zeugnisses. Mit anderen Worten: Der prophetische Dienst entspringt aus der Jesuserfahrung. Er ist ein Dienst, der Gottes Herz *fühlt* und *offenbart*, Gottes Mitleid, Eifer, Kummer, Zärtlichkeit, oder gar die Freude, die in seinem Herzen ist. Jedes Mal, wenn wir prophezeien, tun wir sein leidenschaftliches Herz kund. Die Propheten des Alten Testamentes haben ihre Botschaften und ihren Dienst oft mit den Worten eingeleitet: „Dies ist die *Last*, die der Prophet ... geschaut hat" (Habakuk 1,1; Luther). Das Wort *Last* spricht von dem, was emotional schwer auf Gottes Herzen lastet. Eine prophetische Dimension im Dienst der Kirche besteht also darin, die intimen Gedanken und Gefühle Gottes zu verkünden, zu offenbaren und ins Gedächtnis zu rufen. Dazu gehört natürlich auch seine eifernde Sehnsucht nach seinem Volk. Natürlich ist unsere Liebe zu Jesus das Ergebnis einer immer wachsenden Offenbarung seiner Leidenschaft für uns (1. Johannes 4,19). Johannes der Täufer fand einen ganz besonderen Ausdruck für das Zeugnis Jesu. Jesus erklärte Johannes den Täufer zu dem größten Menschen, der je von einer Frau geboren wurde (Matthäus 11,11). Johannes beschrieb sich selbst in seinem Wegbereiter-Dienst als „Freund des Bräutigams" (Johannes 3,29).

Johannes bereitete den Weg für das erste Kommen Jesu, er bereitete ein Volk vor, das ihn als den himmlischen Bräutigam empfangen sollte. Als prophetische Wegbereiter sind wir, wie Johannes, berufen, das Volk aufzurufen, das erste Gebot als Menschen auszuleben, die Gott von ganzem Herzen lieben. Der Heilige Geist setzt prophetische Wegbereiter ein mit diesem Augenmerk: die Gemeinde vor dem zweiten Kommen Jesu vorzubereiten. Jesus beschreibt auch die Apostel als „Freunde des Bräutigams" (Matthäus 9.15). In der jetzigen Generation betont der Heilige

Geist die „Freunde des Bräutigams"-Realität. Sie steht für Dienste, die die Gemeinde ausrüsten, in ihrer Braut-Identität zu leben und Jesus von ganzem Herzen zu lieben. Als Freunde des Bräutigams konzentrieren wir uns eher darauf, einzelne Menschen auf das Leben in der innigen Umarmung unseres himmlischen Bräutigams vorzubereiten, als die Zuneigung der Braut auf ihr prophetisches Wirken zu lenken.

2. Die Verkündung von Endzeit-Prophetien

Die Gemeinde ist ein prophetisches Zeugnis für Jesu Wiederkunft. Ein Aspekt des prophetischen Wirkens ist, Gottes Endzeitplan und die Ereignisse, wie sie in biblischer Prophetie dargelegt sind, deutlich zu verstehen und furchtlos zu verkünden. Alles, was die Kirche tut, um sich vorzubereiten – prophetische Schriftstellen verkündigen, anbeten, Abendmahl feiern, Zeugnis geben, das Evangelium predigen, Dämonen austreiben, die Kranken heilen, Frieden stiften und als Wegbereiter wirken, die Gemeinde auf sein Kommen vorzubereiten (Epheser 5,17; Offenbarung 19,7–8) – ist eine prophetische Posaune für die Welt, die von der Beziehung zwischen Christus und seiner Gemeinde kündet und von der Tatsache, dass Jesus wiederkommt.

Der Apostel Johannes wurde angewiesen, die Schriftrolle mit der Endzeitprophetie zu essen (Offenbarung 10,8–10; Hesekiel 2,10–3,3), sodass er vorbereitet wäre, Gottes Herz in Bezug auf die Endzeit zu verstehen und nachzuempfinden. Johannes war ein Prototyp für die prophetischen Endzeit-Botschafter, die der Heilige Geist gerade jetzt beruft. Von diesen prophetischen Botschaftern wird in einer Zeit der Erweckung, des Gerichts und der Feindschaft viel Kraft ausgehen (Offenbarung 12–13).

3. Bewahrung und Verkündigung des Wortes Gottes als seinen prophetischen Maßstab auf Erden

Eine der dynamischsten prophetischen Wirklichkeiten ist die Bibel selbst. Sie verkündet die Herzensanliegen, die Absichten und den Willen Gottes. Sie ist das heilige und liebende Herz Gottes, schriftlich niedergelegt. Wie kostbar ist das Wort Gottes! Die Gemeinde bewahrt und verkündet Gottes unveränderliche und unverrückbare Wahrheiten. Die Gemeinde, die die Schrift verkündet, ist die Säule und der Grund der Wahrheit in einer gefallenen Welt (1. Timotheus 3,15). Nie sind wir prophetischer, als wenn wir das Wort Gottes treu und regelmäßig verkünden.

Wir erkennen, dass allein die Gegenwart der Gemeinde ein fortwährendes Zeugnis dafür ist, dass biblische Prophetien erfüllt werden. Unsere Hauptaufgabe ist es, die frohe Botschaft von seinem Tod, seiner Auferstehung und Wiederkunft zum Weltgericht zu bewahren und zu verkünden. Die Gemeinde ist ein lebendiges Zeugnis von erfüllter Prophetie und eine prophetische Stimme für das, was in der Zukunft kommen wird. Nächstes Mal, wenn Sie in einem Gottesdienst sitzen, denken Sie daran, dass allein die Tatsache, dass Sie sich mit anderen in seinem Namen versammeln, sowohl eine prophetische Erfüllung als auch eine prophetische Aussage des Kommenden für die Welt sind, obwohl wir schon zweitausend Jahre nach der Gemeinde des ersten Jahrhunderts leben.

4. Die Annahme prophetischer Wegweisung

In vierter Weise ist die Gemeinde prophetisch, indem sie herausfindet, wie der Geist jeweils wirken will. Ebenso wie die Kinder Israel der Wolke durch die Wüste folgten, soll sich die Gemeinde bewegen, wenn der Heilige Geist es sagt (5. Mose 1,33). Der Geist wirkt ständig frisch in jeder Versammlung. Israel bewegte sich, wenn Gott sich bewegte, als sie der Wolke der Gegenwart Gottes in der Wüste folgten. Gemeinden, Werke oder Familien „bewegen" sich gemäß unterschiedlichen Betonungen, die der Heilige Geist in unterschiedlichen Zeiten in ihrem gemeinsamen Leben gibt, aber immer innerhalb der Grenzen von Gottes unveränderlichem Wort.

Auch hier gilt, dass die Leiter solcher Bewegungen nicht unbedingt diejenigen sind, die die „Gabe der Prophetie" ausüben, wie sie in 1. Korinther 12 erwähnt wird, sondern Leute, die ein klares Gespür dafür haben, wohin die „Wolke" Gottes zieht. Man könnte sie mit den Söhnen Issachars vergleichen, die „die Zeiten verstanden und wussten, was Israel zu tun hatte" (1. Chronik 12,32).

Die prophetische Gemeinde folgt Jesu prophetischer Leitung, wenn wir „der Wolke folgen", indem wir das willkommen heißen, was der Heilige Geist gegenwärtig betont. Natürlich betont er immer die Verkündigung des Evangeliums und Gehorsam gegenüber Gott. Es gibt viele Beispiele in der Kirchengeschichte, wo der Leib Christi eine bestimmte Richtung des Heiligen Geistes in Bezug auf Struktur, Strategie oder sogar bestimmte Wahrheiten willkommen geheißen hat. Zum Beispiel tat im Jahr 1517 Martin Luther das, als der Heilige Geist in der Kirche in Europa die Reformation bewirkte, indem er die Rechtfertigung aus Glauben betonte.

Ein Zweck des prophetischen Dienstes ist, der Gemeinde bewusst zu machen, dass der Heilige Geist in der Gegenwart wirkt. Dieser Dienst erweckt in uns das Verständnis für die Absicht Gottes in der *Gegenwart* – was er *jetzt* spezifisch in uns und durch uns tun will. Mit anderen Worten, es geht um das „Jetzt-Wort" des Herrn. Natürlich wird das immer mit dem geschriebenen Wort des Herrn übereinstimmen. Gott möchte das Wort und den Geist in der Gemeinde zusammenbringen. Jemand hat gesagt: „Wenn wir das Wort ohne den Geist haben, trocknen wir aus. Wenn wir den Geist ohne das Wort haben, plustern wir uns auf. Aber wenn wir das Wort und den Geist haben, wachsen wir heran." So können wir miteinander in dem leben, was der Herr gerade Neues wirkt.

5. Prophetische Träume und Visionen und die Kraft Gottes

Die Demonstration von Gottes übernatürlicher Kraft und Offenbarung durch die Gemeinde ist eine Dimension des prophetischen Dienstes. Der Geist rüstet uns mit übernatürlichen Gaben aus, einschließlich prophetischer Träume und Visionen und der Fähigkeit, Wunder zu wirken (1. Korinther 12,10–11). Wunder bestätigen die Wahrheit von Gottes Wort. Wunder machen den Leuten bewusst, dass Gott tatsächlich bei ihnen ist. Sie erneuern unsere Wahrnehmung seiner Gegenwart. Wunder rütteln unsere Sinne wach und machen uns auf freudige – oder erschreckende – Weise bewusst, dass Jesus in unserer Mitte ist. Hunderte von Predigten über den Gott, der mit uns ist, geben uns vielleicht weniger Gewissheit als eine einzige Begegnung mit seiner Gegenwart und Kraft, die uns durch ein Wunder zuteil wird. Dies nimmt dem geschriebenen Wort Gottes nichts von seiner Autorität. Es bedeutet einfach nur, dass der lebendige Gott des geschriebenen Wortes sich durch das Übernatürliche auf eine sehr persönliche, sehr intime und sehr handfeste Art zeigt. Durch das übernatürliche Wirken Gottes prophezeit und verkündet die Kirche, dass er lebt!

6. Der prophetische Protest gegen soziale Ungerechtigkeit

Die Kirche soll in Bezug auf Ungerechtigkeit, Unterdrückung und Ungerechtigkeit als „ein gemeinsamer Prophet für die Nation" wirken. Solche Dinge fordern das Gericht Gottes über einer Nation heraus. Zwei herausragende Beispiele dafür sehen wir in dem prophetischen Protest von William

Wilberforce (1759–1833), der innerhalb der Kirche wirkte, und von Lord Shaftesbury vor ihm (1621–1683), der im britischen Oberhaus seine Stimme erhob. Diese beiden Männer prangerten Ungerechtigkeit an zwei verschiedenen Fronten in zwei verschiedenen Jahrhunderten an. Ihnen ist zu verdanken, dass das britische Parlament den Sklavenhandel in England verbot.

Häufig sprechen Propheten für eine Nation von einer säkularen Plattform aus, nicht unbedingt als Vertreter der Kirche. Josef und Daniel waren zwei biblische Beispiele für Menschen, die Gott in einer säkularen Machtposition vertraten. Abraham Lincoln und Martin Luther King standen prophetisch für Gerechtigkeit in unserer Gesellschaftsordnung ein. Heute erheben Männer wie Lou Engle und James Dobson, die ununterbrochen gegen die Ungerechtigkeit der Abtreibung protestieren, eine prophetische Stimme in der Kirche. Gott hat seine prophetischen Diener in der Gemeinde berufen, die einen prophetischen Stand gegen Ungerechtigkeit in der Gesellschaft einnehmen, indem sie sich auf vielen Ebenen aktiv in weltlichen Regierungen einbringen.

7. Der prophetische Ruf zur Heiligkeit

Gott hat durch die Generationen hindurch Leiter in der Kirche berufen, die als Propheten Gottes wirkten und gegen die Sünden der Menschen aufstanden. John Wesley führte England in einer Zeit zu Gott zurück, als die Ungerechtigkeit und Apathie der Menschen das Land an den Rand eines gesellschaftlichen Chaos gebracht hatten. In allen Generationen berief Gott Leiter in der Kirche, die als Propheten Gottes fungierten und die Sünden der Menschen anprangerten. Dies ist etwas Ähnliches wie der Aufschrei gegen gesellschaftliches Unrecht, unterscheidet sich davon jedoch insofern, als dieser Ruf ganz besonders den Menschen innerhalb der Kirche gilt. Das entspricht weniger einem Jona, der prophetisch gegen Ninive redete, sondern eher einem Jesaja oder Jeremia, die ihre prophetischen Reden an Israel und Juda richteten. Menschen wie Charles Colson, John Piper, David Wilkerson und A. W. Tozer fallen mir ein, wenn ich an Menschen mit einem prophetischen Auftrag denke, die die Ungerechtigkeit innerhalb der Kirche anprangern. Ihre Worte sind vom Heiligen Geist inspiriert, um die Herzen vieler Menschen zu neuer Heiligung und Leidenschaft für Jesus wachzurütteln. Gott benutzt prophetische Stimmen wie die Johannes' des Täufers, um das Gewissen der Gläubigen anzustoßen, damit sie Buße tun.

In einer prophetischen Gemeinschaft dienen

Es gehört zum Wesen der Kirche, dass sie ein prophetischer Ausdruck für das Reich Gottes auf Erden ist, die Wahrheit Gottes vor dieser Welt repräsentiert, bewahrt und proklamiert. Alle ihre Glieder, die der Gemeinde dienen oder im Auftrag der Kirche handeln, sind an den permanenten prophetischen Plänen und Absichten Gottes in dieser Welt beteiligt.

Die Männer und Frauen, denen eine besondere Gabe geschenkt wurde, Träume, Visionen, Prophetien und Offenbarungen zu empfangen, müssen achthaben, dass sie nicht zu hoch von sich denken, als seien sie *die* Propheten schlechthin. Sie dienen nur einer Dimension innerhalb der umfassenderen Berufung der Kirche als einer prophetischen Gemeinschaft.

Ich bete darum und erwarte wirklich, dass Gott in unserer Generation mächtig wirken wird, um der Gemeinde mehr und mehr zu helfen, ihrer prophetischen Natur und Berufung unter den Nationen der Erde entsprechend zu leben und diese auszudrücken. Die Verkündigung und Demonstration des Wortes Gottes durch eine geisterfüllte Kirche ist die wahre Hoffnung für die Menschheit. Möge der Heilige Geist in nie da gewesenem Maße auf uns kommen zur Ehre Gottes und Jesu Christi.

Ausdrucksformen des Geistes der Prophetie

- prophetische Orakel (Jesaja 1,1–9, 15,1–9, 45,14–17, 48,17–19, 49,5–7, 50,1–3; Jeremia 2,1–3; Hesekiel 34,1–31; Apostelgeschichte 13,1–3)
- prophetische Ermahnungen (Jesaja 12,1–6, 19,25, 29,22–24, 30,18, 35,1–10, 40,1–31, 41,1–4, 42,1–9, 54,1–3, 55,1–13, 56,1–8)
- prophetische Gebete (Esra 9,6–15; Nehemia 9,6–37; Jesaja 25,1–12, 38,9–20, 64,1–12; Jeremia 12,1–6; 20,7–18; Lukas 1,67–69)
- prophetische Lieder (1. Mose 32,1–43; Jesaja 5,1–30, 26,1–21, 27,1–11, 42,10–13; Hesekiel 19,1–14, 27,1–36)
- persönliche Prophetien (2. Samuel 12,1–7; Jesaja 37,21–35, 38,1–8, 45,1–17, Jeremia 20,1–6, 21,1–14, 34,1–5, 45,1–5; Apostelgeschichte 21,10)
- prophetische Visionen (Jeremia 1,11–19, 24,1–10; Hesekiel 1,1–28, 8,1–18, 9,1–11, 10,1–22, 11,1–13, 37,1–11, 40,1–49, 41,1–48,35; Daniel 2,19, 4,1–18, 7,1–28, 8,1–27; Apostelgeschichte 16,9–13, 10,1–33)
- prophetische Handlungen (Jesaja 20,1–6, Jer. 13,1–11, 19,1–15, 27,1–22; Hesekiel 14,1–17, 5,1–17, 12,1–16, 12,17–25, 24,1–27, 37,15–23; Hosea 1,1–11, 3,1–5; Apostelgeschichte 21,9–14)

Andere Schriftstellen über den prophetischen Dienst

- 1. Mose 5,29, 22,7–8, 27,28–29, 27,39–40, 48,13–20, 49,1–27
- 2. Mose 15,14–18, 16,6–7
- 3. Mose 9,6
- 4. Mose 11,24–30, 13,30, 14,6–9, 23,7–10, 23,18–24, 24,1–9, 24,15–24
- 5. Mose 32,1–47, 33,1–29
- Josua 10,25,24,1–14
- Richter 6,8–10
- 1. Samuel 2,1–10, 24,1–14
- 2. Samuel 3,18–19, 7,8–17, 23,1–7
- 2. Könige 3,15–18

- 1. Chronik 17,4–15, 22,8–13, 22,17–19
- 2. Chronik 15,2–7, 20,15–17
- Esra 9,6–15
- Nehemia 2,20, 9,6–37
- Psalm 89,19–37
- Jesaja 1,18–20, 12,1–6, 25,6–12, 26,1–21, 29,17–24, 35,1–10, 44,1–5, 44,6–8, 55,1–13, 56,1–8, 60,1–9, 60,10–14, 60,15–22
- Hesekiel 11,16, 11,17–20, 28,25–26, 34,11–16, 34,24–31
- Hosea 2,14–20, 6,1–3, 11,8–9, 14,1–7
- Joel 2,12–14, 4,18–21
- Amos 9,13–15
- Obadja 17
- Micha 2,12–13, 4,1–5, 4,6–8, 7,18–20
- Nahum 2,2
- Habakuk 2,14
- Zephanja 2,7, 3,14–20
- Haggai 2,5–9, 2,23
- Sacharja 8,7–13, 8,14–17, 10,1, 10,6–12
- Maleachi 1,11, 3,16–18, 4,1–6
- Markus 10,30, 14,8–9
- Lukas 1,41–55.67–80, 2,25–35, 22,31–32
- Johannes 6,31–35
- Apostelgeschichte 1,4–8, 2,14–37, 11,28, 13,1–3, 15,30–35, 20,28–31, 21,10–11
- Offenbarung 2,1–29, 3,1–22

Kapitel 8

Die kommende große Erweckung

Der Leib Christi wird in der Generation, in der der Herr zurückkehrt, an der größten Erweckung der Geschichte teilhaben. Die größte Ausgießung des Geistes in der gesamten Geschichte wird kurz vor Jesu Wiederkunft geschehen. In dieser großen Erweckung wird der Heilige Geist die Wunder, die in der Apostelgeschichte und im 2. Buch Mose beschrieben sind, auf globaler Ebene kombinieren und multiplizieren, und das wird zu folgenden positiven Entwicklungen führen.

1. Eine siegreiche, geeinte, gesalbte Gemeinde wird entstehen, voll der Herrlichkeit Gottes (Matthäus 16,18; Johannes 17,21–26; Epheser 4,13, 5,26–27; Offenbarung 7,9, 12,11, 15,2, 19,7–8).
2. Die Gemeinde wird in Reinheit leben, unbefleckt (kompromisslos), denn der Lebensstil ihrer Glieder wird sich an der Bergpredigt orientieren (Matthäus 5–7). „So will er die Kirche herrlich vor sich erscheinen lassen, ohne Flecken, Falten oder andere Fehler; heilig soll sie sein und makellos“ (Epheser 5,27).
3. Mit Sicherheit wird die große Seelenernte aus allen Nationen zusätzlich über eine Milliarde Menschen umfassen (Psalm 66,4; Amos 9,11–12; Zefanja 2,11, 3,8–10; Matthäus 24,14; Römer 11,12–15,26; Offenbarung 5,9, 7,9, 14,6, 15,4). „Danach sah ich: eine große Schar aus allen Nationen ...; niemand konnte sie zählen …, die aus der großen Bedrängnis kommen“ (Offenbarung 7,9.14).
4. Der Geist der Prophetie wird in der Kirche wirken und auf jedem Christen ruhen (Maleachi 3,24; Matthäus 17,11; Apostelgeschichte 2,17; Offenbarung 11,3–6, 18,20). „Bevor aber der Tag des Herrn

kommt, der große und furchtbare Tag, seht, da sende ich zu euch den Propheten Elia“ (Maleachi 3,23).

5. Die beiden Zeugen werden während der Bedrängnis dreieinhalb Jahre lang mit großer Macht prophezeien: „Und ich will meinen zwei Zeugen auftragen, im Bußgewand aufzutreten und prophetisch zu reden, zwölfhundertsechzig Tage lang. ... Sie haben Macht, den Himmel zu verschließen, damit kein Regen fällt in den Tagen ihres Wirkens als Propheten. Sie haben auch Macht, das Wasser in Blut zu verwandeln und die Erde zu schlagen mit allen möglichen Plagen, sooft sie wollen“ (Offenbarung 11,3.6).
6. Es wird große Machtdemonstrationen mit nie da gewesenen prophetischen Offenbarungen und Erfahrungen geben.

In all dem müssen wir ständig auf unser Hauptanliegen ausgerichtet bleiben, die Verlorenen zu gewinnen und seine Gemeinde als eine Gemeinschaft zu bauen, die nach den beiden großen Geboten lebt, der Gottes- und der Menschenliebe (Matthäus 22,37–40). Prophetie ist ein sehr wichtiges Werkzeug, das hilft, das Haus Gottes zu bauen, aber sie ist nicht das Haus. Wenn man ein Gebäude konstruiert, dann spricht man nicht vom Hammer als von einer *Bewegung*. Der Hammer ist nur einfach eines von vielen wichtigen Werkzeugen. Ein Grund, weshalb Gott den prophetischen Dienst aufbaut, ist, um Durchhaltevermögen in der Fürbitte zu inspirieren, die die Ressourcen anzapft, um Gottes Haus in Liebe durch die Kraft des Heiligen Geistes zu bauen. Der Heilige Geist gibt uns prophetische Worte, die für viele Gebiete unseres persönlichen Lebens und des Lebens der Gemeinde gelten. Aber die prophetischen Worte sind Einladungen, nicht Garantien. Sie fordern uns auf, vertrauensvoll zum Herrn zu rufen. Gott spricht prophetisch, um uns einzuladen, umfassender mit dem Heiligen Geist in Glauben und Gehorsam zusammenzuarbeiten, wenn wir beten, um das Geschehen des Prophezeiten freizusetzen. Mit anderen Worten, der prophetische Dienst sorgt für den Brennstoff für die Gebetsversammlungen, und die Gebetsversammlungen setzen die durch die prophetischen Worte verheißenen Dinge frei. Die zwei sind untrennbar. Es reicht nicht, sich nur nach stärkerer prophetischer Aktivität zu sehnen, ohne diese benutzen zu wollen, um mehr Gebet zu inspirieren. Mit anderen Worten, Prophetie ist nicht als Selbstzweck anzusehen oder einfach als etwas, was Gemeindeversammlungen ein bisschen interessanter macht. Sie ist das Benzin, das den Tank der Fürbitte, der Reinheit und effektiveren Hinwendung an andere Menschen füllt.

Das Gesicht des Christentums innerhalb einer Generation verändern

Jahrelang hatte ich Jonathan Edwards, David Brainerd, Martyn Lloyd-Jones und einige der puritanischen Autoren gelesen und ich hatte ihre Theologie übernommen, die von einer bis dahin unerreichten „Seelenernte“ am Ende der Zeiten ausgeht.[1]

Doch erst Jahre später, im September 1982, in einem schmutzigen Hotelzimmerchen in Kairo, wurde für mich der Glaube an eine Ausgießung des Heiligen Geistes in der Endzeit zu einem persönlichen Thema. In dem kleinen, quadratischen Raum befand sich ein schmales Bett, ein quietschender Deckenventilator, ein Klo, das vermutlich noch aus der Steinzeit stammte, und eine Ansammlung von Krabbeltieren, die gelegentlich über den Zementboden huschten. Nach westlichen Maßstäben war das Zimmer auf unterstem Niveau. Ich war allein, deshalb nahm ich mir den ganzen Abend zum Gebet. Ich kniete etwa eine halbe Stunde neben dem wackeligen Bett auf dem Zementboden, da erlebte ich eine der unglaublichsten Gottesbegegnungen, die ich je gehabt habe.

Ich sah keine Vision, ich wurde auch nicht in den Himmel emporgehoben. Ich hörte einfach nur, wie Gott zu mir sprach. Es war nicht das, was manche Leute die „hörbare Stimme Gottes“ nennen. Ich nenne es die Stimme, die in unserem Innern hörbar wird. Ich hörte diese Stimme so klar, als hätte ich sie mit meinen Ohren wahrgenommen, und um ehrlich zu sein, es war ein Furcht einflößendes Erlebnis.

Ich spürte eine immense Reinheit, Macht und Autorität. In gewisser Weise hatte ich den Eindruck, als würde ich von dieser Stimme zerschmettert. Ich wollte nur weg und wollte doch bleiben. Ich wollte, dass es vorbei wäre, und wollte doch, dass es nicht aufhört.

Ich hörte nur einige wenige Sätze, und es dauerte nur einen kurzen Augenblick, doch jedes Wort hatte große Bedeutung. Ehrfurcht vor Gott durchflutete meine Seele, während ich etwas von dem Schrecken erlebte, den die Nähe Gottes auslöst. Ich zitterte buchstäblich und weinte, während Gott auf eine Weise zu mir sprach, wie ich es zuvor noch nie erlebt hatte und auch seitdem nicht wieder erlebt habe. Der Herr sagte nur: „Ich werde innerhalb einer Generation verändern, wie das Christentum auf dieser Erde verstanden und wie es zum Ausdruck gebracht wird.“

[I will change the understanding and expression of Christianity in the earth in one generation.] Das war eine einfache und direkte Aussage, aber ich spürte die Kraft Gottes in jedem Wort, während der Heilige Geist mir diesen Satz erschloss. Gott selbst wird überall auf der Welt das Christentum drastisch verändern. Diese reformatorische Erweckung wird auf seine souveräne Initiative hin geschehen.

Durch den Heiligen Geist wusste ich, dass mit dem Ausdruck „Verständnis des Christentums", *understanding of Christianity,* gemeint war, wie das Christentum von Ungläubigen wahrgenommen wird. In der frühen Kirche hatten die Menschen Angst, auch nur in ungezwungenem Rahmen mit Christen zusammen zu sein, unter anderem wegen der Manifestationen übernatürlicher Kraft (Apostelgeschichte 5,13). Heute aber halten die meisten Ungläubigen die Kirche für völlig unwichtig. Gott wird die Ansichten von Ungläubigen über die Kirche verändern. Sie werden Gottes wunderbare, aber Furcht einflößende Macht wieder in der Gemeinde erleben. Sie werden das Christentum ganz anders verstehen, noch ehe Gott mit dieser Generation abgeschlossen hat.

Ich wusste auch durch den Heiligen Geist, dass der Begriff „Ausdruck des Christentums", *expression of Christianity,* die Weise bedeutet, wie der Leib Christi gemeinsam sein Leben zum Ausdruck bringt. Gott wird die Gemeinde mit Macht verändern, sodass sie in der Kraft und Liebe Gottes als geeintes, heiliges Volk wirkt. Was geschieht, wenn wir uns versammeln, wird sich dramatisch verändern. In der Endzeitgemeinde werden wir beispiellose Kraft, Reinheit und Einheit erleben.

Die Beziehungen zwischen den Christen und Gott und Christen untereinander, die Art, wie sie von Ungläubigen wahrgenommen werden, und sogar Struktur und Wirken der Kirche werden von Gott selbst überall auf der Erde radikal verändert werden. Dieses Verändern wird stattfinden – nicht in einem Monat, einem Jahr, auch nicht in ein paar Jahren, sondern innerhalb einer Generation. Das verstand ich zum ersten Mal damals an jenem Abend in Kairo durch eine übernatürliche, prophetische Begegnung mit dem Heiligen Geist.

Wahrnehmung und Ausdruck des Christentums wird durch eine gewaltige Ausgießung des Geistes über alle nationalen, sozialen, ethnischen und kulturellen Grenzen hinweg verändert werden. Dabei wird es sich nicht um eine Erweckung handeln, die nur auf die westliche Welt oder nur auf die Dritte Welt beschränkt ist. Die Prophetie aus Joel 3/Apostelgeschichte 2 sagt, dass Gott in den letzten Tagen seinen Geist auf „alles Fleisch“ ausgießen wird (Apostelgeschichte 2,17).

Als Folge dieser andauernden Ausgießung des Heiligen Geistes werden viele Dinge in Gang kommen. Sie wird in vielerlei Dimensionen zum Ausdruck kommen, sodass man nicht einfach von einer Evangelisations-, Heilungs-, Gebets-, Einheits- oder einer prophetischen Bewegung sprechen kann. Sie wird von all dem etwas haben und doch größer sein. Vor allem aber wird der Heilige Geist eine tiefe Liebe und Leidenschaft für Jesus schenken und erneuern.

Der Heilige Geist sehnt sich vor allen Dingen danach, Jesus in den Herzen der Menschen zu verherrlichen (Johannes 16,14). Er möchte der Gemeinde, die sich als Braut Christi versteht (Offenbarung 22,17), tiefe, geheiligte Liebe zu Jesus schenken. Von dieser Ausgießung des Geistes also nur als von einer prophetischen Bewegung zu sprechen, hieße sie allzu sehr einzuschränken.

Die Zunahme des prophetischen Dienstes auf Gemeindeebene umfasst mehr als verbale, inspirierende Prophetien. Meinem Verständnis nach gehören dazu auch Engelserscheinungen, Träume, Visionen und Zeichen und Wunder am Himmel wie auch eine Zunahme prophetischer Offenbarung, selbst in Form subtiler Eindrücke, die der Heilige Geist schenkt.

Mein Erlebnis in diesem Hotelzimmer in Kairo dauerte keine Stunde, obwohl es mir länger vorkam. Ich verließ mein Zimmer und schlenderte etwa bis Mitternacht allein durch die Straßen Kairos; ich gab mich dem Herrn und seinen Endzeitplänen hin. Die Ehrfurcht vor Gott erfüllte meine Seele noch Stunden später. Als ich am nächsten Morgen aufwachte, spürte ich immer noch ihren Eindruck. Dieses Erlebnis verband mein Herz auf ganz tiefe, persönliche Weise mit der Erfüllung der Prophetie in Joel 3/Apostelgeschichte 2, die in dieser Generation auf der ganzen Erde kommen wird. Seit jenem einen Abend im September 1982 gehe ich meine Arbeit als Gemeindepastor radikal anders an. Ich ahnte nicht, dass ich bald mit einer neuen Dimension des Prophetischen zu tun bekommen sollte – der Bestätigung prophetischer Worte durch Gottes Eingreifen in die Natur.

Das Apostelgeschichte-2-Modell: Wind, Feuer und Wein

Ich glaube, dass Apostelgeschichte 2 ein göttliches Muster dessen ist, wie Gott seine Gemeinde mit Macht heimsucht. In diesem Abschnitt sehen wir, wie Gott an diesem historischen Pfingsttag seine Kirche auf Erden anfing. Ich werde drei wichtige Manifestationen der Kraft und Gegenwart des Heiligen Geistes hervorheben. Erstens: Gott schickte den „Wind“ des Geistes, dann das „Feuer“ des Geistes und dann den „Wein“ des Geistes. Der Wind des Geistes spricht von der Freisetzung des Wunderbaren, einschließlich der Aktivität von Engeln. Hebräer 1,7 setzt den Dienst von Engeln mit dem Wind in Verbindung. Am Pfingsttag hörten die Anwesenden das Brausen eines mächtigen Windes. In Apostelgeschichte 4 bebte das Gebäude, in dem sie beteten, vielleicht durch direkte Engelsaktivität.

Wenn Gott den Wind des Geistes sendet, können wir erwarten, große Zeichen und Wunder zu erleben, so wie brausenden Wind und das Beben von Gebäuden, ebenso wie außergewöhnliche Heilungen – selbst Auferweckungen von Toten. Eine große Seelenernte wird daraus folgen.

Ich weiß von mehreren Propheten, die wiederholt Visionen der großen Endzeiterweckung bekommen, wo auf der ganzen Erde Stadien voller Menschen große Zeichen und Wunder sehen, welche dazu führen, dass unzählbare Menschenmengen gerettet werden.

Das Feuer Gottes kam als Nächstes in Apostelgeschichte 2. Diese Feuertaufe wird unsere Herzen in der Liebe Gottes weit machen und wir werden Gottes Liebe besser verstehen: Dann zeigt unsere Leidenschaft für Jesus und unser Mitempfinden für Menschen, dass Gott eine feurige, heilige Liebe übernatürlich in uns gewirkt hat. Diese neue Leidenschaft für Gott wird den Leib Christi in dramatisch anderer Weise funktionieren lassen. Zu diesem bestimmten Aspekt des Wirkens von Gottes Geist gehört auch Fürbitte, aufgrund derer viele Menschen zum Reich Gottes hinzukommen werden.

Im Buch Joel steht der Wein Gottes mit der Ausgießung des Heiligen Geistes in Verbindung. Es ist Gottes Dienst durch den Geist, dass er beladenen, müden Seelen unaussprechliche Freude und Erfrischung bringt.

Im April 1984 geschah Bob Jones und mir etwas ganz Erstaunliches. Der Herr sprach hörbar zur selben Zeit, jedoch an verschiedenen Orten, zu uns beiden. Es war ein Samstagmorgen, als ich die donnernde, hörbare

Stimme Gottes zu mir sprechen hörte. An demselben Morgen hörte auch Bob Jones den Herrn mit eigenen Ohren. Ich gehe hier nur auf einen Teil des Geschehenen ein. Der Herr sagte: „In zehn Jahren werde ich *anfangen*, den Wein meines Geistes zu geben." Ich hatte sofort zwei Fragen. Erstens: Was ist der Wein des Geistes? Zweitens: Wie werde ich zehn Jahre warten können? Ich war damals achtundzwanzig, und zehn Jahre kamen mir wie tausend vor.

Jetzt ist es wohl deutlicher, was der Wein des Geistes ist. Ein Grund, weshalb Gott seinen Wein sendet, ist, die Herzen seines Volkes inmitten von Last und Verzweiflung zu erfrischen und zu erneuern. Genau zehn Jahre später, 1994, begann Gott eine Welle von „seinem Wein" freizusetzen, die seine Gemeinde in vielen Nationen berührte, ausgehend von einer kleinen Kirche in Toronto unter der Leitung von John und Carol Arnott. Das war nur ein Beginn des neuen Weines, der noch in Fülle ausgegossen werden wird.

In Apostelgeschichte 2 sandte Gott zuerst den Wind, dann das Feuer, dann den Wein. Wenn Gott die Gemeinde vor Jesu Wiederkunft wiederherstellt, wird die Reihenfolge, glaube ich, andersherum sein. Zuerst sendet er den Wein des Geistes, um die müde Kirche zu erfrischen und zu heilen. Dann sendet er das Feuer des Geistes und macht unsere Herzen weit in Gottes Liebe und in gesalbtem Gebet. Zuletzt wird er den Wind des Geistes senden, was eine Manifestation des Dienstes der Engel einschließt. Diese Demonstration der Kraft des Heiligen Geistes wird zahllose neue Menschen zum rettenden Glauben an Jesus Christus führen. Die Gemeinde hat wirklich große Dinge vor sich. Aber Satan wird uns wie nie zuvor anfechten wollen.

Die Joel-3-Ausgiessung des Heiligen Geistes

In der Erwartung der endzeitlichen Ausgießung des Heiligen Geistes, wie sie in Joel 3 vorhergesagt wurde, zitiert in Petrus' erster Predigt am Pfingsttag, müssen wir lernen, den prophetischen Dienst in der Lokalgemeinde zu pflegen und verantwortlich zu regeln.

> In den letzten Tagen wird es geschehen, so spricht Gott: Ich werde von meinem Geist ausgießen über alles Fleisch (Apostelgeschichte 2,17).

Viele alttestamentliche Prophezeiungen über Gottes Reich werden auf hauptsächlich zwei Weisen erfüllt. Zunächst gab es eine teilweise lokale Erfüllung, die in der Gemeinde in der Apostelgeschichte geschah. Zweitens wird die gesamte Erfüllung auf weltweitem Maßstab in der Generation freigesetzt werden, in der Jesus zurückkommt.

Jesus sprach vom Reich nicht nur, als ob es völlig gekommen wäre, sondern auch, als ob es noch kommen sollte. Wie es G. E. Ladd ausdrückt, war das Reich Gottes bereits und war gleichzeitig noch nicht.[2] Das Reich war teilweise mit Christus zur Erde gekommen, aber die vollständige Manifestation biblischer Prophezeiungen bezüglich des Reiches wird am Ende dieses Zeitalters geschehen, wenn Jesus Christus wiederkommt.

Zum Beispiel prophezeite Maleachi im zweitletzten Vers: „Bevor aber der Tag des Herrn kommt, der große und furchtbare Tag, seht, da sende ich zu euch den Propheten Elia“ (Maleachi 3,23).

Jesus identifizierte Johannes als Elia (Matthäus 11,14) und sagte später von ihm: „Ja, Elia kommt und er wird alles wiederherstellen. Ich sage euch aber: Elia ist schon gekommen, doch sie haben ihn nicht erkannt, sondern mit ihm gemacht, was sie wollten“ (Matthäus 17,11–12).

Wir sehen in „Elias“ Kommen eine unmittelbare, lokale Erfüllung im Wirken Johannes' des Täufers in Judäa. Aber wir sehen auch eine zukünftige Erfüllung, wenn „Elia“ kommen wird, um am Ende der Zeit alles wiederherzustellen.

Ebenso ist die Prophezeiung in Joel 3 bezüglich der Ausgießung des Heiligen Geistes teilweise am Pfingsttag in Jerusalem erfüllt worden. Petrus zitiert die Prophezeiungen und sagt: „Diese Männer sind nicht betrunken, wie ihr meint; es ist ja erst die dritte Stunde am Morgen; sondern jetzt geschieht, was durch den Propheten Joel gesagt worden ist“ (Apostelgeschichte 2,15–16).

Aber nur weil die Ausgießung des Geistes an Pfingsten das war, „was durch den Propheten Joel gesagt worden ist“, heißt es ja nicht, dass sie schon *alles* war, wovon Joel gesprochen hat. Der Geist fiel auf einhundertzwanzig Leute in einem kleinen Raum in Jerusalem, die ihrerseits dreitausend Leute anrührten (Apostelgeschichte 2). Aber Joel sprach von mehr. Er sagte: „Danach aber wird es geschehen, dass ich meinen Geist ausgieße über *alles Fleisch*“ (Joel 3,1). Eines der einzigartigen Dinge an der letzten großen Erweckung wird das Auftreten von Zeichen und Wundern in der Natur, auf der Erde und am Himmel, sein, die in Apostelgeschichte 2,19 beschrieben sind.

> Einer nach dem andern könnt ihr alle prophetisch reden. So lernen alle etwas und alle werden ermutigt (1. Korinther 14,31).

Zu der Zeit, als Joel diese Prophetie aussprach, waren seine Vorstellungen für das alttestamentliche Israel neu und merkwürdig. Die Salbung des Geistes war in der Ära des Alten Testaments nur wenigen Leuten gegeben worden, normalerweise älteren jüdischen Männern, die Könige, Richter oder Propheten waren. Aber Joel prophezeite, dass der Geist über alles Fleisch ausgegossen werden sollte, Juden und Heiden, Männer und Frauen, Jung und Alt. Mit anderen Worten, jeder Gläubige auf dem ganzen Planeten wird die Erfahrung machen, vom Geist gesalbt zu sein. Paulus zitierte Joel 3,5 und wandte es allumfassend auf alle Gläubigen an:

> Darin gibt es keinen Unterschied zwischen Juden und Griechen. Alle haben denselben Herrn; aus seinem Reichtum beschenkt er alle, die ihn anrufen. Denn jeder, der den Namen des Herrn anruft, wird gerettet werden (Römer 10,12–13).

Das einzige Kriterium, das Joel an diese allumfassende Verheißung für „alles Fleisch" anlegte, ist der Begriff „meine Diener" (Joel 3,2 [so in der engl. NIV; in der EinhÜ: „über Knechte und Mägde", d. Üs.]). So verbirgt sich also hinter „alles Fleisch" die Gesamtheit derer, die Gottes Diener sind. Mit „meine Diener" sind also nicht die gemeint, die leichthin sagen, sie seien gläubig, sondern die, die Gott wirklich dienen.

Der Geist der Prophetie

Wir dürfen Joels Prophezeiung über die Ausgießung des Geistes der Prophetie nicht aus ihrem ursprünglichen Kontext in der Endzeit lösen, wo sich viele Menschen bekehren werden und die Verführung des Antichrists mächtig werden wird. Manche Christen schätzen den prophetischen Dienst nicht. Sie halten ihn für optional; deshalb schreiben sie ihn ab: „Das ist nichts für mich." Wie kann ein wirklich gläubiger Mensch Prophetie ablehnen? Wenn wir uns mit der endzeitlichen Seelenernte befassen, wenn wir Menschen lieben und den Ängstlichen Mut machen wollen, dann brauchen wir prophetischen Input vom Geist Gottes. Es ist nicht möglich, für die guten und die bösen Ereignisse der Endzeit vorbereitet zu sein, ohne in der prophetischen Salbung zu wirken. Das ist nicht verhandelbar für uns.

Die Prophezeiung in Joel 3,1–5 gibt uns großes Vertrauen auf eine globale Ausgießung des Geistes. Diese Ausgießung wird in den Härten der großen Trübsal eine Sache auf Leben und Tod sein. Wir werden ganz präzise mit einem prophetischen Geist vorgehen müssen. Das ist das Erbe der ganzen Endzeitgemeinde. Wir müssen danach streben und ihn, unterstützt von Beten und Fasten, suchen. Paulus mahnt uns, nach den größeren Gaben zu streben, besonders nach der Gabe der Prophetie (1. Korinther 12,31, 14,1). Wir wollen prophezeien, weil der prophetische Geist der Schlüssel ist, der uns für die anderen Gaben des Geistes offen macht. Wenn wir prophetische Eindrücke vom Geist empfangen, treten auch die anderen Gaben in Aktion. Die Verheißung, dass wir prophezeien werden, umfasst alles, was mit dem Wirken in Kraft und Offenbarung des Geistes zu tun hat. Prophetie offenbart das Zeugnis dessen, was auf Jesu Herzen und in seinem Denken ist (Offenbarung 19,10). Sie beinhaltet Träume, Visionen und Engelserscheinungen, wodurch Endzeitprophetie verstanden werden kann. Daniel erhielt diese Art von Salbung.

> Daniel, ich bin gesandt worden, um dir klare Einsicht zu geben. ... ich bin gekommen, um es dir zu verkünden ... Achte also auf das Wort und begreife die Vision! (Daniel 9,22–23)

Wir werden im Geist des Elia wirken, wie es Johannes der Täufer tat, der Gottes Wort mit Kraft und Autorität sprach, um die Herzen der Menschen zu Gott zu kehren. Micha bezeugte, dass er prophetische Kraft erfahren habe, um Gottes Wort zu predigen.

> Viele Israeliten wird er [Johannes der Täufer] zum Herrn, ihrem Gott, bekehren. Er wird mit dem Geist und mit der Kraft des Elia dem Herrn vorangehen, um das Herz der Väter wieder den Kindern zuzuwenden und die Ungehorsamen zur Gerechtigkeit zu führen und so das Volk für den Herrn bereit zu machen (Lukas 1,16–17).

> Ich aber, ich bin voller Kraft, ich bin erfüllt vom Geist des Herrn, voll Eifer für das Recht und voll Mut, Jakob seine Vergehen vorzuhalten und Israel seine Sünden (Micha 3,8).

Die Fülle dieser Prophetie aus Joel 3 muss noch kommen. Sie wird in weltweitem Ausmaß geschehen; alles Fleisch – das heißt, alle Gläubigen, nicht nur Propheten – werden Träume haben und Visionen sehen. Die größte und umfassendste Manifestation des Reiches Gottes – der Tag des Herrn, die Wiederherstellung aller Dinge und die Ausgießung des Heiligen Geistes – ist reserviert für die Vollendung aller Dinge, die in der Generation, in der der Herr wiederkommt, initiiert wird.

Die prophetische Salbung wird überlebenswichtig sein. Manche dieser Träume und Visionen werden die Richtung weisen, wenn es während der großen Trübsal Entscheidungen auf Leben und Tod zu treffen gilt. Jeremia sprach davon, dass Gott prophetische Leitung gebe, damit sein Volk Wasser zum Überleben finden und auf geradem Weg wandeln kann, statt ins Unglück zu rennen oder der Verführung des Antichrists zum Opfer zu fallen.

> Weinend kommen sie und tröstend geleite ich sie. Ich führe sie an Wasser führende Bäche, auf einen ebenen Weg, wo sie nicht straucheln (Jeremia 31,9).

Kosmische Zeichen in der Endzeit

> Ich werde wunderbare Zeichen wirken am Himmel und auf der Erde: Blut und Feuer und Rauchsäulen. Die Sonne wird sich in Finsternis verwandeln und der Mond in Blut, ehe der Tag des Herrn kommt, der große und schreckliche Tag (Joel 3,3–4).

Als Joel die Ausgießung des Geistes in der Endzeit beschrieb, gab er Israel drei Prophezeiungen, dass Sonne, Mond und Sterne sich dramatisch ändern und damit übernatürlich beweisen würden, dass der Messias in ihrer Mitte wäre (Joel 2,10, 3,3–4, 4,15). Joel prophezeite auch Zeichen auf der Erde. Gott wird „wunderbare Zeichen auf der Erde" wirken, u. a. Manifestationen von Blut, Feuer und Rauchsäulen und auch großartige Heilungen, wie sie Jesus gewirkt hat. Blut wird als eines der Hauptzeichen angeführt, denn Blut wird in nie da gewesenen Mengen fließen. Bei den ersten drei Posaunen und der zweiten und dritten Schale des Gerichts lesen wir von Blut (Offenbarung 8,7–10, 16,3–4). Die zwei Zeugen werden Macht haben, Wasser in Blut zu verwandeln. Ganze Flüsse werden in Blut verwandelt wie in den Tagen des Mose. Das Blut der Nationen wird fließen, weil sie das Blut der Märtyrer vergossen haben.

> Gerecht bist du, … denn damit hast du ein gerechtes Urteil gefällt. Sie haben das Blut von Heiligen und Propheten vergossen, deshalb hast du ihnen Blut zu trinken gegeben, so haben sie es verdient (Offenbarung 16,5–6).

Um der Endzeitgemeinde zu helfen, hat Gott vorgesehen, auf höchst dramatische Weise prophetische Zeichen zu zeigen. Diese Zeichen werden zu strategischen Zeiten gegeben werden, um für die, die sie richtig deuten, wichtige Botschaften zu unterstreichen. Prophetische Zeichen werden Menschen verstehen lassen, dass sie in der Endzeit leben. Diese Wunder werden Ungläubige warnen, Gottes Wort nicht länger abzulehnen. Joel verknüpfte diese Zeichen mit prophetischen Träumen und Visionen und der Ausgießung des Geistes. Wie sehr werden alle staunen, wenn die ganze Welt zusieht, wie Gottes Propheten vorab einen Traum oder eine Vision verkünden und dabei genaue Einzelheiten nennen, wann und wo ein Komet oder ein Erdbeben auftreten wird! Die Zeichen am Himmel und auf Erden werden nicht nur einfach in einem Vakuum auftauchen, sondern zu genau der Zeit, die Gott bestimmt, wie seine Diener sie schon vorab verkündet haben.

Die Sonne und der Mond werden Gottes Macht erleben – als Reaktion auf die Fürbitte der Gemeinde und durch prophetische Anordnungen wie in den Tagen Elias. Die Wunder, die Mose tat, bewirkten viel in Ägypten und Israel. In dem Moment, als er es befahl, wurde der Fluss zu Blut. Solche Zeichen bestätigten Moses prophetische Botschaften. Die Zeichen und Wunder am Himmel und auf Erden werden auch dazu verwendet werden, eine große Seelenernte hereinzubringen. Manche deuten die in Joel 3,3–4 verheißenen Zeichen als rein symbolisch. Dabei sehen sie Joels Prophetie als symbolisch erfüllt in den vergangenen Ereignissen der Geschichte. Den Satz „Die Himmel erbeben" legen manche so aus, dass die Himmel nicht tatsächlich gebebt hätten, weil das nur als prophetische Poesie zu verstehen wäre. Diese kosmischen Zeichen sollten nicht als symbolische Poesie abgetan werden. Der biblische Ansatz in Bezug auf diese kosmischen Zeichen ist, sie wörtlich zu nehmen.

Endzeit-Befreiung und die Ernte

Und es wird geschehen: Wer den Namen des Herrn anruft, wird gerettet. Denn auf dem Berg Zion und in Jerusalem gibt es Rettung, wie der Herr gesagt hat, und wen der Herr ruft, der wird entrinnen (Joel 3,5).

Joel prophezeite, dass jeder, der in der Endzeit den Namen Jesu anruft, gerettet wird. In der Schrift hat „gerettet sein" mehrere unterschiedliche Dimensionen. Zunächst sind wir im ursprünglichen Sinn der Sündenvergebung und Wiedergeburt gerettet. Zweitens werden wir gerettet, befreit oder geschützt vor dem physischen Tod in Verbindung mit den Endzeit-Katastrophen. Psalm 91 verheißt uns körperlichen Schutz in der Endzeit. Drittens sind wir in dem Sinn gerettet, dass Gott uns mit dem Lebensnotwendigen versorgt, Nahrung und Wasser. Israel erlebte Versorgung und Schutz in Goschen (2. Mose 8,22–23, 9,4, 6, 26). Viertens sind wir durch den Wandel in Gottes Erlöserkraft gerettet, sodass wir ganz gemäß unserer eigentlichen Bestimmung leben können, mit anderen Worten, befreit von geistlicher Frucht- und Kraftlosigkeit. Fünftens sind wir gerettet bzw. geschützt vor Verführung und Glaubensabfall (1. Timotheus 4,1–2).

Machen Sie sich bereit. Eine nie da gewesene Erweckung kommt, in der alle Christen Träume, Visionen und alles von Joel Vorhergesagte erleben werden.

Kapitel 9

Um die Fülle der prophetischen Salbung ringen

Die Heilige Schrift verheißt eine globale Ausgießung des Heiligen Geistes in der Endzeit. Das beinhaltet auch eine nie da gewesene Freisetzung des Geistes der Prophetie in der Gemeinde in der Generation, in der der Herr wiederkommt.

> In den letzten Tagen wird es geschehen, so spricht Gott: Ich werde von meinem Geist ausgießen über alles Fleisch. Eure Söhne und eure Töchter werden Propheten sein, eure jungen Männer werden Visionen haben, und eure Alten werden Träume haben. Auch über meine Knechte und Mägde werde ich von meinem Geist ausgießen in jenen Tagen und sie werden Propheten sein. Ich werde Wunder erscheinen lassen droben am Himmel und Zeichen unten auf der Erde: Blut und Feuer und qualmenden Rauch. Die Sonne wird sich in Finsternis verwandeln und der Mond in Blut, ehe der Tag des Herrn kommt, der große und herrliche Tag. Und es wird geschehen: Jeder, der den Namen des Herrn anruft, wird gerettet (Apostelgeschichte 2,14–21).

In der Generation, in der der Herr wiederkommt, wird der Heilige Geist Gnade freisetzen, prophetische Träume und Visionen zu empfangen. Das wird die übliche Wirkungsweise aller Christen sein. Gott wird den Geist der Prophetie buchstäblich auf die gesamte Kirche ausgießen – anders ausgedrückt: auf alle an Jesus Gläubigen, nicht nur auf die Propheten. Das umfasst auch alle gläubigen Frauen, nicht nur die Männer, und alle gläubigen Kinder, nicht nur die erwachsenen oder reifen Christen. Das Wort *alle* bezieht sich nicht ausnahmslos auf alle menschlichen Wesen, aber unterschiedslos auf alle Klassen menschlicher Wesen. Diese Verheißung wurde zweimal ausgesprochen, das betont noch einmal, dass es sich um eine absolut sicher zu erwartende Wahrheit handelt. Gott möchte, wie schon von Anfang an, seinem Volk persönlich begegnen. Von Anbeginn der Schöpfung war es sein Wunsch, auf sehr reale Weise Interaktion und Gemeinschaft mit uns zu haben. Das hat sich in keiner Weise geändert, die Methode oder die Art, in der er diesen Wunsch manifestieren will, allerdings schon.

Er wird in der Natur Zeichen geben, sowohl am Himmel (Firmament, Wetter) als auch auf der Erde, unter anderem durch Erdbeben. Dies wird vor dem Tag des Herrn oder der Wiederkunft Jesu geschehen. Was der Heilige Geist am Pfingsttag bewirkte, war ein Vorschuss auf diese größere Endzeit-Ausgießung.

Joel prophezeite: Wenn wir von ganzem Herzen mit Fasten und Beten zu Gott umkehren, dann wird der Herr Leidenschaft und Erbarmen für sein Volk empfinden und seinen Geist über uns ausgießen (Joel 2,12.18, 3,1).

Jesus versprach, wenn seine Jünger am Gebet anhielten, würde der Geist sie mit Kraft erfüllen. „Und ich werde die Gabe, die mein Vater verheißen hat, zu euch herabsenden. Bleibt in der Stadt, bis ihr mit der Kraft aus der Höhe erfüllt werdet“ (Lukas 24,49).

In Apostelgeschichte 1 und 2 folgten die Jünger dem Muster, das von Joel beschrieben wird, und suchten die Verheißung Jesu zu erlangen. Deshalb versammelten sie sich im Obergemach zum Beten. Nach zehn Tagen kam am Pfingsttag der Geist mit Kraft auf sie (Apostelgeschichte 1,14–2,4). Möglicherweise erwarteten manche von ihnen den geistlichen Durchbruch, wie er in Joel 3,1 vorhergesagt ist, denn Jesus hatte ihn erst kurz zuvor verheißen (Lukas 24,49). Petrus erklärte diese Heimsuchung des Geistes als das, was von Joel vorhergesagt worden war. Diese zehn Tage des Gebets ereigneten sich in einer strategischen, prophetischen Zeit. Ihnen vorausgegangen waren zunächst der Tod und die Auferstehung Jesu und eine lebendige Geschichte des Betens, die Israels größte Fürbitter umfasste. Jesus und Johannes der Täufer hatten die Freisetzung von Gottes Segen inbrünstig erbeten, ebenso Hanna, die sechzig Jahre lang gebetet hatte (Lukas 2,37). Mit anderen Worten, die Apostel reihten sich in eine lebendige Geschichte des Betens ein, die es bereits vor dem Pfingstfest gegeben hatte.

> Als sie in die Stadt kamen, gingen sie in das Obergemach hinauf, wo sie nun ständig blieben. … Sie alle verharrten dort einmütig im Gebet … Als der Pfingsttag gekommen war, befanden sich alle am gleichen Ort. Da kam plötzlich vom Himmel her ein Brausen, wie wenn ein heftiger Sturm daherfährt, und erfüllte das ganze Haus, in dem sie waren. Und es erschienen ihnen Zungen wie von Feuer, die sich verteilten; auf jeden von ihnen ließ sich eine nieder. Alle wurden mit dem Heiligen Geist erfüllt und begannen, in fremden Sprachen zu reden, wie es der Geist ihnen eingab (Apostelgeschichte 1,13–14, 2,1–4).

Petrus sagte, dass Joel von dem gesprochen habe, was jetzt in Jerusalem geschah. Was hatte Joel gesagt? Ja, er betonte die Tatsache, dass Gott den Geist ausgießen würde, aber er betonte auch die Bedingungen, in denen das geschehen würde. Beide sind Teil des Modells, wie wir es in Joel 3 sehen. Petrus bezog sich auf den ganzen Kontext von Joel 2 und 3, nicht nur auf das Endresultat. Also lehrte Petrus nicht nur über die Freisetzung des Heiligen Geistes, sondern auch darüber, wie wir danach streben sollen. Dem Modell des gemeinsamen Betens und Fastens aus Joel 2,12–15 ist in der gesamten Kirchengeschichte immer wieder gefolgt worden, was zu vielen großen Erweckungen geführt hat. Auch wir in unserer Zeit müssen uns nach diesem Modell richten. Die größte Erweckung kommt erst noch, größer als das, was die Kirche in der Apostelgeschichte erlebte. Die Gemeinde heute muss erkennen, wie wichtig es ist, sich zum gemeinsamen fürbittenden Gebet zu versammeln, bis Gott die Fülle seines Segens freisetzt. Hinter uns liegt eine reiche Geschichte des Betens – eine Geschichte, die sich, ausgehend von Mose, David, Daniel und dann Jesus, Hanna und Paulus, durch die ganze Kirchengeschichte hindurch fortsetzt. Sicherlich füllen sich die Schalen der Gebete im Himmel (Offenbarung 5,8).

Gottes Verheißung, seinen Geist auszugießen, ist die bekannteste Passage im Buch Joel. Kurz vor diesem Punkt in seiner Prophetie betonte Joel die landwirtschaftlichen Segnungen, die Gott auf Israel freisetzen würde, weil er Leidenschaft und Erbarmen verspürte (Joel 2,18–27). Nun spricht Joel von der kommenden geistlichen Segnung der Erneuerung des Volkes (Joel 3). Die Verheißung der Ausgießung des Geistes, die Joel vorhergesagt hatte, war in Petrus' Generation nicht völlig erfüllt. Das zeigt sich an den deutlichen Unterschieden zwischen

Joel 3 und Apostelgeschichte 2. Was Joel prophezeit hat, ist noch nicht vollkommen eingetroffen. Nur ein Teil davon erfüllte sich in Petrus' Tagen. Joel sagte, Sonne und Mond würden sich verfinstern und Zeichen wie Blut und Rauch würden sichtbar werden. Die frühe Kirche hat diese Zeichen nicht gesehen. Joel prophezeite eine große Ausgießung des Geistes auf alles Fleisch weltweit. Der Geist in Apostelgeschichte 2 kam nur auf einhundertzwanzig jüdische Gläubige in Jerusalem, dann auf die Dreitausend, die an jenem Tag errettet wurden. Die Fülle der Joel-Prophetie erfordert globale Dimensionen. Petrus wusste, dass er nur einen Vorgeschmack dieser Prophetie erlebte. Vor Jesu Wiederkommen nach Zion oder Jerusalem, wenn er regiert, würde sie sich nicht völlig erfüllen (Joel 4,16–21).

Der Zeitpunkt der von Joel prophezeiten Ausgiessung des Geistes

Petrus sagte, die Ausgießung des Geistes würde sich in den letzten Tagen ereignen (Apostelgeschichte 2,17). Die neutestamentlichen Schreiber verwendeten den Ausdruck „in den letzten Tagen" oder „am Ende der Tage" bzw. „Endzeit" fünfmal, und zwar auf zwei verschiedene Weisen. In Apostelgeschichte 2,17 und Hebräer 1,2 beziehen sie sich auf die letzten Tage als in der Generation der Apostelgeschichte beginnend. In 2. Timotheus 3,1 und 2. Petrus 3,3 jedoch verwenden sie diesen Ausdruck als die Generation, in der der Herr wiederkommt. Jakobus 5,3 lässt beide Interpretationen zu. Wir wissen, dass die „letzten Tage" am Pfingsttag vor zweitausend Jahren begannen und in der Wiederkunft Jesu gipfeln werden. Das schränkt den Zeitrahmen für Joels Prophezeiung ein. Wir wissen zumindest, dass die Erfüllung nicht in Joels Generation fiel, sondern in eine spätere Zeit, genannt „die letzten Tage".

Joel prophezeite eine große Ausgießung des Geistes auf alle Völker. Wann wird die Fülle dieser Prophetie eintreffen? Joel sagt uns, es wird „danach" geschehen (Joel 3,1). Natürlich stellt sich die Frage: nach was? Nach etwas Bestimmtem. Manche interpretieren das „danach" in Vers 1 als auf die Wiederkunft Jesu bezogen. Das ist nicht möglich, weil Joel in Vers 4 deutlich macht, dass der prophetische Geist und Zeichen am Himmel vor dem Tag des Herrn oder der Wiederkunft Jesu auftreten werden.

Ich werde wunderbare Zeichen wirken am Himmel und auf der Erde: Blut und Feuer und Rauchsäulen. Die Sonne wird sich in Finsternis verwandeln und der Mond in Blut, ehe der Tag des Herrn kommt, der große und schreckliche Tag (Joel 3,3–4).

Sieht man sich die Möglichkeiten an, auf die sich das „danach" beziehen könnte, versteht man es am besten im Kontext von Joels Aufruf zu Gebet und Fasten (Verse 12–17). Mit anderen Worten: Nach den Zeiten gemeinsamer Hingabe von ganzem Herzen wird Gott seinen Geist ausgießen. Es ist, als würde Joel sagen: „Wenn ihr mit Beten und Fasten zum Herrn schreit, wird er euch danach segnen, indem er seinen Geist freisetzt." Manche Kommentatoren stellen eine Verbindung zwischen dem Wort „danach" und dem direkt vorhergehenden Abschnitt her (Verse 21–27), in dem Joel über Segen in der Landwirtschaft und die Vernichtung des Feindes im Norden (Vers 20) prophezeit, die Gott Israel für das Tausendjährige Reich verheißen hat. Das wird eine glückliche Zeit sein, in der Israel sich nie wieder schämen muss (Verse 26–27). Das wird erst geschehen, wenn Jesus zurückgekehrt ist. Aber Joel sagte in 3,4, dass der prophetische Geist mit Zeichen am Himmel auftreten würde, bevor Jesus wiederkommt und das Tausendjährige Reich beginnt.

Einen weiteren Hinweis auf die zeitliche Einordnung gibt Joel durch die zweimalige Verwendung des Ausdrucks „in jenen Tagen" (Joel 3,2, 4,1). Dieser Ausdruck verbindet die Ereignisse, die in Joel 3 vorhergesagt sind, mit denen aus der Prophezeiung in Joel 4,1–21 in demselben Zeitrahmen. Der wiederholte Gebrauch dieses Ausdrucks macht klar, dass die Themen in Joel 3 und Joel 4 zusammengehören und nicht getrennt werden sollten. Mit anderen Worten, es sollte keine Kapiteltrennung geben. Joel sprach von der Ausgießung als etwas, was zu der Zeit geschehen würde, in der Israel von den Armeen des Antichrists umgeben und dann von ihnen befreit wird.

Da Joel 3 und 4, was die letzte Erfüllung der Prophetie angeht, in demselben Zeitrahmen fallen, wissen wir, dass die Ausgießung des Geistes *in demselben Zeitabschnitt* geschehen wird, in dem auch der Herr die Gefangenen Israels von allen Nationen sammeln und nach Jerusalem zurückbringen wird. Es wird auch derselbe Zeitrahmen sein, in welchem der Herr alle Völker zum Widerstand gegen Jerusalem sammelt, um sie zu zerstören. Mit anderen Worten, diese Dinge werden sich in der Generation ereignen, in der der Herr wiederkommt.

In weiten Teilen der heutigen Christenheit ist die Vision, nach der Fülle der prophetischen Salbung für die Gemeinde zu streben, bestenfalls missverständlich und schlechtestenfalls gar nicht vorhanden. Aber in der gesamten Heiligen Schrift finden wir immer wieder die Verheißung, dass der Herr vor seiner Wiederkunft seinen Geist ausgießen und eine Gemeinde erwecken wird, die prophezeit und mit einer Kraft lebt, die die Erde noch nie gesehen hat. Selbst Jesus versprach, als er auf der Erde lebte: „Wer an mich glaubt, wird die Werke, die ich vollbringe, auch vollbringen und er wird noch größere vollbringen, denn ich gehe zum Vater" (Johannes 14,12). In der Geschichte der Gemeinde Gottes gibt es nicht viele Momente, in denen diese Wahrheit anklingt, und so müssen wir noch darauf warten, dass die Kirche mit einer Kraft ausgerüstet wird, die stärker ist als die Kraft, in der Jesus vor zweitausend Jahren auf der Erde wirkte. Die Kirche darf sich nicht mit weniger zufriedengeben als mit dem verheißenen Wirken, wie Jesus gewirkt hat.

Viele Christen heute sind jedoch zufrieden, diese prophetischen Verheißungen zu lesen und zu hören und sie als literarische Übertreibung oder als von den Aposteln in der Apostelgeschichte erfüllt anzusehen. Weil uns Kraft fehlt, versuchen wir unsere Fruchtlosigkeit zu erleichtern, indem wir unsere Zeit mit weiteren religiösen Aktivitäten, Programmen und Tricks ausfüllen, die glauben machen, dass wir in der Fülle dessen lebten, was Gott für uns vorgesehen hat, während wir doch an die Realität der Kraft überhaupt nicht heranreichen. Das Wort des Apostels Judas in Vers 3 seines Briefs ist für uns heute ebenso relevant, wie es zu seiner Zeit war, mit dem er seine Jünger ermahnte: „Kämpft für den überlieferten Glauben, der den Heiligen ein für allemal anvertraut ist." Wenn diese Ermahnung für die frühe Kirche des ersten Jahrhunderts nötig war, wie viel nötiger ist sie dann jetzt für uns, uns zu erheben und darum zu kämpfen, dass wir den „Glauben" verstehen und erleben, den die ersten Apostel auslebten? Ebenso wie Judas die frühe Gemeinde in Bezug auf ihre schwindende Vision ansprach, für die Fülle all dessen zu kämpfen, das Gott ihnen zugewiesen hat, ist es lebensnotwendig für die Gemeinde heute, dass wir den „Glauben" wieder aufbauen, für den zu kämpfen Judas die frühe Kirche mahnte.

Kämpfen für den apostolischen Glauben

Typischerweise beschränken heutige Christen die Bedeutung von „für den Glauben kämpfen“ auf den Einsatz für eine gesunde Lehre, manchmal auch noch für eine gerechte Lebensführung. Natürlich ist es gut, sich um gesunde Lehre zu bemühen und heilig vor dem Herrn zu leben, aber für den apostolischen Glauben zu kämpfen, wie Judas ihn beschreibt, bedeutet mehr als sich nur für das Erlangen einer guten Theologie und eines heiligen Lebensstils einzusetzen. Judas' Antwort an einen Gläubigen des 21. Jahrhunderts, der ihm sagt, er wolle nur gesunde Lehre und einen gottgefälligen Lebensstil, will oder braucht es aber nicht, Kranke zu heilen, Dämonen auszutreiben und regelmäßig zu prophezeien, kann ich mir nur so vorstellen: Ich bin sicher, Judas würde ihn korrigieren und sagen: „Wenn du nur das richtige Dogma hast und gerecht lebst, aber du demonstrierst die Kraft der Lehre und die Auswirkungen der Gerechtigkeit nicht, dann kämpfst du nicht wirklich für den Glauben.“ Es reicht nicht, gute Lehre und ein sauberes Leben zu haben. Das ist nur ein Teil der Gleichung. Wir müssen die Kraft haben, die Bedrückten und die Bedürftigen mit einem prophetischen Wort zu befreien. Gleichzeitig reicht es nicht, Kraft im Dienst zu erleben, während man in geheimer Sünde lebt oder falschen Lehren anhängt. Wir müssen für alle drei Elemente des wahren apostolischen Glaubens kämpfen: biblisches Denken, biblischen Lebensstil und biblische Erfahrung.

Dies ist der apostolische Glauben, der ein für allemal von Jesus und den Aposteln überliefert worden ist. Dies ist der Glauben, für den wir heute kämpfen.

Bevor ich im Weiteren erkläre, wie wir auf fünf verschiedene Weisen für die Fülle der prophetischen Salbung kämpfen können, möchte ich zunächst zwei subtile Anschuldigungen ansprechen, die häufig gegen Menschen gemacht werden, die für die Fülle der Kraft Gottes kämpfen wollen.

Falsche Lehre über Gottes Souveränität und Gnade

Menschen, die um die Fülle von Gottes prophetischer Salbung kämpfen, sehen sich als Erstes der Anschuldigung ausgesetzt, sie hätten von Gottes Souveränität und Gnade ein falsches Bild. In der westlichen Kirche hat sich eine falsche Lehre von Gnade und Souveränität verbreitet. Diese falsche Lehre beeinflusst viele, der Souveränität Gottes auf unbiblische Weise zu „vertrauen“, indem sie „vertrauen“, dass Gott das tue, was er uns zu tun aufgetragen hat. Das ist grob fahrlässig und anmaßend von uns. Gott könnte uns zwar helfen, aber er wird nicht tun, was unsere Aufgabe ist, und wir können nicht seinen Anteil tun.

Natürlich müssen wir um mehr kämpfen, denn das Leben als Christ wird in Zusammenarbeit mit Gottes Gnade geführt. Gott lässt uns in gewissem Maße unsere Lebensqualität im Natürlichen und im Geistlichen lebendig mitbestimmen, und das betrifft auch die Gabe der prophetischen Salbung. Jakobus sagt (Jakobus 4,2): „Ihr erhaltet nichts, weil ihr nicht bittet." Gott möchte uns mit manchem in der Tiefe segnen, aber wir müssen uns aufmachen und darum bitten (Jesaja 30,18–19, Hesekiel 22,30).

Viele Leute neigen dazu, in einer Weise auf die Souveränität Gottes zu vertrauen, wie er es nicht gemeint hat, weil eine solche falsche Lehre bewirkt, dass wir uns in unserer Faulheit und Passivität noch wohler fühlen. Wir können damit in betäubender Kompromisshaftigkeit, Eigensucht und Faulheit leben, weil wir glauben, der Durchbruch wird in Gottes souveräner Zeit kommen, ob wir um den Durchbruch der Kraft kämpfen oder nicht. Dies ist eine unbiblische und gefährliche Vorstellung.

Weil Gott uns selber daran teilhaben lässt, in gewissem Umfang unsere Lebensqualität mitzubestimmen, wird er uns mehr geben, wenn wir ihn mehr suchen. Wenn wir ihn weniger suchen, wird er uns weniger geben. Das klingt für Sie vielleicht nicht so angenehm, wie es sein sollte, weil sich allzu viele von uns damit zufriedengeben, in ihrer Kompromisshaftigkeit zu schlafen und das mit einer falschen Lehre über Gnade und Souveränität stützen, die solch eine hyperspiritualisierte Fleischlichkeit zulässt.

Gottes Angesicht und seine Hand suchen

Zweitens sehen sich Menschen, die um die Fülle von Gottes prophetischer Salbung kämpfen, einer Anschuldigung ausgesetzt, die sich mit einem bekannten Ausspruch charakterisieren lässt, der heutzutage immer beliebter zu werden scheint, etwa: „Wir sollten nur Gottes Angesicht suchen, aber nicht seine Hand." „Sein Angesicht" bedeutet dann im Allgemeinen die Nähe Gottes, während „seine Hand" sich auf die Segnungen bezieht, die er für uns bereithält, einschließlich der Freisetzung seiner Macht im Dienst. Dieser Spruch hört sich großartig an, ist aber nicht biblisch. Die Schrift weist uns nirgends an, die Nähe zu Gott der Kraft Gottes im Dienst gegenüberzustellen. Nein, die zwei sind aktive

Partner, nicht Gegensätze. Wir suchen Gottes Macht, einschließlich der Gabe der Prophetie, um Menschen freizusetzen, damit auch sie die innige Nähe zu Jesus erfahren können.

Wahr an diesem Ausspruch ist nur die Prioritätenverteilung: Gottes Angesicht zu suchen sollte an erster Stelle stehen, und seine Kraft im Dienst zu suchen an zweiter. Wir sollten aber jeder Vorstellung widerstehen, dass es falsch wäre, um Gottes Kraft zu kämpfen und sie zu suchen. Es ist sicherlich falsch, dem Ringen um Kraft eine höhere Priorität einzuräumen als der innigen Nähe zu Gott (Apostelgeschichte 8,18–22), aber ebenso falsch ist es, sich überhaupt nicht um Kraft zu bemühen. Der Apostel Paulus ermahnt uns deutlich: „Strebt aber nach den höheren Gnadengaben!“ (1. Korinther 12,31).

Fünf Möglichkeiten, um die Fülle von Gottes prophetischer Salbung zu kämpfen

Zwar geht es bei den Kraft-Dimensionen des Glaubens, die Judas beschreibt, um viel mehr als nur Prophetie, doch wollen wir uns auf fünf Möglichkeiten konzentrieren, wie wir um ein Leben in der Fülle der prophetischen Salbung ringen können.

1. Eine klare Vision von der Fülle des Geistes haben

Wir ringen um die Fülle der prophetischen Salbung, indem wir eine klare Vision von ihr unterhalten. Ich weiß von vielen im Leib Christi, die dafür keine Vision haben. Sie haben eine Vision für „ein bisschen mehr“, aber sie wollen nicht um die Qualität der prophetischen Salbung ringen, in der die frühen Apostel lebten. Wir müssen darum kämpfen, dass wir eine Vision bekommen in all dem zu wandeln, was Gott dem menschlichen Geist in dieser Generation geben will, und heilige Trauer über unsere Kraftlosigkeit und geistliche Unfruchtbarkeit verspüren (Matthäus 5,4).

In Markus 4,24 sagt Jesus: „Achtet auf das, was ihr hört! Nach dem Maß, mit dem ihr messt und zuteilt, wird euch zugeteilt werden, ja, es wird euch noch mehr gegeben.“ Mit anderen Worten, wir müssen auf das, was wir hören, achtgeben, ebenso auf das, was wir für das Maß der Fülle Gottes für unser Leben halten. Wir müssen sorgfältig bestimmen, wofür wir in unserm Leben in Gott ringen, weil die meisten von uns zu leicht zufrieden sind mit größeren Gemeinden oder besserer Lobpreismusik oder ein paar persönlichen Prophezeiungen hier und da im Gottesdienst, während der Herr doch so viel mehr freisetzen möchte.

Ich glaube, Gottes Vision von der Fülle der prophetischen Salbung unterscheidet sich radikal von dem, was wir in der heutigen Kirche so nennen. Wir müssen unsere diesbezügliche Vision der seinen anpassen, statt ihn in unsere Versammlungen und unsere Werte hineinmanipulieren zu wollen. Ich erinnere mich, wie einmal ein Pastor darüber wirklich frustriert und verwirrt war. Er sprach mit mir und sagte: „Ich verstehe es nicht. Ich verstehe einfach nicht, was du versuchst zu sagen. Es ist, als würdest du darauf warten, dass sich etwas Dramatisches ereignet.“ Ich erwiderte: „Doch. Du verstehst es doch. Du hast gut zugehört. Ich warte wirklich darauf, dass sich etwas Dramatisches ereignet.“ Er hielt diese Antwort für merkwürdig, aber ich glaube, es war die biblische Antwort.

Gott möchte, dass wir die Einstellung haben, das Boot zu verbrennen und alle Brücken hinter uns abzubrechen und unter keinen Umständen zum Rückzug bereit zu sein. Wir müssen in unserem Herzen festlegen, dass wir uns nachdrücklich bemühen, bis wir sterben und vor Gott stehen oder bis er uns heimsucht mit Kraft und prophetischer Salbung.

2. Eine dankbare und im Kleinen treue Haltung kultivieren

Wir ringen um die Fülle der prophetischen Salbung, indem wir eine Einstellung der Dankbarkeit und Treue für all das kultivieren, was der Herr uns schon gegeben hat, egal wie klein das auch wirken mag. Wir müssen eine klare Vision der Fülle haben, dürfen dabei aber nicht die Zeit der kleinen Anfänge gering schätzen (siehe Sacharja 4,10). Wir müssen um mehr ringen, weil wir sehen, was uns fehlt, dennoch müssen wir danken für das, was wir bereits haben, egal wie klein oder unbedeutend es vielleicht aussieht. Wenn wir im Kleinen treu sind, wird Gott mehr und mehr von der prophetischen Salbung in unserem Leben freisetzen (Lukas 19,17).

3. Fasten und Beten

Wir ringen um die Fülle der prophetischen Salbung mit einem Lebensstil von Fasten und Beten. Wir müssen entscheiden, uns in solch einer Weise betend und fastend hinzugeben, dass ein Rückzug auf keinen Fall infrage kommt. Wir müssen Gott bedrängen mit Beten und Fasten und uns über das „Warum nicht ich?“ klar werden. Wenn Sie es nicht tun, wer dann? Wenn es zu unserer Zeit nicht getan wird, wann dann?

Gerade jetzt stellt der Herr eine weltweite Bewegung zusammen, bei der es um Beten und Fasten mit Anbetung geht. Nun verdienen wir uns nicht weitere Segnungen durch Beten und Fasten, aber wir richten unser Herz dadurch so aus, dass wir besser mit ihm zusammenarbeiten, sodass seine Segnungen auf uns und unsere Städte freigesetzt werden. Ich glaube, dass der Herr uns gerade jetzt ruft, von der üblichen Art christlichen Dienstes zu einem geistlich gewalttätigen Lebensstil von Beten und Fasten (Matthäus 11,12) zu wechseln. Vielen in der heutigen Gemeinde, die das Reich Gottes in unsere Städte einbrechen sehen wollen, scheint ein Lebensstil von Beten und Fasten dafür unsinnig zu sein. Die Heilige Schrift ist jedoch ganz klar, dass wir durch die einfache Schwäche des Betens, Fastens, Dienens und Erduldens von Verfolgung in größere Bereiche der prophetischen Salbung kommen werden (1. Korinther 11–12). (Was meine ich mit der „Schwäche" von Beten und Fasten? Sehen Sie: Wenn Sie Ihre Zeit und Energie in Gebet investieren, dann „verlieren" Sie wertvolle Stunden und Energie, die Sie sonst auf irgendeine Weise für Ihren Dienst, Ihr Geschäft oder Ihren Lebensstil einsetzen könnten. Wenn Sie fasten, verzichten Sie auf Ihre körperliche Stärke.)

Die Botschaft von frei gewählter Schwäche durch Beten und Fasten ist für die Gemeinde anstößig. Das Problem ist: Wenn wir anfangen, den Weg der Schwäche zu gehen, bricht nicht immer unmittelbar die Kraft aus. Der Herr prüft unseren Glauben mit einer göttlichen Zeitverspätung. Nachdem wir eine Weile gebetet und gefastet haben, ohne die unmittelbare Frucht unserer Gebete und unseres Fastens zu sehen, möchten wir oft einen Rückzieher machen. An dem Punkt glauben wir häufig der Lüge, dass Beten und Fasten nicht wirklich der Weg zu Gott sind und dass wir diesen Schritt überspringen und auf unsere Weise vorgehen können.

In den meisten christlichen Werken glaubt man schließlich der Lüge, dass mehr Kraft daher kommt, wenn die Schwäche des Betens und Fastens umgangen und hektische Aktivität an den Tag gelegt wird, statt den weniger ausgetretenen Weg zu gehen und die eigene Zeit im Beten und Fasten der Gegenwart Gottes zu widmen. Allzu oft gilt nur das Hier und Jetzt als Maßstab, aber im großen Überblick der Kirchengeschichte wird deutlich: Wenn Leute entscheiden beharrlich zu beten und zu fasten, erweist Gott sich immer als treu und setzt eine größere Dimension seiner Kraft frei. Es dauert vielleicht Jahre, manchmal sogar ein ganzes Leben, aber es geschieht ohne Ausnahme.

4. Gott ganz und gar gehorchen wollen, kompromisslos

Wir ringen um die Fülle der prophetischen Salbung, indem wir Gott ganz und gar kompromisslos gehorchen wollen. Wir müssen entscheiden, mit unserem Leben die Bergpredigt widerzuspiegeln (Matthäus 5–7) und frei von jeglichem faulen Kompromiss zu leben, d. h. jeder einzelnen unserer Sünden, die uns bewusst wird, den Krieg zu erklären.

Vielfach sind Leute, die von allem Kompromiss frei werden wollen, schließlich entmutigt, weil es ein oder zwei oder ein paar Gebiete in ihrem Leben gibt, von denen sie meinen, nicht frei werden zu können. Das Thema ist nicht, ob Sie immer noch mit Sünde in Ihrem Leben kämpfen oder nicht, sondern ob Sie aktiv dagegen angehen und versuchen, freigesetzt zu werden. Ich bin noch niemandem begegnet, der keine versteckte Sünde und keinen Problembereich in seinem Leben mehr gehabt hätte, aber ich glaube, dass wir mit der Zeit Freiheit erlangen werden, wenn wir versuchen, von Kompromisshaftigkeit befreit zu werden.

Ich weiß von vielen Leuten, die auf die Gebets- und Lobpreisbewegung aufspringen und sich das wie einen Orden an die Brust stecken, in der Annahme, dass sie sich irgendeiner elitären Gruppe angeschlossen hätten, die nicht mit Sünde und Kompromiss kämpft. Sie gehen zu Gebetsversammlungen und denken, sie seien deshalb frei von Kompromissen, aber ihr Privatleben stimmt mit dem, was sie im Gebetstreffen sagen, nicht überein. Gebet und Fasten kann nie als Ersatz für einen Lebensstil des Gehorsams in allen anderen Lebensbereichen dienen. Um die Fülle der prophetischen Salbung zu bekommen, ist es wichtig, dass wir gegen die Sünde kämpfen und frei von Kompromissen und völlig integer leben.

5. Zurückweisung und Makel der Begabung ertragen

Zu guter Letzt ringen wir um die Fülle der prophetischen Salbung, indem wir die Zurückweisung, die mit Gottes Kraft einhergeht, ertragen. Das ist keine Kleinigkeit. Über die Jahre hat der Herr mir erlaubt, den von Gott orchestrierten Makel und die Zurückweisung, die die prophetische Begabung begleiten, zu beobachten und sogar in geringem Maße daran teilzuhaben. Wir haben diese falsche Vorstellung, dass wir gewürdigt und geehrt und in den Augen aller „cool" aussehen werden, wenn Gott die prophetische Gabe und Kraft freisetzt. Im Lauf der Jahre habe ich jedoch beobachtet: Wenn Gott seine prophetische Salbung über seinen Gefäßen freisetzt, werden sie auch Zielscheiben sowohl für Dämonen als auch für Menschen, manchmal sogar für gute und gottesfürchtige Menschen. Das ist nicht unbedingt ein Gericht Gottes gegen sie, aber seine Barmherzigkeit, um sie demütig zu erhalten, wenn er mehr von seinen ungewöhnlichen, übernatürlichen Krafterweisen freisetzt.

Sogar der Apostel Paulus trug den Makel der prophetischen Begabung. Er machte das deutlich in 2. Korinther 12,7, wo er schrieb: „Damit ich mich wegen der einzigartigen Offenbarungen nicht überhebe, wurde mir ein Stachel ins Fleisch gestoßen: ein Bote Satans, der mich mit Fäusten schlagen soll, damit ich mich nicht überhebe." Diese Stigmatisierung kann dazu dienen, uns vor Stolz und Arroganz zu bewahren: Gott schützt uns, indem er uns mit solcher Zurückweisung davor abschirmt.

Wir müssen lernen, fest zu stehen und die Kritik zu ertragen, bevor und nachdem Gott seine prophetische Begabung freisetzt. Gott wird es um unserer selbst willen zulassen, dass wir dumm aussehen, deshalb dürfen wir nicht herumsitzen und warten, bis es populär wird, Gott mit geistlicher Gewalt zu suchen. Schließen Sie sich denen an, die fest stehen, oder seien Sie jetzt der Erste, der aufsteht.

FAZIT

Es gibt viele Verheißungen in der Schrift, dass Gott seine prophetische Salbung in der Generation, in der der Herr zurückkommt, freisetzt. Ich glaube, dass wir in der Generation leben. Wir kämpfen nicht einfach deshalb um die Fülle der prophetischen Salbung, weil es unsere Versammlungen interessanter macht, sondern weil der Herr verspricht, dass er seinen Geist geben wird und wir mit ihm zusammenarbeiten und seine Partner sein sollen in seinem Vorhaben für diese Generation.

Kapitel 10

Falsche Vorstellungen über prophetische Begabungen

„Das ist wirklich schade, Richard“, antwortete ich. „Es tut mir leid, dass du so darüber denkst. Aber ich weiß, dass ich recht habe.“

Mein Freund Richard ist ein treuer und gottesfürchtiger Pastor der *Nazarene Church* und hat seine theologischen Studien mit einem akademischen Titel abgeschlossen. Er war schockiert und verärgert von der Vorstellung, dass Menschen, denen wirklich eine geistliche Gabe verliehen wurde, gleichzeitig zum Teil falsche Lehren vertreten und noch unbewältigte Charakterprobleme haben können. Manche dieser Menschen begehen schließlich wirklich skandalöse Sünden. Richard hielt sich bei seiner Einschätzung geistlicher Gaben an einen einfachen, aber unzutreffenden Gedankengang. Er dachte, dass jemand, der in der Vergangenheit häufig zutreffende Prophetien ausgesprochen hat, auch in Fragen der Lehre ganz und gar mit Gottes Willen und mit biblischen Ansichten übereinstimmen müsse. Da war ich entschieden anderer Meinung. Er hatte keine Erfahrung mit prophetisch begabten Menschen, besaß aber feste theoretische Ansichten. Als mein Kontakt mit prophetisch Begabten noch neu war, hätte ich ihm völlig beigepflichtet. Aber nach Jahren diesbezüglicher Erfahrung musste ich, was die meisten meiner früheren Theorien anging, immer wieder umdenken. Ja, es stimmt, prophetisch begabte Menschen müssen in wichtigen Punkten der Lehre eindeutige Ansichten haben, so z. B. in Fragen zur Person und zum Wirken Christi und in der Frage der Stellung der Schrift. Doch in weniger wichtigen Lehrfragen können sie durchaus falsch informiert oder verwirrt sein. Es wäre leichter, sie dann als „falsche Propheten" abzulehnen, aber so einfach ist es nicht.

Was manche Pastoren überrascht, wenn sie beginnen, sich auf den prophetischen Dienst einzulassen, ist die Tatsache, dass es Menschen mit echten Geistesgaben gibt, die selbst noch manche größeren Probleme im Leben haben. Viele meinen, dass der Herr nur gottesfürchtige, reife Menschen benutzt, um seine Kraft zu manifestieren. Das stimmt einfach nicht, und es ist auch nicht biblisch. Dazu fällt einem natürlich als Erstes Samson ein. Mancher geht davon aus, dass, sobald sich bei einem Menschen eindeutige Fehler in der Lehre oder ein Mangel an Weisheit und Charakterstärke zeigen, ihre Gaben und die Vollmacht, die sich in ihrem Dienst zeigen, keinesfalls von Gott kommen können. Paulus' erster Brief an die Korinther gewährt uns viel Einsicht in eine fleischliche Gemeinde, in der Geistesgaben angewandt wurden. Sie missbrauchten die Gaben (1. Korinther 14), vertraten falsche Lehren (1. Korinther 8–9) und es fehlte ihnen der gottesfürchtige Charakter (1. Korinther 3–5). Der erste Korintherbrief gibt keinerlei Hinweis darauf, dass Missbrauch geistlicher Gaben diese ungültig machen würde.

Gnadengaben

Das Wort, das im Neuen Testament für „Geistesgabe" benutzt wird, heißt xaptaim (charisma) oder wörtlich übersetzt „Gnadengabe". Mit anderen Worten, diese Gaben sind ein Geschenk und beruhen nicht auf Verdienst.

Simon der Zauberer hatte ein falsches Verständnis von den Gaben und der Kraft des Heiligen Geistes und dachte, man könne sie kaufen (Apostelgeschichte 8,18–24). Petrus wies dieses Ansinnen äußerst schroff zurück. Es besteht kein großer Unterschied zwischen dem Verdienen und dem Kaufen von Gaben. Geld vertritt nur die eigene Mühe und Arbeit. Im Gegensatz zu einigen weit verbreiteten Ansichten teilt der Heilige Geist die Gaben und die Kraft Gottes aus, wie er will, nicht dem, der sie „verdient", und sei es durch gottesfürchtigen Charakter.

> Das alles bewirkt ein und derselbe Geist; einem jeden teilt er seine besondere Gabe zu, wie er will (1. Korinther 12,11).

Sie sind weder ein Zeichen noch eine Auszeichnung für Gottes Zustimmung zu dem Maß an Geistlichkeit, die ein Mensch besitzt. Wir erwerben sie auch nicht durch unsere Heiligung. Es sind Gnadengaben.

Paulus schrieb den Galatern, denen es schwerfiel, Gnade zu verstehen, und die immer wieder die Werke und das Gesetz in ihr Leben zurückholten: „Ihr unvernünftigen Galater, wer hat euch verblendet? … Dies eine möchte ich von euch erfahren: Habt ihr den Geist durch die Werke des Gesetzes oder durch die Botschaft des Glaubens empfangen? Seid ihr so unvernünftig? Am Anfang habt ihr auf den Geist vertraut, und jetzt erwartet ihr vom Fleisch die Vollendung" (Galater 3,1–3).

Nachdem die Galater eine Manifestation von Geistesgaben erlebt hatten, wollten manche unter ihnen die Gaben verdienen und sie durch geistliches Erfüllen des Gesetzes oder durch Werke des Fleisches vervollkommnen. Paulus erinnerte sie daran, dass die Rechtfertigung ebenso wie die Austeilung von Gaben des Heiligen Geistes aus Gnade geschieht (Epheser 2,8–9). Ja, aus Gnade sind wir gerettet und nicht um unserer Werke willen; ebenso empfangen wir die Gaben des Heiligen Geistes aus Gnade und nicht um unserer Werke willen. Diese Analogie lehrte Paulus.

Der Lahme, der um ein Almosen bat, wurde von Petrus und Johannes im Namen Jesu aufgefordert zu laufen. Als Petrus erkannte, wie verwundert die Menschen über diese Heilung waren, sagte er zu ihnen: „Israeliten, was wundert ihr euch darüber? Was starrt ihr uns an, als hätten wir aus eigener Kraft oder Frömmigkeit bewirkt, dass dieser gehen kann?" (Apostelgeschichte 3,12).

Petrus wollte dies deutlich und sehr schnell klarstellen, bevor jemand einen falschen Schluss ziehen würde. Die Manifestation der Kraft Gottes war kein Zeichen seiner persönlichen Gottesfurcht. Weiter sagte er: „Und weil er an seinen [Jesu] Namen geglaubt hat, hat dieser Name den Mann hier, den ihr seht und kennt, zu Kräften gebracht; der Glaube, der durch ihn kommt, hat ihm vor euer aller Augen die volle Gesundheit geschenkt" (Apostelgeschichte 3,16).

Dieser Schriftabschnitt beinhaltet viele Aussagen. Doch wenn er uns eines deutlich machen kann, dann dies: Das Wunder hatte nichts mit Petrus und seiner Frömmigkeit zu tun, sondern allein mit Gott und dessen Willen und Barmherzigkeit; Gott wollte den Mann in Not heilen.

Selbst zur Gabe werden

Ich will nicht einer gewissen „Gesetzlosigkeit" bei der Anwendung der Geistesgaben das Wort reden, genauso wenig, wie den Vertretern der Erlösung und Rechtfertigung aus Glauben allein Gottes erklärter Wille gleichgültig ist. Es liegt mir daran, unsere Überzeugung zu stärken, dass alle Dinge sorgsam untersucht werden müssen, auch wenn sie von jemandem stammen, der als prophetisch begabter Mensch berühmt ist und offensichtlich eine starke Vollmacht besitzt, dass wir aber ebenso dafür offen zu sein haben, durch jemanden, der offensichtlich zerbrochen ist, etwas von Gott zu empfangen. Und wenn Sie einen schlechten Monat haben, dann halten auch Sie sich nicht zurück, sondern bitten Sie den Heiligen Geist, Sie dennoch einzusetzen, um jemand anderen zu segnen, indem Sie ein Gefäß sind, das durch Prophetie zur Heilung dient.

Paulus schreibt an die Epheser: „Aber jeder von uns empfing die Gnade in dem Maß, wie Christus sie ihm geschenkt hat" (Epheser 4,7). Was Paulus in den darauf folgenden Versen sagt, macht deutlich, dass die *Gabe*, auf die er sich hier bezieht, eine *Dienstgabe* ist: „Er hat die einen zu Aposteln gemacht, andere zu Propheten, wieder andere zu Evangelisten, zu Vorstehern oder Lehrern der Gemeinde" (Epheser 4,11; Gute Nachricht).

Über die Menschen mit Geistesgaben, die in diesem Bibelabschnitt angesprochen werden, herrscht verbreitet ein Missverständnis. Manche gehen davon aus, dass Menschen die Gabe gegeben wird, das Amt eines Propheten, Hirten, Evangelisten usw. auszuüben. Paulus war anderer Ansicht: „Er hat sie zu Aposteln gemacht …" Derjenige, der das Amt ausübte, sollte ohne Zweifel eine Gabe an die Gemeinde sein. Nirgendwo findet sich die Ansicht, dass die Gnadengabe dem dienen sollte, der sie ausübt. Hier geht es überhaupt nicht darum, uns und unser Ansehen zu fördern. Gottes Gaben werden Menschen anvertraut, die zum Wohle anderer zu Gefäßen und Kanälen seiner Gnade werden. Gott begabt uns also zum Wohl anderer, nicht damit wir einen Nutzen daraus ziehen. Wir können Gottes Salbung nicht verdienen.

Die Gaben Gottes im Leben eines Menschen sind keine Auszeichnungen für seine Gottwohlgefälligkeit. Dennoch erliegen die meisten von uns der Versuchung, die übernatürlichen Gaben der Kraft, die durch einen Menschen wirken, als ein Zeichen dafür zu sehen, dass Gott das Leben, die geistliche Reife und die Lehre dieses Menschen in besonderer Weise gutheißt. Je bedeutsamer die Gaben und die Vollmacht, um so größer muss wohl die Anerkennung Gottes sein. Wenn wir verstünden, dass die Manifestationen des Heiligen Geistes dem allgemeinen Wohl dienen und nicht dem Wohl des Menschen, den Gott gebraucht, dann würden wir an dem Gedanken weniger Anstoß nehmen, dass Gott unvollkommene und häufig unreife Menschen gebraucht, um die Gemeinde sehr zu segnen.

Es besteht ein großer Unterschied zwischen unreifen, unweisen und sogar fleischlichen Dienern Gottes und jenen, die in entschiedener Rebellion gegen Gott leben. Von Menschen, die Gott offen ungehorsam sind, sollten wir nichts annehmen, egal wie mächtig ihre Prophezeiungen oder ihre Heilungen zu sein scheinen.

Diese ganze Vorstellung von Gnade steht unserer natürlichen Denkart völlig entgegen. Wir stolpern von Natur aus über diesen Gedanken, dass uns die Gaben des Heiligen Geistes aufgrund der Gnade Gottes und durch Glauben allein geschenkt werden und sich nicht von unserem verdienstvollen Bemühen ableiten lassen. Paulus lehrte über das Empfangen der Geistesgaben durch Glauben, nicht durch Werke, analog zum Empfangen der Rechtfertigung durch Glauben, nicht durch Werke (Galater 3,1–5). Die Rechtfertigung aus Glauben allein ergibt Sinn, wenn wir erkennen, dass kein menschliches Bemühen jemals ausreichen könnte, um die unfassbare Kluft zwischen Gott und Mensch zu überwinden. Wenn wir erkennen, dass jede Art menschlicher Anstrengung dafür völlig unzureichend ist, entfaltet Gottes Lösung, durch den Tod seines Sohnes am Kreuz den Abstand zu uns zu überwinden, ihre volle Bedeutung.

Kein noch so großes Maß an Weihe oder Heiligung könnte uns das Recht auf die Gaben des Heiligen Geistes erwerben, genauso wenig wie die Vergebung. Im Vergleich mit der Reinheit und Heiligkeit Gottes ist der Unterschied zwischen den Besten und den Schlechtesten von uns nicht so groß, wie manch einer sich vielleicht gern vorstellt.

In der Heiligen Schrift vergab Gott Menschen und war ihnen sehr gnädig, die in unseren Augen ziemlich abscheuliche Dinge getan haben. Ohne die Bedeutung schlimmer Sünden kleinreden zu wollen, müssen wir uns daran erinnern, wie Jesus allen Menschen gezeigt hat, dass Gott Dinge wie Stolz, Heuchelei, Missachtung der Armen, Unversöhnlichkeit und Selbstgerechtigkeit unvorstellbar ernster nimmt als so manches andere. Dies widerspricht einigen unserer Vorurteile über die „wirklich schlimmen Sünden". „Der Mensch sieht, was vor den Augen ist, der Herr aber sieht das Herz", so sagt uns die Bibel (1. Samuel 16,7). Er bringt uns viel Geduld und Gnade entgegen.

Wir müssen uns davor hüten, Geistesgaben nur wegen der geistlichen Mängel derer, denen sie anvertraut wurden, automatisch als falsch zu betrachten. Vielleicht ist Gott in dem Moment das viel wichtiger, was er im Leben des Betreffenden wirken will, als ihn jetzt zu verurteilen.

Die erste falsche Annahme: Charakterstärke ist gleich Geistbegabung

Gleichsetzungen, natürlich auch solche, die auf falschen Vorstellungen beruhen, gelten immer in beiden Richtungen. Wer also fälschlicherweise annimmt, geistliche Begabungen wären die Bestätigung für einen guten Charakter, wird daraus auch schließen, dass es ein guter Charakter ist, der geistliche Gaben hervorbringt. Dies ermutigt in manchen Kreisen Menschen dazu, Geistesgaben „nachzuahmen", damit sie nicht für „unbegabt" gehalten werden. Dies legt auch nahe, die geistlichsten, reifsten und gerechtesten Menschen wären diejenigen mit den herausragendsten Gaben.

Solches Denken führt nicht selten zu einer ausgesprochenen Selbstverurteilung, besonders dann, wenn in der Umgebung eines solchen Menschen jeder Prophetien, prophetische Träume oder Visionen zu haben scheint. Es übt viel unnötigen Druck auf Menschen aus, wenn sie den Eindruck haben, sie seien weniger geistlich als andere mit prophetischen Erfahrungen.

Ich selbst habe mich eine Zeit lang so gefühlt, und das Ergebnis war, dass ich meine Leitungsverantwortung denen überließ, die vollmächtige prophetische Gaben besaßen. Der Gemeinde wurde durch diese Entscheidung, die meiner Unsicherheit und meiner falschen Demut entsprang, geschadet, und es kam zu Enttäuschungen.

Bedenken Sie: Die meisten prophetisch begabten Menschen haben nicht die Gabe der Leitung, die unabdingbar ist, wenn eine Gemeinde gesund, ausgewogen und sicher ihren Weg gehen soll. Eine Gemeinde, die nur von Propheten geleitet wird, ist für das Volk Gottes kein sicherer Lebensraum.

Eines der wichtigsten Dinge, die eine Gemeinde tun muss, welche den prophetischen Dienst fördern und verantwortlich regeln will, ist: Sie muss der Mystifizierung der Geistesgaben und dem Wunsch, als „supergeistlich" dazustehen, aktiv entgegenwirken.

Hier geht es nicht um einen geistlichen Schönheitswettbewerb, doch leider kommt es nur allzu schnell dazu, sobald man die Geistesgaben als eine Verdienstmedaille betrachtet und nicht als etwas, was der Gemeinde Segen bringen soll. Es geht nicht um die Gefäße. Es geht um die Liebe zu Gott und den Bau seiner Gemeinde in Liebe.

Tatsächlich ist es nicht unbedingt ein Zeichen dafür, dass Gott auch mit den übrigen Bereichen seines Lebens zufrieden ist, wenn seine Kraft und Offenbarung durch jemanden fließt. Manchmal bleibt die prophetische Gabe auch dann noch wirksam, wenn im persönlichen Leben dieser Menschen bereits ein innerer Zerfall eingesetzt hat.

Menschen mit herausragenden geistlichen Begabungen müssen ständig davor auf der Hut sein, sich selbst, ihre Position und ihre Ziele für so wichtig zu erachten, dass sie glauben, Gott werde ihnen gegenüber mehr Nachsicht walten lassen. Solche Menschen meinen, sie müssten über Dinge wie Integrität, Ehrlichkeit und Freundlichkeit (insbesondere in den alltäglichen Dingen) keine Rechenschaft ablegen, nur weil sie ein augenscheinlich wichtiges Werk für Gott tun und Gottes Kraft sich in ihnen manifestiert.

Diese Versuchung zum Selbstbetrug plagt viele Menschen in einflussreichen Positionen. Es handelt sich dabei um einen so schwerwiegenden Selbstbetrug vor allem deshalb, weil in Wirklichkeit das Gegenteil zutrifft: „Wem man viel anvertraut hat, von dem wird man umso mehr verlangen“ (Lukas 12,48).

Jeder Mensch, der eine geistliche Gabe ausübt, sollte klug sein und sich immer bewusst bleiben, dass die Stunde der Wahrheit sicher kommen wird. Jeder von uns wird eines Tages vor Gott stehen, und unser Leben und unser Dienst werden dort ihre letzte Beurteilung finden (1. Korinther 3,11–15).

An manchen Dienern Gottes, die in Sünde fallen, erweist der Herr beispielhaft seine Geduld gegenüber dem Sünder und zeigt, dass er seine Gaben ohne Reue gibt (Römer 11,29). Andere sind ein Beispiel dafür, dass Gott die, die er liebt, offen maßregelt (Offenbarung 2,21–23). Das hat zum Ergebnis, dass viele andere in der Furcht Gottes zittern (1. Timotheus 5,20–24).

Saul war ein Beispiel für beide Arten von Gottes Umgang mit seinen Dienern. Als König über Israel hielt Saul an seiner Sünde fest. In großer Geduld schenkte es Gott ihm, wichtige Schlachten zu gewinnen. Gott segnete Israel unter Sauls Herrschaft teilweise, obwohl Saul sündigte. Schließlich ging er Gott gegenüber zu weit und wurde aus dem Amt genommen.

Gott schenkt seine Gaben freigebig als Zeichen seiner Barmherzigkeit, nicht als Zeichen seiner Anerkennung. Verachten wir nicht echte geistliche Gaben, die sich in geistlich unreifen Menschen manifestieren! Lassen wir uns aber auch nicht von Gottes Gnade und Geduld irremachen – ein Mensch, der als prophetisches Gefäß dient, behält unter Umständen eine Weile seine Geistbegabung auch dann, wenn er an der Sünde festhält. Doch schließlich wird Gott zweifellos von jedem von uns über die Gaben, die er uns anvertraut hat, Rechenschaft fordern.

1. Richtigkeit der Offenbarung ist nicht gleich gottwohlgefälliger Charakter oder Lebensstil. Dies ist eine Wahrheit, die unserem normalen Denken widerspricht. Warum erlaubt Gott solch eine Dichotomie? Letztlich ist dies vermutlich eine „unzulässige" Frage, aber wir müssen uns ihrer Wirklichkeit nüchtern stellen.
2. Die Geschichte von Balaam ist eine alttestamentliche Illustration von einem Mann mit echter prophetischer Begabung, der Israel in große Sünde führte. König Saul prophezeite durch den Geist des Herrn, wurde aber zum Ende seines Lebens von einem bösen Geist gequält.
3. Im Neuen Testament können wir Fleischlichkeit und geistliche Gaben besonders gut an der Gemeinde in Korinth untersuchen. Die Geschichte zeigt, dass die, die an krasser Sünde festhalten und dennoch übernatürliche Gaben ausüben, eine immer tiefer werdende Kluft in ihren Persönlichkeiten schaffen, was schließlich zum geistlichen, emotionalen, mentalen, körperlichen, beziehungsmäßigen und moralischen Zusammenbruch führt.

Die zweite falsche Annahme: Geistesgaben sind Gottes Ja zu der Art, wie der Begabte dient

All das Gute, das unsere Gemeinde durch den prophetischen Dienst empfangen hat, war – wie könnte es anders sein – von einigem Kopfzerbrechen begleitet. Die größten Schwierigkeiten hatten mit bestimmten Stilen und Vorgehensweisen zu tun.

In Kapitel 11 werde ich über einige der Dinge sprechen, die Gott tut und die uns merkwürdig und ungewöhnlich vorkommen. Manchmal beleidigt er unseren Verstand, um unser Herz zu offenbaren. Hier geht es jedoch darum, dass sich manche prophetisch begabte Menschen einen protzigen Stil angeeignet haben, weil sie stolz und schwach sind.

Ich hatte mit einigen der prophetisch dienenden Menschen in unserer Gemeinde lange und schmerzliche Diskussionen über diese Frage. In den schwierigsten Fällen haben vom Geist inspirierte Menschen einen Stil, der sehr viel Aufmerksamkeit auf sie selber lenkt.

Häufig artet das, was als etwas ungewöhnliche Vorgehensweise beginnt, in Übertreibung und Manipulation aus. In einigen Fällen musste ich einfach einschreiten und sagen: „Mach bitte Schluss damit!"

Manche prophetisch begabten Menschen stehen in Versuchung zu meinen, ihre spezielle Methode oder ihr spezieller Stil sei für die geistgeschenkte Vollmacht, die in ihrem Leben wirksam ist, unerlässlich. Nicht selten sagen sie: „Nein, ich muss es auf diese Art tun, sonst wird sich die Kraft Gottes nicht mehr durch mich manifestieren."

Bestimmte Vorgehensweisen oder ein bestimmter Stil im Dienst erzeugen weder Vollmacht noch Salbung. Das ist eine falsche Annahme, der manche Menschen erliegen. Die Tatsache, dass man an einem ganz bestimmten Platz stand und etwas ganz Bestimmtes tat, als Gott wirkte, bedeutet nicht, dass die äußeren Umstände irgendetwas mit dem Geschehen zu tun hatten.

Manche versuchen, die äußeren Gegebenheiten wieder herzustellen, um Gottes Vollmacht erneut zu erleben.

Der Herr gebrauchte Bob Jones häufig so, dass er ihn aufforderte, seine Hände auf die Hände eines Menschen zu legen. Manchmal legte Bob seine Finger an die Finger des Ratsuchenden, und dann offenbarte Gott durch den Heiligen Geist bestimmte Dinge, die Bob diesem Menschen weitergeben sollte. Die prophetischen Worte, die Bob Jones auf diese Art, die Gott nur ihm gezeigt hatte, aussprach, trafen durchweg zu. Bald wurde diese Methode, Finger auf Finger zu legen, von anderen imitiert. Aber das funktionierte nicht. Warum nicht? Die Erkenntnis kommt vom Heiligen Geist und nicht von Bob Jones' Vorgehensweise.

Ich erlebe bei allen möglichen Leuten, dass sie Stile und Methoden nachahmen, weil sie die Methode für den Schlüssel halten. Doch der Schlüssel für ein Wirken in der Kraft Gottes liegt in der Person des Heiligen Geistes. Eine Methode setzt Gottes Kraft nicht frei.

Wir dürfen nicht die Macht der Suggestion einsetzen, um die Leute dazu zu bringen, dass sie so reagieren, wie wir es wollen. Ein manipulierender Leiter äußerst sich vielleicht folgendermaßen: „Kommen Sie nach vorne, wenn Sie von Gott angerührt werden wollen. Wenn Sie wirklich für den Heiligen Geist empfänglich sind, dann werden Sie unter der Kraft Gottes zu Boden fallen."

Wenn wir andeuten, dass Menschen zu Boden fallen oder in Sprachen beten werden, dann ist das manipulativ. Ich habe erlebt, wie ein berühmter Prediger Menschen zurechtgewiesen hat, weil sie nicht zu Boden fielen, als er für sie betete. Er sagte einmal zu einer Frau: „Hören Sie auf mich, und empfangen Sie einfach nur." Die Dame antwortete: „Aber ich empfange ja bereits etwas."

Doch der Prediger meinte: „Erzählen Sie mir nicht, Sie würden etwas empfangen. Sie stehen doch einfach nur da und widersetzen sich dem Heiligen Geist."

Sie fingen vor aller Augen an sich zu streiten. Er verlangte ernsthaft, sie solle zu Boden fallen als Zeichen dafür, dass Gott sie anrührte – oder vielmehr dafür, dass die Salbung auf ihm war.

Menschen mit Vollmacht und einer prophetischen Begabung, die nicht mit einem ausgewogenen Gemeindeteam vor Ort verbunden sind, geben oft der Tendenz nach, eine Methode zum Träger ihrer Vollmacht zu machen und ihren ganzen Dienst davon beherrschen zu lassen.

Es ist sehr viel schwieriger, mit Manipulation und Vorspiegelung geistlicher Vollmacht durchzukommen, wenn man eng mit einem ausgewogenen Team von Leuten verbunden ist, die fest auf dem Boden der Realität stehen.

Manche schubsen und drücken, bis derjenige, für den sie beten, zu Boden geht. Für solche Menschen ist jedes „Umfallen" eine Art persönlicher Sieg geworden, weil ihrer Meinung nach ihr Ansehen in der Öffentlichkeit davon abhängt. So etwas ist Manipulation höchsten Grades.

Eine falsche Einschätzung und falsche Ansichten über methodische Vorgehensweisen führen zu übersteigerten Emotionen und Übertreibungen. Die Methode wird zu einer falschen Krücke. In Wirklichkeit geschieht nichts Heiliges und Übernatürliches. Und deshalb meint man etwas produzieren zu müssen. Man hat sich auf einen Weg begeben, der von übertriebenen Emotionen und institutionalisierten Methoden gekennzeichnet ist. Man hat Angst zuzugeben, dass Gott in einer bestimmten Art von Veranstaltung vielleicht eben doch nicht wirkt. Man hat zu sehr auf seinen Ruf gesetzt, im Dienst immer gesalbt zu sein. Dabei ist es völlig in Ordnung, es zuzugeben, wenn nicht viel geschieht. Tut man das nicht, kann sich die Zeit des Dienstes zu einem einzigen Lügengebäude vorgespiegelter Tatsachen entwickeln.

Gott hält seine Kraft während einer Zeit des Dienstes manchmal überraschend zurück, um zu sehen, ob wir ihm in Demut vertrauen oder ob wir dann sein Wirken einfach simulieren. Ich glaube, dass Gott bei ganz bestimmten Gelegenheiten aus „strategischen" Gründen seine Kraft bewusst nicht offenbart, um die Herzen der Menschen zu gewinnen, und zwar unabhängig von der Person, die in seinem Namen auftritt, und deren Methoden. Manchmal wird er seinen Geist zurückhalten, damit wir davon ablassen, unser Vertrauen in eine bestimmte Vorgehensweise zu setzen.

Manche empfängliche und geistlich hungrige Menschen, die jemanden mit einer prophetischen Begabung erleben, hoffen und fürchten zugleich, dass dieser Mensch ihnen Geheimnisse und göttliche Perspektiven offenbaren wird. Oft hängen sie einer solchen Person förmlich an den Lippen, um jedes Wort zu hören, das geäußert wird. Diese Dynamik macht beide Seiten für ganz bestimmte Versuchungen empfänglich.

Ich halte es für falsch, andere Menschen mit einem Mythos zu beeinflussen. Leider geschieht dies nur allzu oft. Viele prophetisch begabte Menschen nehmen sich selbst zu wichtig. Sie lieben das Gefühl, auf andere einen solchen Einfluss ausüben zu können. Sie geraten in Versuchung, sich selbst geistlicher, heiliger und empfänglicher aussehen zu lassen, als sie es in Wirklichkeit sind.

Es ist leicht, seine Identität aus seinem prophetischen Dienst zu beziehen. Ich habe beobachtet, dass prophetisch begabte Menschen dem Druck nachgeben, den die Erwartungen anderer auf sie ausüben, die unbedingt ein Wort von Gott hören wollen. Sie prophezeien, egal ob Gott spricht oder nicht!

Elia hat am Berg Karmel Wasser auf sein Opfer gegossen (1. Könige 18). Er hat keine Anzünderflüssigkeit benutzt! Dadurch wurde es „schwieriger" für Gott, das Opfer zu entzünden. Elia vertraute darauf, dass das Feuer Gottes sogar ein nasses Opfer verzehren könne.

Ich fordere Menschen, die im prophetischen Dienst stehen, auf, etwas „Wasser" auf das von ihnen vorbereitete Opfer zu gießen und zu vertrauen, dass Gott seine Kraft erweist, ohne dass sie ihm unter die Arme greifen.

Ich ermutige sie, das Fördern ihres Propheten-Mythos zu verweigern.

Die dritte falsche Annahme: Ein geisterfüllter Dienst beruht auf einer hundertprozentig richtigen Lehre

Über die gesamte Kirchengeschichte hinweg hat es viele geistbegabte Menschen gegeben, die merkwürdige Lehrmeinungen vertraten. Ein herausragendes Beispiel hierfür in jüngerer Zeit ist William Branham.

Branham, ein Baptist aus armen Verhältnissen und ohne höhere Bildung, begann seinen Dienst 1933. Er reiste als Evangelist umher, und seine Versammlungen wurden oft von Tausenden von Menschen besucht. Kennzeichen seines Dienstes waren erstaunliche Heilungen und Worte der Erkenntnis.

Oft geschah es, dass Branham den Menschen, die Schlange standen und auf Heilung warteten, ihre Krankheiten beschrieb und andere, ihm unbekannte Informationen über sie wusste und sie manchmal sogar beim Namen nannte. Viele Menschen waren sich absolut sicher, dass Branhams Gabe hundertprozentig echt war und alles, was er sagte, genau eintraf.

Einer seiner Dolmetscher in der Schweiz, der später Historiker wurde, sagte darüber: „Ich kann mich an keinen Fall erinnern, bei dem er sich bei den oft detaillierten Aussagen, die er machte, geirrt hätte.“[1] Auch die Heilungen waren sowohl zahlreich als auch erstaunlich.

Doch Branham predigte schließlich gewisse Irrlehren, obwohl er niemals so weit ging, Jesus Christus als Herrn und Erlöser zu leugnen oder die Autorität der Heiligen Schrift infrage zu stellen. Er ließ sich als den „Engel“ der siebten Gemeinde bezeichnen, auf die in Offenbarung 10 Bezug genommen wird. Diese Irrlehren führten unter seinen Anhängern zu großer Verwirrung. Sie fragten sich, warum Gott Branham keine fundierte Theologie gab, wenn er ihm doch andererseits so einzigartige prophetische Erkenntnisse über das Leben anderer Menschen schenkte. Die Gabe der Prophetie ist keine Gewähr dafür, dass ein Mensch auch die Gabe der Lehre besitzt (oder umgekehrt).

Das Problem besteht darin, dass es Menschen, die viel Vollmacht und einen starken prophetischen Dienst haben, häufig nicht reicht, von Gott nur im Bereich der Prophetie und Wunder gebraucht zu werden. Sie wollen auch Lehrer sein.

Ich habe erlebt, dass prophetisch begabte Menschen und Evangelisten sich von der Ortsgemeinde lösen. Wenn das geschieht, geraten sie in Versuchung, als Lehrer zu wirken, weil sie eine große Anhängerschaft haben. Besitzen sie jedoch die Gabe der Lehre nicht, werden sie schließlich unausgewogene Lehren verbreiten. Das geschieht, wenn sie die vielen Menschen lehren, die sich wegen der durch sie wirkenden Geistesgaben um sie sammeln.

Wenn eine Lehrbegabung nicht vorhanden ist und auch nicht durch eine angemessene biblische Ausbildung gefördert wurde, werden sie ihren vielen Anhängern mit Sicherheit unausgewogene Lehrmeinungen weitergeben.

Zum Nutzen aller

Das Wichtigste, an das wir uns erinnern müssen, ist: „Jedem aber wird die Offenbarung des Geistes geschenkt, damit sie anderen nützt" (1. Korinther 12,7). Geistesgaben haben den Zweck, den Leib Christi zu segnen. Sie haben nicht den Zweck, die Person zu erhöhen, durch welche sie gegeben werden. Paulus sagte ganz richtig, dass wir nach den Geistesgaben streben müssen, wenn wir zum Aufbau der Gemeinde beitragen wollen (1. Korinther 14,12).

KAPITEL 11

Gott fordert den Verstand heraus, um das Herz zu offenbaren

Die Einführung des prophetischen Dienstes in unserer Heimatgemeinde war für mich ein schwieriger Prozess, da ich mit der merkwürdigen Art einiger der von Gott wirklich gebrauchten Leute große Probleme hatte. Auch störten mich einige ihrer verrückten Methoden, die meinen früheren evangelikalen Erfahrungen völlig fremd waren.

Manche der als Manifestationen des Heiligen Geistes deklarierten Phänomene widersprachen auch meinem Empfinden für Ordnung und Anstand. Bevor ich mich weiterentwickelte, musste ich mich dem stellen, was mir daran schwer zu schaffen machte.

Christen haben manchmal falsche Vorstellungen davon, wie Gott mit uns umgeht. Er ist ein „Gentleman", so sagen wir, der nirgendwo einfach hereinplatzt, sondern höflich an der Tür steht, leise klopft und geduldig abwartet.

Vom Heiligen Geist wird häufig angenommen, er sei äußerst scheu oder gar schreckhaft. Wenn wir möchten, dass der Heilige Geist wirkt, so verhalten wir uns möglichst ruhig und still. Manche glauben, der Heilige Geist könne gedämpft oder verschreckt werden, wenn ein Baby schreit. Viele verhalten sich entsprechend.

Paulus wies die Gemeinde in Korinth an, das Sprachengebet und die Prophetie nicht zu verbieten, es solle vielmehr „alles … in Anstand und Ordnung geschehen" (1. Korinther 14,40). Unser Leitungsteam hat sich sehr darum bemüht, eine Atmosphäre zu schaffen, in der die Geistesgaben in einem Rahmen, der „Anstand und Ordnung" gewährt, frei fließen können.

Doch die Anweisungen des Paulus darüber, wie man Menschen Grenzen setzen soll, die aus fleischlichen Motiven heraus handeln, sind so interpretiert worden, als würde Paulus sagen, dass der Heilige Geist nur auf solche Weise wirkt, wie es unserem Gefühl von Ordnung und Anstand entspricht. Dies war jedoch weder im Alten Testament noch in der frühen Kirche noch in der Geschichte der Erweckungen der Fall.

Zwei Tatsachen liegen auf der Hand. Erstens, *der Heilige Geist scheint sich nicht allzu sehr um unser Ansehen zu kümmern*. Die Ausgießung des Heiligen Geistes war für das Ansehen derer, die im Obergemach versammelt waren, nicht gerade förderlich. „Diese Männer sind nicht betrunken, wie ihr meint", so musste Petrus Dinge zurechtrücken, nachdem der Heilige Geist zu Pfingsten herabgekommen war. Mancher wirkte betrunken, weil er mit dem Heiligen Geist erfüllt worden war. Ich kann mir vorstellen, dass Petrus noch die Wirkungen der heiligen Himmels-Ekstase verspürte, als er seine Apostelgeschichte-2-Predigt hielt. Petrus richtete seine erste Predigt an die Pharisäer aus Judäa, deren Verstand durch das, was an Petrus und den Aposteln geschah, beleidigt worden war. Manche der frommen Juden in Jerusalem verspotteten die Apostel an jenem Tag: „Sie sind vom süßen Wein betrunken" (Apostelgeschichte 2,13). Den religiösen Führern mag das Verhalten der Jünger unziemlich vorgekommen sein, doch es entsprang nichtsdestoweniger dem Wirken des Heiligen Geistes.

Die zweite eindeutige Tatsache über die Art, wie der Heilige Geist mit uns umgeht, lautet: Im Gegensatz zu dem Bild, das wir von ihm haben – er sei höflich, scheu, wohlerzogen –, *stößt er Menschen manchmal mit Absicht vor den Kopf.*

Gott wusste, dass viele an der Schlichtheit des Evangeliums *Anstoß nehmen würden* (1. Korinther 1,21–23). Paulus warnte die Galater, sie sollten nicht versuchen, „das Ärgernis des Kreuzes zu beseitigen" (Galater 5,11). Fakt ist, dass Gott durch das Evangelium bewusst immer wieder auch Anstoß erregt.

Die absichtliche Provokation

Manchmal stößt Gott Menschen mit voller Absicht vor den Kopf. Ein gutes Beispiel dafür findet sich in Jesu Verhalten (Johannesevangelium, Kapitel 6). Jesus hatte durch die Vermehrung von Fischen und Broten fünftausend Menschen gespeist. Nun erwartete man, dass er sich durch ein großartiges Zeichen als der langersehnte Messias erweisen würde. Das „Zeichen", auf das die Menschen warteten, sollte dramatischer sein als eine Brotvermehrung oder körperliche Heilung. Sie erwarteten etwas, was in seiner Größe mit der Teilung des Schilfmeers, der Spaltung des Ölbergs oder dem Herabrufen von Feuer aus dem Himmel vergleichbar gewesen wäre. Die Leute fragten Jesus: „Welches Zeichen tust du, damit wir es sehen und dir glauben? Was tust du? Unsere Väter haben das Manna in der Wüste gegessen …" (Johannes 6,30–31).

Mit anderen Worten, sie baten Jesus, etwas zu tun, was dem Wunder mit dem Manna vom Himmel gleichkommen würde. Jesus gab ihnen das verlangte Zeichen nicht, sondern antwortete:

„Ich bin das lebendige Brot, das vom Himmel herabgekommen ist. … Amen, amen, das sage ich euch: Wenn ihr das Fleisch des Menschensohnes nicht esst und sein Blut nicht trinkt, habt ihr das Leben nicht in euch. Wer mein Fleisch isst und mein Blut trinkt, hat das ewige Leben, und ich werde ihn auferwecken am Letzten Tag" (Johannes 6,51.53–54).

In den Versen 60–61 heißt es: „Viele seiner Jünger, die ihm zuhörten, sagten: Was er sagt, ist unerträglich. Wer kann das anhören? Jesus erkannte, dass seine Jünger darüber murrten, und fragte sie: Daran nehmt ihr Anstoß?" Einige Verse danach lesen wir: „Daraufhin zogen sich viele Jünger zurück und wanderten nicht mehr mit ihm umher" (Vers 66).

Jesus provozierte ihr theologisches Denken, indem er sagte, er selbst sei das Brot, das vom Himmel herabkommt. Er verletzte ihre Erwartungen, indem er sich weigerte, ihnen ein weiteres, großes Zeichen zu geben. Er beleidigte ihre Empfindsamkeit und ihre Würde, indem er ihnen vorschlug, sie sollten von seinem Fleisch essen und von seinem Blut trinken. Sie murrten über ihn und „stritten sich untereinander" (Vers 52).

Überall in der Bibel wird Gott als der offenbart, der denen zum Stein des Anstoßes wird, die meinen, sie hätten alles begriffen; er verwirrt das Denken derer, die in ihren Traditionen und Erwartungen darüber, wie Gott zu handeln habe, gefangen sind (siehe 1. Korinther 1,23; 1. Petrus 2,8). Jesaja bezieht sich auf Jesus als „einen Stein, an dem man anstößt, einen Felsen, an dem man zu Fall kommt" (Jesaja 8,14).

Jesus kannte ihr Herz und wusste, dass die meisten seiner Nachfolger dies aus gemischten Motiven taten. Und deshalb *offenbarte er ihr Herz, indem er ihren Verstand absichtlich beleidigte.*

Wenn Gott bei Menschen durch seine Methoden Anstoß erregt, offenbart er oft ihren Stolz, der im Herzen der Menschen verborgen ist.

Naaman, der Feldherr der syrischen Armee, litt unter der Lepra. In seiner Verzweiflung kam er, um Elischa zu konsultieren, obwohl der ein jüdischer Prophet war. Israel zählte zu den militärischen Feinden Syriens. Doch Elischa machte sich noch nicht einmal die Mühe, vor sein Haus zu treten, um Naaman zu begegnen, der doch so weit angereist war; er ließ Naaman lediglich ausrichten: „Geh und wasch dich siebenmal im Jordan! Dann wird dein Leib wieder gesund, und du wirst rein" (2. Könige 5,10). Naaman, in Syrien ein berühmter militärischer Führer, war von diesem Verhalten sehr beleidigt und sagte: „‚Sind nicht … die Flüsse von Damaskus besser als alle Gewässer Israels? Kann ich nicht dort mich waschen, um rein zu werden?' Voll Zorn wandte er sich ab und ging weg" (2. Könige 5,12).

Ich kenne einige unsympathische Zeitgenossen, die es sich zur Gewohnheit machen, bei anderen Anstoß zu erregen. Doch wenn Gott es tut, ist es heilsam. Er beleidigt das Denken der Menschen, um ihr Herz zu offenbaren. Die Bibel lehrt uns, dass Gott den Demütigen Gnade gibt, aber dem Stolzen widersteht (Jakobus 4,6; 1. Petrus 5,5–6). Dass Gott sich um Naamans Stein des Anstoßes, um seinen Stolz, kümmerte, war der erste wichtige Schritt zur Heilung dieses Mannes, die er empfing, als er Elischas Worten demütig gehorchte.

Wenn die Menschen, die Gott benutzt, zum Stein des Anstosses werden

Paulus schrieb, dass Gott den Menschen nicht nur durch seine Botschaft zum Anstoß wird, sondern auch durch diejenigen, die die Botschaft überbringen:

> Das Törichte in der Welt hat Gott erwählt, um die Weisen zuschanden zu machen, und das Schwache in der Welt hat Gott erwählt, um das Starke zuschanden zu machen. Und das Niedrige in der Welt und das Verachtete hat Gott erwählt: das, was nichts ist, um das, was etwas ist, zu vernichten, damit kein Mensch sich rühmen kann vor Gott (1. Korinther 1,27–29).

Ich weiß, dass der Zusammenhang, in dem dieses Prinzip genannt wird (dass Gott Menschen mit Absicht einen Stein des Anstoßes bietet), viel weiter gefasst wird und mehr Themen umfasst als nur merkwürdige Propheten und verrückte Manifestationen. Aber dieser Grundsatz lässt sich gerade auf diese Fälle eindeutig anwenden.

Als ich noch als Pastor in St. Louis arbeitete, wurde mir der Gedanke, dass Gott den Verstand beleidigt, um das Herz zu offenbaren, sehr wichtig und ich predigte mehrere Male darüber. Ich meinte, Gott bereite uns auf eine Ausgießung des Heiligen Geistes vor, die vielleicht auch einige ungewöhnliche Dinge mit sich bringen könnte. Mir fehlte noch jede Erfahrung mit dem prophetischen Dienst. Im Rückblick sehe ich, dass der Herr mich mit diesen Botschaften vorbereitete, damit ich nicht über das merkwürdige Verhalten der prophetisch begabten Menschen stolpern würde, denen ich in den nächsten Monaten in Kansas City begegnen sollte.

Wenn merkwürdige prophetische Methoden zum Stein des Anstosses werden

Manche Leute, die Gott beruft, haben eine andere Persönlichkeit und Kultur als man selber. Ganz automatisch könnte man an ihrem Betragen Anstoß nehmen, einfach, weil sie anders sind. Andere werden durch ihre prophetische Berufung geführt, merkwürdige Dinge zu tun. Verglichen mit „Otto Normalverbraucher" mit seinem geregelten Job sind gewisse Propheten reichlich exzentrisch.

Es dauerte eine Weile, bis ich mich an manche ihrer Eigenarten gewöhnte, an denen ich zunächst Anstoß genommen hatte. Einige ihrer Besonderheiten stören mich, um ehrlich zu sein, auch heute noch, aber ich habe gelernt, das zu sehen, was dahinter steht, um den Segen Gottes empfangen zu können, der uns durch diese Menschen zuteil wird.

Als ich Bob Jones zum ersten Mal traf, war ich völlig davon überzeugt, dass er nicht von Gott gesandt war, und ich wollte nie wieder ein Wort mit ihm wechseln. Ich hatte äußerst wenig Erfahrung mit prophetisch begabten Menschen und besaß keine klar durchdachte Theologie zu diesem Thema. Dennoch war ich irgendwie überzeugt, dass er ein falscher Prophet wäre.

Heute staune ich darüber, wie autoritär ich Dinge beurteilte, die ich nicht wirklich verstand und über die ich keinerlei Erfahrungen besaß. So etwas nennt man Stolz. Im Rückblick ist mir klar, dass einer der Faktoren, die mich damals am meisten beeinflusst haben, darin bestand, dass Bob so merkwürdig aussah und ebenso handelte.

Er sprach ständig in Gleichnissen. Ich wusste, dass Gott in seinem Wort in Gleichnissen gesprochen hat, aber das, was Bob da von sich gab, war *wirklich* merkwürdig. Bob erzählte mir Symbolgeschichten voller Wortmalereien, für die ich keine Auslegung besaß. Dann behauptete er, Gott habe ihm diese Gleichnisse erzählt. Ich besaß damals keinen weltanschaulichen Rahmen, der mir gezeigt hätte, dass Gott auch heute noch auf so abstrakte Art zu Menschen spricht.

Bobs Art, in Gottesdiensten aufzutreten, unterschied sich von allem, was ich bis dahin erlebt hatte. Er sprach davon, dass er den Wind des Heiligen Geistes spüre oder dass seine Hände manchmal, wenn er für andere betete, heiß würden. Er redete mit der Sprache eines ungebildeten Menschen. Sein äußeres Erscheinungsbild war so, dass niemand ihm jemals hätte vorwerfen können, er sei eitel oder renne der aktuellsten Mode hinterher. Manchmal waren sein Hemd oder seine Hose zu kurz, sodass sein Bauch hervorschaute, wenn er stand. Und wenn er saß, endeten seine Hosenbeine nicht selten zehn Zentimeter oberhalb der Socken.

Diese Eigenheiten bei Bob Jones – sein Erscheinungsbild, seine Sprache, seine Offenbarungen und seine Art in Versammlungen aufzutreten – stießen mich irgendwie ab. Zunächst konnte ich mir nicht vorstellen, dass er ein wirklicher Prophet sein könnte, der seine Eindrücke vom Gott der Bibel empfängt. Erst als ich über einen gewissen Zeitraum hinweg erlebte, dass Bobs prophetischer Dienst der Wahrheit entsprach, fing ich schließlich an zu glauben, dass diese merkwürdige Art der Ausübung einer Gabe vielleicht doch annehmbar sein könnte. Auch erkannte ich deutlich seine Liebe zu Jesus und zum Wort Gottes. Schließlich fand ich ihn sogar richtig liebenswert. Nachdem ich mich mit Bob angefreundet hatte, beurteilte ich prophetische Menschen vollkommen anders.

Unausgewogene Menschen

Einige unausgewogene Menschen versuchen schlicht und einfach, sich merkwürdig zu verhalten, weil sie ein falsches Verständnis über den prophetischen Dienst haben. Sie sind begeistert von der Vorstellung, eine Art mystischer Prophet zu sein; deshalb benehmen sie sich extra komisch. Sie meinen, ihr merkwürdiges Verhalten würde ihnen mehr geistliche Vollmacht verleihen. Aber manchmal sind solche Leute einfach nur exzentrisch, nicht gesalbt.

Ich halte nichts von der Vorstellung, dass sich jemand, nur weil er eine prophetische Begabung hat, merkwürdig verhalten *müsse*. Es wird Menschen geben, die versuchen, mit allen möglichen Dingen durchzukommen, weil sie die fixe Idee haben, sie könnten nur von denen verstanden werden, die auch eine prophetische Begabung besitzen. Daran glaube ich nicht eine Sekunde.

Manche merkwürdigen Methoden sind einfach nur merkwürdig, und es geht überhaupt nicht darum, dass Gott den Verstand der Menschen beleidigen möchte. Es sind vielmehr der persönliche Stil und die Methoden des Propheten, die anstößig sind. Solche Dinge müssen sanft korrigiert werden, damit diese Menschen in einem öffentlichen Rahmen effektiver wirken können.

Ein ungewöhnlicher Stil beim Auftreten in Gottesdiensten

Ein ungewöhnlicher Stil macht die Botschaft eines Propheten nicht unbedingt ungültig. Man sollte nie etwas verwerfen, nur weil es ungewöhnlich ist. Es gab kein typisches Vorbild aus dem Alten Testament, als Paulus Kranken seine Taschentücher auflegen ließ (Apostelgeschichte 19,12) oder als Jesus einen Brei aus Erde auf die Augen eines Blinden schmierte. Jesus sagte, wir sollen die Frucht eines Propheten prüfen, nicht seine Methoden, außer natürlich diese Methoden widersprechen ganz eindeutig biblischen Aussagen oder Prinzipien (Matthäus 7,15–20).

Wenn Menschen erwiesenermaßen bereits öfter zutreffende prophetische Aussagen gemacht haben, dann kann man sie eher ernst nehmen, selbst wenn ihre Methoden etwas unorthodox sein sollten. Bei jedem, der zu unserem prophetischen Team gehört, brauchte es eine Weile, bevor er oder sie bei uns den Ruf erlangten, glaubwürdig zu sein.

Sind Propheten Einzelgänger?

Die Bibel spricht davon, dass es Prophetenschulen und Gruppen von Propheten gegeben hat (1. Samuel 10,10; 2. Könige 4,1, 5,22). Dies ruft uns in Erinnerung, dass die Ausbildung prophetischer Gaben unter Gläubigen auch eine gemeinschaftliche Dimension besitzt. Es ist nicht immer notwendig, Gott aus der Einsamkeit heraus zu hören, um sein Wort dann in der Öffentlichkeit weiterzugeben. Andere, reifere Christen können den weniger Erfahrenen helfen, ihre Wahrnehmungs- und Unterscheidungsfähigkeit zu schärfen. In der *IHOP Missions Base* gehören Hunderte zu prophetischen Teams. Manche dieser Leute sind reif in ihrer prophetischen Berufung, andere stehen noch ganz am Anfang. Gemeinsam können wir schneller in Gott vorankommen.

Öffentliche Korrektur

Besonders in öffentlichen Veranstaltungen müssen Pastoren aufpassen, dass sie Menschen nicht allzu abrupt korrigieren. Wir müssen in Liebe mit den Menschen umgehen, vor allem deshalb, weil sie für Gott wertvoll und wichtig sind, aber auch, weil andere, die erst am Anfang ihres prophetischen Dienstes stehen, sonst nicht wagen werden, im Glauben voranzugehen.

Im Lauf der Jahre habe ich eine Vorgehensweise entwickelt, nach der bei jemandem, der immer wieder im Fleisch prophezeit, ein bestimmter Ablauf von korrigierenden Schritten angewandt wird. Wenn jemand ein prophetisches Wort ausspricht, das wir als „selbst gemacht“ erkennen, so werden wir dies beim ersten oder zweiten Mal durchgehen lassen, außer das Wort ist seinem Wesen nach ganz eindeutig unbiblisch oder zerstörerisch. Man muss Menschen die Freiheit geben, Fehler zu machen, ohne dass sie eine vorschnelle Korrektur fürchten müssen.

Wenn das Problem wieder auftritt, werden wir in aller Freundlichkeit mit dem Betreffenden reden und ihm nahelegen, mit öffentlichen Prophezeiungen zurückhaltender zu sein. Falls es doch wieder auftritt, werden wir den Betreffenden in einem nichtöffentlichen Rahmen auffordern, damit aufzuhören, und ihn warnen, dass wir beim nächsten Mal in aller Öffentlichkeit einschreiten müssten. Tut der Betreffende es wieder, so werden wir die Sache in aller Öffentlichkeit ansprechen. In den fünfundzwanzig Jahren, in denen ich der Pastor prophetisch tätiger Menschen bin, musste ich erst ungefähr fünfmal jemandem öffentlich das Wort verbieten. Die meisten „kapieren“ es irgendwann während dieser Folge von Privatgesprächen.

Wenn man jemanden öffentlich korrigiert, ist es wichtig, gleichzeitig der versammelten Gemeinde den gesamten Prozess zu erläutern. Wir teilen den übrigen Gemeindegliedern mit, dass der Betreffende mehrfach in privaten Gesprächen unterwiesen und ermahnt wurde. Dies hilft den anderen zu erkennen, dass diese Korrektur nicht plötzlich oder rücksichtslos geschieht. Die übrigen Gemeindeglieder müssen die Gewissheit haben, dass ihnen keine plötzliche öffentliche Korrektur widerfahren wird, ohne dass man sie zuvor warnt. Die meisten Menschen im Volk Gottes wollen anderen wirklich in göttlicher Ordnung zum Segen dienen. Wenn wir den gesamten Prozess offenlegen, schaffen wir eine Atmosphäre der Sicherheit, die den Menschen hilft, furchtlos im Glauben Schritte zu wagen, und wir bestätigen gleichzeitig, dass die Gemeindeleitung in Situationen direkt handelt und eingreift, die nicht der Ordnung Gottes entsprechen (1. Korinther 14,40).

Wenn die Ausgiessung des Heiligen Geistes zum Stein des Anstosses wird

Menschen nehmen auf unterschiedliche Weise am Herrn Anstoß, einige an der Kreuzesbotschaft als solcher, andere an der Art von Leuten, die Gott in seinem Dienst gebraucht. Wieder andere nehmen Anstoß an der Art und Weise, wie der Heilige Geist wirkt. Ich war auf die ungewöhnlichen Manifestationen des Heiligen Geistes nicht vorbereitet, noch weniger aber auf die ungewöhnlichen Menschen, die Gott zu unserem Team hinzufügte.

Wenn die Kraft des Heiligen Geistes freigesetzt wird, so geschieht dies manchmal auf unerwartete Weise und wird darum oft lächerlich gemacht und abgelehnt. In der sogenannten „Ersten Großen Erweckung" in Amerika geschahen wie am Pfingsttag viele merkwürdige Dinge.

Im Oktober 1741 schrieb Pastor Samuel Johnson, der Dekan der Universität Yale, einen beunruhigten Brief an einen Freund in England. Johnson erschien die Erweckung verdächtig, die zu dieser Zeit, angeführt durch den Wanderprediger George Whitefield, Neuengland überflutete:

> Doch diese neue Schwärmerei, die aus den Predigten Whitefields überall im Land entspringt, hat an der Universität [Yale] großen Anklang gefunden. ... Viele Gelehrte sind davon besessen, und zwei der diesjährigen Kandidaten wurde der Abschluss verwehrt, weil sie auf unordentliche und ruhelose Weise versucht haben, diese neue Schwärmerei zu verbreiten. ... Unter uns herrscht nun ein äußerst merkwürdiges und verantwortungsloses Schwärmertum, wie es vielleicht zu keiner Zeit und in keinem anderen Land verbreitet war. Nicht genug, dass der Geist vieler Menschen plötzlich von ungeheurem Leiden geplagt wird, sobald sie die entsetzlichen Ausrufe unserer Wanderprediger hören, selbst ihre Körper werden häufig von einem Augenblick auf den anderen von

> den merkwürdigsten Zuckungen und ungewollten Bewegungen und Krämpfen geschüttelt, die manchmal auch jenen widerfahren, die nur gekommen waren, um zuzuschauen.[1]

Jonathan Edwards' Gattin Sarah war zutiefst von der Kraft und Gegenwart des Heiligen Geistes berührt. Sie beschreibt mit ihren eigenen Worten, dass sie über einen Zeitraum von mehr als siebzehn Tagen hinweg so sehr von der Gegenwart Gottes überwältigt wurde, dass all ihre Kraft von ihr wich und sie [immer wieder] kollabierte. Zu anderen Zeiten konnte sie nicht anders, als vor Freude zu hüpfen und laut zu jubeln.[2]

Jonathan Edwards verteidigte das Wirken des Heiligen Geistes, doch die extreme Art, wie die Menschen davon berührt wurden, war für die konservativen, christlichen Leiter der Kirche Neuenglands zu viel. Ihre Vorstellung von Anstand war verletzt, und sie verurteilten die Bewegung völlig, vor allem aufgrund der ausgesprochenen Schwärmerei und der ungewöhnlichen Manifestationen der Kraft des Heiligen Geistes.

Dr. Sam Storms besaß einen Magisterabschluss in Theologie des evangelikalen *Dallas Theological Seminary* und einen Doktortitel in Geistesgeschichte von der *University of Texas* in Dallas. Sam stand den spontanen Ausbrüchen von Leuten, die angeblich unter dem Einfluss des Heiligen Geistes standen, ziemlich skeptisch gegenüber.

Auf der Vineyard-Konferenz in Dallas im April 1994 wurde ihm seine Skepsis genommen. Sam befand sich im hinteren Teil des Raumes, als die Kraft des Heiligen Geistes über ihn kam. Zunächst begann er zu beten und zu weinen, während der Herr sich um einige tiefe Nöte seines Herzens kümmerte. Kurze Zeit später taumelte er plötzlich von seinem Stuhl und lachte hysterisch, obwohl er verzweifelt versuchte sich zusammenzureißen.

Auch nach Ende der Konferenz war er von der Gegenwart Gottes wie gelähmt. Schließlich kehrte seine Kraft zurück, und einige von uns halfen Sam aufzustehen und gingen mit ihm zum Wagen. Doch auf dem Parkplatz geschah es erneut. Mehrfach fiel Sam hin und lief dabei Gefahr, seine Kleidung zu ruinieren. Zwanzig Minuten später war es uns gelungen, ihn in den Wagen zu verfrachten und zu einem Restaurant zu fahren. Doch dort erwischte es ihn wieder. Wir dachten alle, nun sei es vorbei, bis wir unser Hotelzimmer erreichten und bemerkten, dass Sam nicht mehr bei uns war. Er hing im Treppenhaus fest, von der Kraft des Heiligen Geistes lahmgelegt. Die Frucht, die sich nach Sams Begegnung mit dem Heiligen Geist zeigte, war ein erneuerter Glaube, eine größere Ehrfurcht vor der Kraft Gottes sowie das, was der Apostel Petrus als eine „unsagbare, von himmlischer Herrlichkeit verklärte Freude" beschrieben hat (1. Petrus 1,8).

Selig ist, wer keinen Anstoss daran nimmt

Sowohl die Pharisäer als auch die Jünger haben Jesus missverstanden und folglich nahmen beide Gruppen an ihm Anstoß. In der Regel halten wir die Pharisäer für die „Bösen". Tatsächlich jedoch waren sie konservative Intellektuelle, die den Glauben zu verteidigen suchten und unter anderem die Orthodoxie gegen die verderblichen Einflüsse der griechischen Kultur schützen wollten. Doch der Stein, über den sie stolperten, war ihr Stolz, der sich besonders in ihrer Überzeugung äußerte, dass sie als Einzige die Schrift genau richtig auslegten, nämlich durch die Tradition der Ältesten. Zu dem Problem ihres Stolzes kam noch hinzu, dass es ihnen reichte, als orthodox angesehen zu sein; nach Gott selbst verlangte es sie nicht.

In allen synoptischen Evangelien (Matthäus, Markus und Lukas) können wir als fortlaufendes Thema erkennen, dass die Jünger in keiner Weise in der Lage waren, seine Taten zu verstehen. Auch viele der Nachfolger Jesu nahmen Anstoß. Sie wandten sich von ihm ab und folgten ihm nicht mehr (Johannes 6,60–66).

Das im Neuen Testament am häufigsten gebrauchte Wort für „Anstoß nehmen" kann auch mit „stolpern" übersetzt werden. Das griechische Wort lautet *skandalizein*; von ihm ist auch das deutsche Wort „Skandal" abgeleitet. Manchmal stolpern sogar seine eigenen Leute über Gottes Handeln und nehmen daran Anstoß. Indem Gott den Verstand der Menschen herausfordert, offenbart er, was in ihrem Herzen verborgen ist. Ihr nicht wahrgenommener Mangel an Hunger nach Gott und ihr Mangel an Demut kommt an die Oberfläche. Jesus wird in der Bibel offenbart als „der Weg, die Wahrheit und das Leben" (Johannes 14,6). Er ist auch „der Stein, an dem man anstößt, der Felsen, an dem man zu Fall kommt" (Jesaja 8,14).

Die biblischen Prinzipien für das Wirken im prophetischen Dienst sind sehr klar, aber ihre Anwendung in jedem unterschiedlichen, zeitabhängigen Kontext ist keine exakte Wissenschaft. Unsere unangebrachte Forderung nach Kontrolle und unsere eigenen, religiösen Festlegungen werden oft herausgefordert, wenn wir den prophetischen Dienst willkommen heißen. Das gehört zu Gottes Plan, denn wahres Christsein ist eine dynamische Beziehung zum lebendigen Gott und kann nicht auf Patentrezepte oder eine trockene Orthodoxie reduziert werden. Wir sind aufgerufen, das Geheimnis Gottes anzunehmen und damit manche Lehr- und Philosophiefrage offen zu lassen. In Demut vor Gott sollten wir anerkennen, dass wir nicht alle Antworten haben, zumindest nicht in dieser Welt (1. Korinther 3,18).

Selbstzufriedener, religiöser Stolz

Die Pharisäer machten den Fehler, dass sie ihr Wissen über die Schrift und ihre Zugehörigkeit zur religiösen Gemeinschaft mit der Erkenntnis Gottes gleichsetzten, welche sich nur erreichen lässt, wenn man ihm immer wieder begegnet. Jesus hat dieses Urproblem der Selbstzufriedenheit und des religiösen Stolzes sehr direkt angesprochen:

> Ihr erforscht die Schriften, weil ihr meint, in ihnen das ewige Leben zu haben; gerade sie legen Zeugnis über mich ab. Und doch wollt ihr nicht zu mir kommen, um das Leben zu haben. Meine Ehre empfange ich nicht von Menschen. Ich habe erkannt, dass ihr die Liebe zu Gott nicht in euch habt. ... Wie könnt ihr zum Glauben kommen, wenn ihr eure Ehre voneinander empfangt, nicht aber die Ehre sucht, die von dem einen Gott kommt? (Johannes 5,39–44).

Als der Herr anfing, von einem unserer angestellten Pastoren die Bereitschaft zu fordern, sich auf seine prophetische Berufung einzulassen, gab er ihm einen lebhaften, geistlichen Traum, der diese Frage in seinem Herzen ansprach. Der Herr erschien ihm und sagte: „Du hast so lange gewartet, mir zu gehorchen, bis du einen umfassenden Plan erkennen konntest. Ich möchte, dass du mir gehorchst, auch wenn kein umfassender Plan erkennbar ist." Während er vor Jesus niederkniete, kam aus seinem Bauch ein Stapel von Overheadfolien hervor und landete in seiner Hand. Er erkannte, dass diese Folien seine eigenen Pläne darstellten, die der Herr mühelos durchschaute. Er empfand Reue und tiefe Betrübnis, fing an zu weinen und Jesus um Vergebung zu bitten. Er sagte: „Herr, ich möchte dir gegenüber nicht ungehorsam sein." Dann schaute er zum Herrn auf und sah, dass Jesus ihn anlächelte.

Damit er sich seiner Lebensberufung stellen konnte, musste er sich eine ziemlich harte Behandlung durch Gott gefallen lassen, was seine intellektuelle Art und sein Vertrauen auf das eigene Können in seinem Dienst anging. Er demütigte sich vor Gott und dem Leib Christi durch diesen Prozess; dazu gehörte auch, seine Fehler sowohl privat als auch öffentlich zuzugeben. Die Steine des Anstoßes in uns können für uns wahrhaftig zu Meilensteinen werden, die uns den Absichten, die Gott mit unserem Leben hat, näherbringen – wenn uns nach Gott hungert und wir unser Herz demütigen. Nach all diesem muss ich aber auch sagen, dass manche prophetischen Leute vom Kurs abkommen, weil sie sich mehr auf die ungewöhnlichen Methoden bei der Übermittlung ihrer Botschaft fokussierena als auf Gottes Absicht in der Botschaft selbst. Die Botschaft ist immer wichtiger als die Methode.

Kapitel 12

Pastoren und Propheten – wie man im Reich Gottes miteinander auskommt

Der prophetische Dienst in der Ortsgemeinde funktioniert nur dann in „geordneter Freiheit“, wenn der Pastor, Propheten und die Gemeinde im Ganzen ein gemeinsames Verständnis davon haben, wie die Dinge aus einer biblischen Perspektive laufen sollten. Für Einheit inmitten der Turbulenzen des prophetischen Dienstes ist es wichtig, dass alle verstehen, wie der prophetische Dienst „funktionieren“ soll. Das bedeutet, dass nicht nur Pastor und Propheten mit dem prophetischen Dienst umzugehen verstehen, sondern auch der Großteil der Gemeinde. Ein Grund, warum ich dieses Buch geschrieben habe, ist die Notwendigkeit, unserer ganzen Gemeinde in Kansas City eine einheitliche, systematische Lehre über das Prophetische in die Hand zu geben. Warum? Damit wir innerhalb eines gemeinsamen Verständnisrahmens miteinander vorangehen können.

Mit jeder neuen Ausgießung des Heiligen Geistes treten ungewöhnliche und unerwartete Manifestationen auf. Manche, für die gebetet wird, fallen zu Boden und ihr Körper krümmt sich wie unter einem Stromschlag, oder sie sehen himmlische Visionen oder hören prophetische Worte von Gott, wenn der Heilige Geist auf sie kommt, um sie zu heilen oder geistlich zu erfrischen. Dieses momentane Wirken des Heiligen Geistes wird immer stärker werden, bis Jesus selbst am Himmel erscheint, um das kommende Zeitalter einzuleiten. Die Kirche braucht unbedingt weise und reife Hirten und Lehrer, die prophetisch begabte Menschen inmitten des zunehmenden übernatürlichen Wirkens des Heiligen Geistes leiten, fördern und korrigierend begleiten können.

Ein von Gott eingesetzter Pastor ist in der Lage, der Gemeinde, in die Gott ihn gestellt hat, Mitarbeiter zu bringen. Er hat eine strategische Stellung, um der Gemeinde zu helfen, im prophetischen Bereich zu wachsen, wenn er seine Leitungsgabe weise einsetzt. Es ist Gottes Wunsch, dass Pastor und Propheten als ein Dienstteam mit unterschiedlichen Begabungen zusammenarbeiten. Häufiger jedoch erleben wir unsichere Pastoren, die versuchen, aufdringliche „Propheten“ zu leiten, die sich zurückgewiesen fühlen, und zwar in einem Dienst, dem es an einer Gabenvielfalt mangelt. Darin liegen echte Herausforderungen, aber mit Geduld, Demut und sorgfältiger Beachtung der Lehren der Heiligen Schrift zum Anleiten prophetischer Menschen in ihrer Beziehung zur größeren Gemeindefamilie können sie überwunden werden.

Eine nicht-prophetische Leitung

Ich habe mich mit vielen guten Pastoren unterhalten, die frustriert waren, weil sie nicht mit der gleichen Freiheit die Gaben des Heiligen Geistes ausüben konnten wie einige ihrer Gemeindeglieder. Manchmal weisen sie darauf hin, dass einige dieser prophetisch geprägten Leute aus den Gemeinden in anderen Bereichen geistlich unreif sind und so unnötige Spaltung und Störung in der Gemeinde bewirken. Manchmal fühlt sich ein Pastor unsicher und glaubt, dass sie *anscheinend* mehr „mit dem Heiligen Geist in Kontakt stehen“ als er selber. Folglich schreckt er davor zurück, solche prophetisch begabten Menschen zu korrigieren.

Ich selbst achte darauf, den Anschein einer prophetischen Begabung eher zu vermeiden; wenn ich etwas Prophetisches zu sagen habe, verpacke ich es normalerweise in meine Lehre und erwähne gar nicht, dass es sich um ein prophetisches Wort handelt.

Wenn andere Pastoren erkennen, dass ich ein Hirte und Lehrer mit eingeschränkten prophetischen Begabungen bin, reagieren sie häufig ungefähr so: „Ich wusste gar nicht, dass man als Pastor einer Gemeinde, in der solche Dinge geschehen, überleben kann, ohne selbst prophetisch begabt zu sein.“ Um den prophetischen Dienst der eigenen Gemeinde zu fördern und pastoral zu begleiten, muss man nicht Prophet sein. Nötig ist ein Leiter, der die Vision eines Gemeindeteams mit vielen verschiedenen Gaben besitzt.

Pastoren als Propheten – der Fuchs im Hühnerstall

Ich möchte von einem Pastor erzählen, der in seiner Leitung die Gabe der Prophetie übermäßig gebrauchte und missbrauchte. Er sah seinen prophetischen Dienst als eine Ausweitung seines Dienstes als Hirte der Gemeinde an. Das ist ein gutes Konzept, wenn es richtig gehandhabt wird. Der Fuchs war im Hühnerstall in dem Sinn, dass er bei dem, was er als Prophetien ausgab, nur wenig Zurückhaltung übte. Mit der Zeit überschattete seine Rolle als Prophet immer mehr seine Rolle als Hirte der Gemeinde. Er rief bei fast jedem Gottesdienst Leute aus der Gemeinde heraus und sprach ihnen prophetische Worte zu, was dazu führte, dass immer weniger Betonung auf der Bibellehre lag. Bald leitete er fast alle seine Ratschläge und auch seine Entscheidungen in der Ältestenschaft mit „So spricht der Herr!" ein. Manche Menschen waren zu eingeschüchtert, um diesem Rat zu widerstehen, schließlich kam er doch direkt vom Herrn! Dieser Leitungsstil bringt mit Sicherheit Schwierigkeiten und Verwirrung in die Gemeinde, wird doch von ihr verlangt, die meisten Äußerungen ihres Pastors als von Gott kommend anzunehmen. Mit der Zeit kam es bei ihm selbst, in der Ältestenschaft und überall in der Gemeinde zum Zusammenbruch. Die Gemeinde war ein einziges Wrack. Nach ein paar Jahren schloss diese Gemeinde schließlich ihre Pforten.

Ein Pastor mit einer starken Begabung im prophetischen oder übernatürlichen Bereich muss die Dynamik seiner eigenen Rolle verstehen. Diese Begabungen können negative Auswirkungen auf seine Fähigkeit haben, die Gemeinde mit Erfolg als Hirte zu begleiten, falls er mit diesen Gaben nicht sehr weise und zurückhaltend umgeht.

Ich bin einigen Pastoren begegnet, die ihre Gaben zu mystifizieren suchen, um das Bild aufrechtzuerhalten, sie lebten auf einer geistlich höheren Ebene. Sie wollen das Vertrauen der Leute in ihre geistliche und pastorale Leiterschaft stärken. Doch das schlägt normalerweise fehl.

Manche Pastoren erliegen der Versuchung, mit ihren prophetischen Begabungen anzugeben, und lenken ungebührliche Aufmerksamkeit darauf. Im Endeffekt hindert das die Gemeinde, von dem Prophetischen zu empfangen, und manch einer verliert sein Vertrauen auf die Weisheit und Leitungsqualitäten des Pastors. Mit anderen Worten, man darf nicht leiten, indem man den Anspruch erhebt, die meisten seiner Entscheidungen wären direkt von den eigenen prophetischen Worten geleitet. Selbst wenn ich bei einer Entscheidung vom Herrn höre, spreche ich normalerweise nur über die Entscheidung selbst; ich weiß ja: Wenn Gott wirklich darin ist, werden die anderen Mitarbeiter es auch erkennen und zur Einheit finden, ohne dass ich sie unter Druck setze, sie müssten davon ausgehen, dass die meisten meiner Leitungsanweisungen direkt von Gott kommen.

Wenn Pastoren ihre Gemeinde primär dadurch leiten wollen, dass sie prophetisch reden, begehen sie, was ihren Leitungsstil betrifft, einen ernsten Fehler, der schließlich zu einer Lähmung des Leitungsteams und der gesamten Gemeinde führt. Als ich leitender Pastor war und jetzt bei IHOP achte ich sorgfältig darauf, nicht meinen Worten mehr Gewicht beizumessen, indem ich regelmäßig „So spricht der Herr“ hinzufüge. So rede ich nur sehr selten.

Wenn ein Pastor zu viel Aufmerksamkeit auf seine prophetischen Gaben lenkt, kann es auch so enden, dass Menschen sich in falscher Weise an ihn als prophetischen Leiter binden, statt sich an den Herrn Jesus zu binden und direkter mit Jesus in Kontakt zu kommen. Dies zeigt sich, wenn allzu viele Leute die Nähe des Pastors suchen oder von ihm ein Wort der Erkenntnis empfangen wollen. Der unsichere Pastor genießt diese Aufmerksamkeit ein paar Jahre, doch schließlich ist er ausgebrannt und seinen Leuten fehlt es an geistlicher Tiefe.

Der Lohn ist der Gleiche

Wir alle müssen lernen, uns der Berufung gewiss zu sein, die Gott uns gegeben hat, und den Wert und die Bedeutung jedes einzelnen Menschen zu erkennen. Paulus hat in seinem Brief an die Epheser die verschiedenen Gaben und Berufungen innerhalb der Gemeinde erklärt:

> Durch ihn wird der ganze Leib zusammengefügt und gefestigt in jedem einzelnen Gelenk. Jedes trägt mit der Kraft, die ihm zugemessen ist. So wächst der Leib und wird in Liebe aufgebaut. (Epheser 4,16).

Der Satan versteht es meisterlich, Unfrieden in die Herzen der Menschen zu säen, sodass sie nicht mit dem zufrieden sind, wer sie sind und wozu Gott sie berufen hat. Dieses Problem zeigt sich überall im Leib Christi weltweit. Oft sieht das Gras auf der anderen Seite des Zauns grüner aus. Ich habe schon viele prophetisch begabte Menschen getroffen, die sehr gerne Lehrer gewesen wären. Sie kennen all den Schmerz, der mit ihrer prophetischen Begabung verbunden ist, nur allzu gut, und sie stellen sich vor, dass Lehrer nur Erfolg, Achtung und Dankbarkeit erleben. Andere verachten ihre gottgegebene Aufgabe des Dienens hinter den Kulissen, weil sie so unbedingt als prophetischer Mensch ernst genommen werden werden wollen. Das Problem verursachen wir zum Teil selbst, wenn wir den unterschiedlichen Diensten und Begabungen unterschiedlichen Status beimessen. Zum Beispiel sagen manche, Propheten seien ultra-geistlich; Apostel super-ultra-geistlich; Pastoren und Lehrer ein bisschen weniger, und so weiter bis hinunter zu Diakonen, Platzanweisern und dem, der die Rundbriefe druckt. Der mit den unterschiedlichen Aufgaben im Leib Christi verbundene Status bewirkt manchmal ein ziemlich exzentrisches und unausgewogenes Verhalten, und am Ende wirkt er sich darauf aus, wie die meisten Glieder am Leib Christi ihren Anteil zum benötigten Ganzen beitragen. Wir haben in den vergangenen Jahren immer wieder betont: „Ob du Tote auferweckst oder ein Schläfchen hältst – wenn du damit Gottes Willen tust, wird es vor dem Richterstuhl Christi gleich belohnt werden."

Wie alle anderen müssen sich auch Pastoren ihrer eingeschränkten Berufung und geistlichen Begabung gewiss sein. Wenn sie in den Begrenzungen ihrer Sphäre *im Frieden* sind, dann sind sie viel besser bereit, anderen Leuten mit anderen Gaben Wertschätzung, Hilfe und Unterstützung zu geben. Pastoren haben eine andere Aufgabe; sie müssen ein Team von Menschen leiten, die ganz anders als sie selbst begabt sind. Sie dürfen nicht der Versuchung erliegen, sich von prophetisch Begabten einschüchtern zu lassen, die häufiger und viel dramatischer Offenbarungen empfangen als sie selbst. Mir fiel das zunächst sehr schwer.

Ich war noch nicht dreißig Jahre alt und war der Pastor von Leuten wie Bob Jones, die tiefschürfende und zutreffende prophetische Worte empfingen. Das schüchterte mich sehr ein. Als der prophetische Dienst in unserer Gemeinde etwa zwei Jahre bestanden hatte, erreichte mein Widerwille, Konfrontationen mit prophetisch begabten Menschen einzugehen, einen Höhepunkt.

Das „Duell der Propheten“

Es war im zweiten Jahr meiner Tätigkeit als Pastor unserer neuen Gemeindegründung in Kansas City. Regelmäßig wetteiferten sonntagmorgens im Gottesdienst fünf oder sechs prophetisch begabte Leute, wer das Mikrofon in die Hand bekäme. Langsam verlor ich die Geduld, denn mir wurde immer klarer, dass bei all dem, was sich in den letzten Monaten zugetragen hatte, eine Menge übersteigerte Emotionen im Spiel waren. Einige aus der Gemeinde wollten die Manipulation dieser prophetisch begabten Menschen nicht länger hinnehmen und begannen, ihrem Unbehagen mir gegenüber Ausdruck zu verleihen. Von vielen unter ihnen fühlte ich mich gedrängt, weniger „prophetische“ Worte in den Sonntagsgottesdiensten zuzulassen.

Eines Sonntagmorgens im Dezember 1984 fingen zwei der wichtigsten Leute mit prophetischer Begabung an, sich vor der ganzen Gemeinde ein „Prophetenduell“ zu liefern. Der eine stand auf und äußerte ungefähr Folgendes: „So spricht der Herr: ‚Etwas Großes wird geschehen!‘“ Dann stand der zweite auf und sagte: „So spricht der Herr: ‚Etwas noch Besseres wird geschehen.‘“ Darauf setzte der erste noch eins obendrauf. Um nicht aus dem Rennen geworfen zu werden, antwortete der andere, indem er uns noch Tolleres voraussagte. Das Ganze ging über etwa drei Runden.

Ich saß in der ersten Reihe und wurde wirklich wütend. Mir war klar, was hier vor sich ging. Diese beiden Kerle gaben einer unter prophetisch begabten Menschen häufigen Versuchung nach und fochten einen Wettstreit miteinander aus, um den Top-Propheten der Gemeinde zu ermitteln. Es war skandalös, peinlich und lächerlich, und jeder konnte das erkennen, mit Ausnahme dieser beiden Männer. In unserem Leitungsteam wurde es später nur noch „das Duell der Propheten“ genannt.

Nach dem Gottesdienst kam ein Dutzend Leute zu mir und fragte mich, wie lange ich mir so etwas noch untätig ansehen würde. In der Regel versuchte ich in solchen Situationen, die prophetisch begabten Menschen in Schutz zu nehmen und die Leute zu ermutigen, Geduld mit ihnen zu haben und daran zu denken, welche großartigen Dinge durch diese Menschen bereits geschehen waren.

Doch dieses Mal waren die beiden zu weit gegangen. Der Kaiser – besser gesagt: die Propheten – trug keine Kleider. Und die Einzigen, die das nicht erkannten, waren diese beiden prophetisch begabten Männer selbst.

Ich musste sie konfrontieren. Das war damals eine neue Erfahrung für mich. Beide verteidigten sich und drohten, der Segen des Heiligen Geistes werde die Gemeinde verlassen, wenn ich ihre Art zu dienen und das, was sie zu sagen hatten, nicht akzeptierte.

Ich war wirklich überrascht, dass sie zu solcher Manipulation griffen, wo sie doch als „echt" galten, das heißt, dass sie prophetische Worte empfangen hatten, die sich bereits genau so erfüllt hatten, wie sie es vorhergesagt hatten. Doch als sie diese Warnung aussprachen – man müsse sie gewähren lassen, oder der Heilige Geist werde uns verlassen –, klickte etwas in mir. Meine Augen wurden geöffnet, und ich erkannte in diesem Augenblick, wie sehr das Verhalten dieser Männer von blanker Sündhaftigkeit geprägt war. Ich war überrascht, dass Leute, denen so tiefe prophetische Offenbarungen gegeben worden waren, auch so fleischlich und manipulativ sein konnten, trotz ihrer Begabung. Diese Erkenntnis war mir neu. Was sie in jenem Sonntagmorgengottesdienst getan hatten, hatte mich so provoziert und gekränkt, dass ich mich wehrte und beide aufforderte, entweder mit dieser fleischlichen Art aufzuhören oder zu gehen.

Beide am Duell beteiligten Männer sagten mir, sie seien mit dieser Gemeinde fertig, und versicherten mir, Gott nehme all die gewaltigen prophetischen Worte, die über der Gemeinde und über mir ausgesprochen worden waren, zurück. Sie nahmen an, mit ihnen werde auch Gott die Gemeinde verlassen.

Eine Zeit lang fürchtete ich, der Segen Gottes werde uns verlassen, wenn wir die Gefühle dieser Männer verletzen und sie sich aus der Gemeinde zurückziehen würden. Jetzt kann ich versichern: Gott verlässt Sie nicht und nimmt nicht den verheißenen Segen von Ihrem Leben und Dienst, nur weil sich jemand, den er im prophetischen Dienst gebraucht, in seinem Stolz verletzt fühlt. So ein Mensch kann vom Heiligen Geist auf effektive Weise benutzt werden, doch er ist niemals der Vermittler zwischen uns und Gott. Das ist allein Jesus. Direkt nach unserem Treffen beschwerten sich diese beiden Männer bei einigen wichtigen Leuten in der Gemeinde über mich. Die jedoch riefen mich an, gratulierten mir und sagten: „Danke, danke!" Sie liebten sie, aber es war ihnen klar, dass nicht nur die Gemeinde, sondern auch der eigene Dienst der Propheten Schaden nehmen würde, wenn die Gemeindeleitung nicht aufstünde und für Ordnung sorgte.

Letzten Endes war viel von dem, was beim „Duell der Propheten" geschehen war, mein Fehler, weil ich meine Leitungsgabe und -verantwortung nicht früher ausgeübt hatte. Ich hatte zugelassen, dass diese beiden Männer uns alle in diese schwierige und peinliche Situation hineinmanövrierten. Ich erkannte, dass das Leitungsteam unsere Gemeinde viel begabter leiten konnte als die prophetischen Männer.

Innerhalb von zwei Wochen kamen die beiden am Duell beteiligten Männer zurück und taten Buße für ihr Manipulieren. Dies gab mir neues Vertrauen, ihnen meine Leitung nicht vorzuenthalten. Ich beschloss, mein Unbehagen nicht länger zu unterdrücken, wenn sie etwas machten, was nicht hilfreich war für die Gemeinde. Erst hatten mich prophetische Menschen, die genaue Vorhersagen machen konnten, eingeschüchtert. Sie hörten auf solch einer Ebene von Gott – wer war ich denn, dachte ich, dass ich ihnen bei anderer Gelegenheit sagen sollte, ihre „prophetischen Worte" gingen an Gott vorbei! Ich dachte, wenn sie Gott doch deutlich genug hörten, um das prophetische Wort zu bekommen, dann könnten sie doch sicherlich auch Gott klar genug hören, um zu wissen, wann sie es aussprechen sollten und wann nicht. Ich musste auf die harte Tour lernen, dass diese Logik Schwachstellen aufweist.

Ein positives Ergebnis hatte das „Duell der Propheten". In mir verfestigte sich etwas, und von dem Tag an scheute ich die Auseinandersetzung mit unserem Prophetenteam nicht mehr. Ich beschloss, auch den prophetischen Dienst in unserer Mitte wirklich zu leiten.

Seit jenem Sonntag habe ich beschlossen, die innere Unruhe nicht zu ignorieren, die mich manchmal bei dem, was prophetisch begabte Menschen tun, befällt. Wenn wir die Verantwortung zur Leitung prophetisch begabter Menschen vernachlässigen, führt dies in der Regel dazu, dass sowohl die Gemeinde als auch diese Männer und Frauen selbst Schaden nehmen. Wenn sie ohne Zurechtweisung weitergemacht hätten, wären sie von den Gemeindegliedern ständig heftig kritisiert worden. Das ist einer der Hauptgründe, weshalb prophetisch begabte Menschen einfach aufhören, ihre Gabe einzusetzen. Der Schmerz der Zurückweisung fordert irgendwann seinen Tribut. Ohne Zweifel hätte manch einer von ihnen es nur als Verfolgung gesehen, statt die eigene, korrekturbedürftige Vorgehensweise zu ändern. Doch das Resultat wäre schließlich dasselbe gewesen, sie hätten aufgehört zu prophezeien. Wenn Pastoren den prophetischen Dienst in ihrer Mitte nicht lenken und regeln, verachtet die

Gemeinde ihn früher oder später, und die prophetisch Begabten hören aufgrund der Ablehnung durch die Gemeinde auf zu prophezeien.

Eine der größten Herausforderungen in meinem Dienst in den letzten fünfundzwanzig Jahren war die Notwendigkeit, die negative Seite des prophetischen Dienstes zu regulieren, dass es stets erforderlich war, das, was einzelne Propheten öffentlich sagen wollten, zu begrenzen oder zu verändern, und sie ab und zu sogar deutlich zurechtzuweisen, ohne einen Rückzieher zu machen.

Um die Wahrheit zu sagen, war nicht alles nach diesem einen schwierigen Sonntagmorgen auf ewig gut. Wie gesagt, ich hatte sie gewarnt, wenn sie das wieder machen würden, müsste ich sie öffentlich zurechtweisen. Bald nach diesem Sonntag geschah es tatsächlich wieder, und ich musste einen von ihnen öffentlich zurechtweisen. Das verursachte einen ziemlichen Aufruhr. Es war eine desillusionierende Zeit für mich. Ich war wirklich versucht, den prophetischen Dienst in den Sonntagsgottesdiensten nicht mehr öffentlich zuzulassen. Heute bin ich froh, dass ich meinem Zorn und meiner Enttäuschung nicht nachgegeben habe, denn ich habe erlebt, wie Gott durch den prophetischen Dienst in dieser Gemeinde herrliche Dinge getan hat.

Die Motive von Propheten, die Ablehnung erfahren haben

Die meisten Menschen mit einem prophetischen Auftrag merken ihre Begabung bereits lange, bevor sie die dazugehörige Weisheit, Demut und Charakterstärke kultivieren, die notwendig sind, um im prophetischen Dienst bestehen zu können. In ihrem Eifer, ihrer prophetischen Begabung und Berufung treu zu sein, wirken manche vielleicht zunächst aufgrund ihres Übereifers arrogant und vorpreschend. Ich glaube, dass ihr scheinbarer Ehrgeiz in Wirklichkeit der Verwundung und der Angst vor Ablehnung in Verbindung mit dem Weitergeben ihrer prophetischen Einsichten entspringt.

Die meisten Männer und Frauen, die schon ein paar Jahre im prophetischen Bereich aktiv sind, haben bereits öfter eins auf die Finger bekommen. Mit manchen wurde barsch umgegangen, ohne Erklärung, was sie verändern sollten. Wir können niemanden wirkungsvoll korrigieren, ohne dass er sich seiner Beziehung zur Gemeindeleitung sicher ist. Die meisten, die zehn Jahre oder länger im prophetischen Dienst stehen, haben schon ziemlich viel Prügel einstecken müssen. Wenn sie dann erst einmal ein Alter von vierzig oder fünfzig Jahren erreicht haben, sind sie oft sehr auf der Hut vor Autoritätspersonen. Das kann ich gut verstehen. Manche Pastoren gehen verständlicherweise nur ungern eine Konfrontation mit Propheten ein. Warum? Weil auch der Pastor unsicher ist – er fragt sich, wie viel prophetische Erfahrung ihm fehlt, und auch, wie sehr die Propheten die Stimmung in der Gemeinde gegen ihn aufrühren werden.

Wenn abgelehnte Propheten in einer uninformierten Gemeinde auf unsichere Pastoren treffen, dann ergibt das viel Negatives. Diese Kombination ist die Ursache dafür, dass Gemeinden entscheiden, den prophetischen Dienst insgesamt zu meiden, weil es einfach leichter und besser ist. Aber wenn wir alle zusammenarbeiten, lässt sich das wirklich ändern! Wenn die Leiterschaft klare Richtlinien für den Prophetie-Bereich aufstellt, *bevor* die prophetisch Begabten öffentlich ihre Fehler machen, lässt sich viel unnötiges Trauma vermeiden. Sinnvoll ist außerdem ein eindeutiger Plan für sanfte und liebevolle Korrektur und Heilung der Propheten. Dann können wir es langfristig wirklich schaffen.

Unsichere Pastoren und Leiter

Zu wissen, wo er im prophetischen Dienst die Grenzen zu ziehen hat, vermindert die Unsicherheit und Angst, die ein Pastor normalerweise empfindet, wenn er zum ersten Mal mit solchen Leuten zu tun hat. Wenn ein Pastor versteht, wie er mit diesen Menschen umgehen kann, hat er auch weniger Angst vor ihnen. Den meisten Pastoren macht es nichts aus, wenn die Dinge etwas durcheinander laufen, solange am Ende des Tages etwas Gewinnbringendes dabei herauskommt. Doch wenn sie auf lange Sicht keinen Nutzen erkennen können, sagen sie: „Schluss damit!" und setzen dem Ganzen ein Ende. Pastoren wollen nicht, dass ihre Gemeindeglieder verletzt, verwirrt und zerstritten sind.

Manchmal wenden sie ihren Blick von Gott ab und beugen sich ihrer Angst, wenn es ungemütlich wird. Sie müssen lernen, furchtlos zu leiten und in einem ausgewogenen Maß Risiken einzugehen, ohne ihre Weisheit als Hirten dafür zu opfern. Die meisten Pastoren in meinem Bekanntenkreis würden ungewöhnliche, unvorhergesehene und sogar merkwürdig wirkende Dinge zulassen, solange sie wissen, dass es sich dabei nicht um aufgebauschte Gefühle oder etwas Unechtes handelt.

Kapitel 13

Die Ursprünge der prophetischen Berufung

In einen prophetischen Dienst berufen zu werden bedeutet nicht unbedingt eine Anerkennung dafür, wie eifrig man sich darum bemüht hat, in diese Begabung hineinzuwachsen. Es ist eine souveräne Berufung Gottes. Ja, wir müssen mit Eifer darauf eingehen, aber die Berufung fängt mit Gott an. Paulus schreibt an die Korinther: „Das alles bewirkt ein und derselbe Geist; einem jeden teilt er seine besondere Gabe zu, *wie er will*" (1. Korinther 12,11).

Wir dienen einem Gott, der Person ist und mit jedem Menschen seine eigenen Ziele verfolgt. Gott ist keine unpersönliche Kraft. Ein tibetischer Mönch mag seine Übungen und Kasteiungen in der Hoffnung durchführen, dass sie ihn zum erleuchteten Meister machen werden. Doch die Gaben und Berufungen Gottes basieren nicht auf unserem Bemühen, Forschen oder Suchen, sondern auf Gottes souveräner Wahl und auf seiner Gnade. Es geht nicht um unser Bemühen, geistliche Fähigkeiten zu erwerben oder zu entwickeln. Es geht allein um Gottes souveräne Berufung und Gottes gnädige Begabung.

Bei Konferenzen fragen uns die Leute manchmal, wie sie in das Prophetische hineinwachsen und regelmäßiger Worte von Gott empfangen können. Wir können ihnen nur zeigen, wie sie besser auf die Eindrücke achten, die der Heilige Geist ihnen gibt, auch, was sie mit den empfangenen Worten machen können, aber wir können die Eindrücke nicht hervorrufen. Das ist das souveräne Wirken des Heiligen Geistes. Wir können nur lehren, wie man mit dem, was der Geist tut, zusammenarbeitet, aber nicht, wie man es herstellt.

Im ersten Kapitel habe ich erzählt, wie mich John Wimber damals 1989 bei der Vineyard-Konferenz in Anaheim aufforderte, dafür zu beten, dass Gott die Gabe der Prophetie unter den Menschen austeilte. Einige Leute wollten, dass ich Gott um eine Berufung zum Prophetenamt für sie bat. Das kann ich natürlich nicht tun. Das ist Gottes freie Wahl.

Wir haben jedoch erlebt, dass Menschen, für die im Rahmen solcher Konferenzen gebetet wurde, in Träumen, Visionen und prophetischen Worten plötzlich mehr vom Heiligen Geist empfangen. Viele von ihnen haben seit diesem Zeitpunkt eine kontinuierliche Zunahme der prophetischen Begabung erlebt. Zu einem gewissen Grad ist diese Art der Berufung übertragbar, aber nur soweit Gott dies aus seinem souveränen Handeln heraus so bestimmt. Darauf bezog sich Paulus, als er Timotheus drängte, die geistlichen Gaben, die ihm durch Handauflegung verliehen worden waren, nicht zu vernachlässigen (siehe 1. Timotheus 4,14; 2. Timotheus 1,6).

Zwischen Gottes souveränem Handeln, menschlicher Vermittlung und der eigenen Verantwortung, das Herz vor Gott zu öffnen, seinen Willen zu suchen und um das, was wir wünschen, zu bitten, besteht ein geheimnisvolles Zusammenspiel. Wir lassen die Erfahrung jedes Einzelnen sich entwickeln, ohne die Dynamiken völlig erklären zu wollen. Manchmal ist eine Gottesbegegnung ohne menschliches Einwirken zum Zeitpunkt der Erlösung oder auch zu einem späteren Zeitpunkt der Katalysator, der die Gabe Gottes in einem Menschen freisetzt oder aktiviert. Manchmal geschieht dies plötzlich in der Kindheit, manchmal geschieht es, nachdem der Betreffende schon jahrelang Christ gewesen ist. Bei manchen ist es ein langsamer Prozess, bei dem die prophetische Salbung immer mehr zunimmt. Andere empfangen die Gabe direkt durch Handauflegung (1 Timotheus 4,14; 2. Timotheus 1,6). Das eifrige Bemühen darum, in der Begabung, im eigenen Charakter und in der Reife zuzunehmen, hat seine Berechtigung. Doch unser Eifer entscheidet nicht über unsere Berufung, sondern führt nur dazu, dass wir in der Berufung, die wir empfangen haben, heranwachsen.

Unterschiedliche Arten, wie Gott Menschen zum prophetischen Dienst beruft

In der Jugend berufen

Bob Jones, den ich in diesem Buch bereits mehrfach erwähnt habe, ist ein Mann mit einem sehr ausgereiften prophetischen Dienst. Bob besaß so gut wie gar keine religiöse Erziehung und wurde erst Christ, als er schon auf die vierzig zuging. Dennoch erlebte Bob als Junge mehrere Engelserscheinungen und übernatürliche Erfahrungen, die anzeigten, dass er später als Erwachsener in einen prophetischen Dienst berufen werden würde. Als Bob dreizehn Jahre alt war, vernahm er eine hörbare Stimme vom Himmel, die seinen Namen rief. Mit fünfzehn Jahren sah er sich selbst in einer Vision, in der man ihn vor den Thron Gottes stellte. Diese Erlebnisse erschreckten Bob bis ins Mark. Es dauerte mehrere Monate, bis er diese Vision überwunden hatte. Erst nach seiner Bekehrung begriff er, dass diese Dinge nicht Gottes Gericht darstellten, sondern Gottes Berufung für sein Leben. Unmittelbar nach seiner Bekehrung zeigten sich die prophetischen Gaben in seinem Leben sehr mächtig, was Bob erstaunte. Bob ist ein Beispiel dafür, wie die Gnadengaben und die Berufungen Gottes nicht aufgrund von menschlichem Streben geschenkt werden, sondern aufgrund der Gnade Gottes.

Plötzliche Berufung als Erwachsener

Marty Streiker war sein ganzes Erwachsenenleben lang Lehrer. Mit über fünfzig hörte er das Evangelium und ließ sich begeistert darauf ein. Direkt nach seiner Wiedergeburt begann er prophetische Träume und Visionen zu empfangen. Aber er wusste noch nichts von den Gaben des Heiligen Geistes und hatte daher keinen Bezugsrahmen für seine Erfahrungen. Die prophetischen Gaben, die mit seiner Bekehrung einsetzten, verstärkten sich innerhalb der folgenden Jahre.

Die Gabe wird wachgerufen

Michael Sullivant ist ein Hirte und Lehrer, der schon seit vielen Jahren an den prophetischen Dienst glaubt. Doch seine Aufgaben in der Gemeinde lagen größtenteils in den Bereichen von Leitung und Lehre. Aber mehrere prophetisch begabte Leute sagten Michael, sie hätten den

Eindruck, er werde eines Tages in einen prophetischen Dienst berufen. Dies schien sehr unwahrscheinlich, da bei ihm nichts wirklich darauf hindeutete, dass er irgendeine prophetische Begabung oder Berufung besaß. Nachdem aber ein prophetisches Wort über ihm gesagt worden war, hatte er dreißig Nächte hintereinander prophetische Träume. Seit dieser Zeit ist Michael sehr in den prophetischen Dienst hineingewachsen.

John Wimber unterrichtete am *Fuller Theological Seminary* und begann, über Heilung zu lehren. Kurze Zeit später setzten die ersten Heilungen ein. Nicht lange danach kam es auch zu gewaltigen Worten der Erkenntnis, welche zur prophetischen Berufung gehören. John Wimber erlebte keine dramatische Engelsbegegnung und auch keine Stimme vom Himmel. Er begann nur einfach regelmäßig im Glauben voranzugehen und die Worte der Erkenntnis auszusprechen, die Gott ihm gab. Dabei begannen die Gaben des Heiligen Geistes durch ihn zu wirken.

Phil Elston erinnerte sich, als Kind Dinge „gesehen" zu haben, ohne sie für ungewöhnlich zu halten. Er begegnete Gott mehrmals auf übernatürliche Weise. Eine solche Begegnung führte zu seiner Bekehrung zu Jesus Christus. Phil verstand nichts von der prophetischen Begabung, die sich nach seiner Bekehrung 1976 ziemlich stark in ihm manifestierte. Er hatte viele geistliche Träume und Visionen und hörte Gottes Stimme. Am häufigsten wirkt diese Gabe jetzt auf die Weise in ihm, dass er Eindrücke vom Heiligen Geist empfängt, die ihn Dinge wissen lassen, die er auf natürliche Weise nicht wissen kann. Heute ist Phil international unterwegs und lehrt und dient prophetisch.

Dies sind nur wenige der Zeugnisse, die in diesem Buch erzählt werden könnten. Der Punkt bei all dem ist, dass die Berufung Gottes für das Leben eines Menschen Teil seines göttlichen Plans ist, der bereits festgelegt wurde, bevor der Mensch irgendetwas getan hat, um die Gabe zu kultivieren. Gott hat bestimmte Gaben und Berufungen für Ihr Leben vorgesehen. Biblische Schulung, Disziplin, Fasten und Beten werden Ihre Berufung nicht verändern. Diese geistlichen Übungen werden jedoch die Freisetzung der Berufung, die bereits von Gott vorherbestimmt ist, fördern. Ihr Ziel besteht nicht darin, Gott dazu zu bringen, dass er Sie zum Propheten beruft oder Ihnen geistliche Gaben verleiht. Es geht darum, die Gaben und Berufungen, die Gott bereits für Sie bestimmt hat, wachzurufen.

Der Schmerz der prophetischen Berufung

Oft stehen wir in der Versuchung, etwas haben zu wollen, bevor wir es verstehen. Wenn wir es dann erst einmal besitzen und begreifen, welche Schwierigkeiten damit verbunden sind, so sind wir versucht, es wieder loswerden zu wollen.

Über den prophetischen Dienst herrschen viele Missverständnisse. Die „Zuschauer“ begreifen nicht, wie sehr prophetisch begabte Menschen normalerweise mit dem, was an ihrem Leben und ihrem Dienst nicht einfach ist, kämpfen und Schwierigkeiten haben. Man sollte sich nicht wünschen, prophetisch zu dienen, weil es aufregend zu sein scheint. Der Schmerz, die Ungereimtheiten und die Angriffe, die Männer und Frauen im prophetischen Dienst erleben, vermehren sich gewiss mit zunehmendem Dienst. Um noch einmal Francis Frangipane zu zitieren: „Neue Ebenen bringen neue Teufel.“ Mit anderen Worten, neue Ebenen der Begabung bringen unweigerlich neue Teufel und intensivieren den geistlichen Kampf gegen uns.

Ich kenne einige prophetisch begabte Menschen, die sich bitter beklagen und den Herrn bitten, die prophetische Berufung wieder von ihnen zu nehmen. Das „Tolle“ am prophetischen Dienst, was sich mancher vorstellt, wenn er sie etwa bei großen Konferenzen im Rampenlicht sieht, ist untypisch für ihr alltägliches Leben.

Wir ermutigen prophetische Menschen, ihre Freude darin zu finden, dass sie Gott lieben und wissen, dass Gott sie liebt. Sie sollten nicht glauben, dass irgendein spektakulärer Dienst ihr Leben glücklich macht. Ich habe niemals prophetisch begabte Menschen erlebt, deren Leben aufgrund dieser Gabe besonders glücklich geworden wäre. Für sie ist eher typisch, dass sie als Folge ihrer prophetischen Begabung vermehrte dämonische Angriffe sowie den Widerstand gottesfürchtiger Menschen und ein großes Maß an Verwirrung in ihrer eigenen Seele erleben.

Männer und Frauen, die im prophetischen Dienst stehen, scheinen mehr Enttäuschungen mit Gott zu erleben als der Durchschnittschrist. Warum? Oft erkennen sie deutlicher, wie etwas sein sollte oder welche Absichten Gott für ihr Leben hat. Aber sie müssen oft viele Jahre im Glauben ausharren, weil sie so weit in die Zukunft schauen können. Wahrscheinlich erleben sie die Schwierigkeit, die in den Sprichwörtern, Kapitel 13, Vers 12 genannt wird: „Hingehaltene Hoffnung macht das Herz krank.“

Weil ihre Erwartungen naturgemäß höher sind, erleben sie auch dementsprechend tiefere Enttäuschungen. Andere Menschen können das Leben leichter genießen, weil sie nicht so sehr von dem Wissen belastet werden, wie die Dinge eigentlich sein sollten. Jeremia beklagte sich, der Herr habe ihn ausgetrickst. Als er prophezeite, welche Veränderungen Gott vorhatte, bekam er Schwierigkeiten mit der Führungsriege, die ihre Stellung im Status quo schützen wollte. Von sehr vielen wurde er lächerlich gemacht und abgelehnt. Er wollte aufgeben. Dennoch war das Wort des Herrn in ihm wie ein brennendes Feuer, und er konnte es nicht zurückhalten (vgl. Jer. 20,9). Daraus entstand noch mehr Ablehnung und Schmerz für ihn.

Den eigenen Wunsch an der Wirklichkeit prüfen

In all den Jahren meines Engagements für andere Christen habe ich ein verborgenes Anliegen beobachtet, das sich im Leben vieler Christen zeigt. Diese Motivation ist jedoch sehr unterschwellig und lässt sich nur schwer an etwas festmachen: Schmerz und Leiden wollen wir um fast jeden Preis vermeiden. Selbst als entschiedene Christen sind wir versucht, uns eine schmerzfreie Welt zu schaffen. Wir benutzen die Bibel, andere Menschen und sogar die Gaben und die Kraft des Heiligen Geistes, um dieses Ziel zu erreichen. Manche meinen, wenn sie ihre prophetische Gabe stärker einsetzten und so die Stimme Gottes klarer erkennen könnten, dann würde er sie sicher in ein problemfreieres und befriedigenderes Leben führen.

Doch wenn Gott redet, fordert er uns manchmal auf, Dinge zu glauben und zu tun, die uns schließlich noch tiefer in Prüfungen, Verwirrung und Schmerz hineinführen. Einige der verwirrendsten und geistlich ernüchterndsten Erfahrungen und Zeiten kommen über prophetisch begabte Menschen, nachdem sie gerade erst vom Heiligen Geist benutzt wurden. Oft flehen sie Gott an, er möge sie gebrauchen, und wenn er es dann tut, beklagen sie sich, weil sie sich „missbraucht“ fühlen!

In 2. Korinther 6 beschreibt Paulus drei Kategorien von Erfahrungen, die für die wirklich apostolische Christenheit charakteristisch sind. Es sind die negativen Belastungen (Verse 4–5), die positiven Eigenschaften (Verse 6–7) und das göttliche Paradox (Verse 8–10) des Dienens im Geist.

> In allem erweisen wir uns als Gottes Diener: durch große Standhaftigkeit, in Bedrängnis, in Not, in Angst, unter Schlägen, in Gefängnissen, in Zeiten der Unruhe, unter der Last der Arbeit, in durchwachten Nächten, durch Fasten, …
> [Wir erweisen uns als Gottes Diener] durch lautere Gesinnung, durch Erkenntnis, durch Langmut, durch Güte, durch den Heiligen Geist, durch ungeheuchelte Liebe, durch das Wort der Wahrheit, in der Kraft Gottes, mit den Waffen der Gerechtigkeit in der Rechten und in der Linken, …
> [Wir erweisen uns als Gottes Diener] bei Ehrung und Schmähung, bei übler Nachrede und bei Lob. Wir gelten als Betrüger und sind doch wahrhaftig; wir werden verkannt und doch anerkannt; wir sind wie Sterbende, und seht: wir leben; wir werden gezüchtigt und doch nicht getötet; uns wird Leid zugefügt, und doch sind wir jederzeit fröhlich; wir sind arm und machen doch viele reich; wir haben nichts und haben doch alles (2. Korinther 6,4–10).

Wenn wir in der Kraft des Geistes dienen und gemäß Gottes Wort leben wollen, dann werden wir alle diese Dinge von Zeit zu Zeit mehr oder weniger stark erleben.

Wir müssen verstehen, dass die schwierigen und verwirrenden Aspekte des Lebens im Geist genauso real sind wie die positiven und angenehmen. Wenn wir uns mit dieser Wirklichkeit gleich von Anfang an versöhnen, werden wir in der Lage sein, in der richtigen Haltung auf sie zu reagieren.

Ich bete, dass die Kraft Gottes in unserem Dienst wirksam wird, würde dabei aber niemanden ermutigen, Prüfungen und Leiden zu suchen. Das ist wirklich nicht nötig. Diese Dinge werden automatisch eintreten, weil wir in einer gefallenen Welt leben, in der Dämonen Gottes Volk angreifen. Gott möchte den Schmerz dieser Erfahrungen benutzen, um uns in eine tiefere, reife Glaubensbeziehung hineinzuführen.

Kapitel 14

Die prophetische Botschaft verkörpern

Mit dem prophetischen Dienst ist ein gewisser Anspruch verbunden. Der Herr möchte, dass wir die Botschaft, die wir predigen, in unserem Leben umsetzen. Darum wird er über unser Fehlverhalten nur eine Weile hinwegsehen und uns sicherlich zur rechten Zeit zurechtweisen.

In diesem Kapitel will ich über die verbissen geführte Auseinandersetzung um die *Kansas City Fellowship* schreiben, die 1990 begann. Heute ist uns klar, dass es sich dabei um eine gottgewirkte Disziplinarmaßnahme für unseren Dienst handelte, obwohl das meiste, was unsere Ankläger sagten, unzutreffend war. Sie stellten unsere Lehren und Praktiken falsch dar und erfanden viele Geschichten, um ihre Anschuldigungen zu begründen. Für unsere Gemeinde war es eine schlimme Zeit voller Angriffe und Aufruhr. Das ändert aber nichts daran, dass es mehrere große Probleme unter uns gab, die Gott ansprechen und korrigieren wollte. Wen er liebt, den erzieht er, damit wir in dem heranwachsen, was wir brauchen, um unser ganzes Erbe zu erhalten (Hebräer 12,5–11).

Die Botschaft verkörpern

Was der prophetische Dienst eigentlich ist, wurde dem Apostel Johannes eindeutig von einem Engel offenbart: „Das Zeugnis Jesu ist der Geist prophetischer Rede" (Offenbarung 19,10). Mittelpunkt und Beweggrund des prophetischen Dienstes ist es, uns das Herz Jesu (das Zeugnis über Jesus) ganz neu zu offenbaren. Dazu gehört mehr, als nur seine Gedanken weiterzugeben; es geht auch darum, zu fühlen und zu offenbaren, was Gott sehr am Herzen liegt.

Oft macht Gott das Leben seiner Boten zu einer Illustration dessen, was er durch sie sagen will. Er möchte, dass seine Boten teilweise fühlen, was er fühlt. Der Prophet Hosea ist ein Beispiel hierfür. Gott wies ihn an, eine Hure namens Gomer zu heiraten. Indem Hosea dies tat, demonstrierte er Gottes Liebe und Geduld mit dem treulosen Volk Israel. Für Hosea war dies leidvoll. Er fühlte etwas von dem Schmerz, den Gott um Israels willen fühlte (Hosea 3).

Gott erwartet von seinen Dienern nicht nur, dass sie darüber *reden*, wie Gott ist, sondern dass sie *sind*, wie er ist; dass sie nicht nur *sagen*, was er will, sondern auch seinen Willen *tun*; dass sie den Menschen nicht nur Gottes Herz *erklären*, sondern *empfinden*, was Gott am Herzen liegt.

Im April 1984 sprach der Herr am selben Morgen hörbar sowohl zu Bob Jones als auch zu mir. Auf den Punkt gebracht sagte er, er werde der Leitung seiner Gemeinde das Thema „Demut" in der kommenden Zeit neu aufs Herz legen. Dabei geht es um viel mehr als um die Betonung der *Lehre* über Demut. Er erwartet, dass wir die Demut in unseren Alltag einbinden.

Gott wird den Stolz und selbstsüchtige Ambitionen in den Leitern im weltweiten Leib Christi auf dramatische Weise ansprechen, unter anderem, indem er zulässt, dass wir falsch behandelt werden, und dann von uns erwartet, dass wir unsere Feinde segnen. Dabei werden wir in unserem Herzen Stolz und selbstsüchtigen Ehrgeiz in einem Maße erkennen wie nie zuvor.

Er möchte nicht nur, dass wir die Lehre über Demut predigen, sondern er will auch, dass wir eine lebendige Demonstration dieser Botschaft sind. Wenn wir sie predigen, müssen wir sie ausleben. Das haben wir bis jetzt noch nicht besonders gut gemacht.

Stachel im Fleisch

Wenn Gott uns seine Absicht oder eine Botschaft durch eine dramatische, übernatürliche Manifestation (Engelserscheinungen, hörbare Stimmen und Zeichen am Himmel) mitteilt, dann wissen wir, dass es dem Herrn sehr darauf ankommt, dass wir diese Botschaft auf unser Leben übertragen. Gott wird uns in den Bereichen unseres Lebens herausfordern, in denen unser Lebensstil nicht mit der Botschaft, die er uns zur Verkündigung anvertraut hat, übereinstimmt. Manchmal gibt

Gott denen, die mit einer Fülle von Offenbarungen beschenkt wurden, einen Stachel ins Fleisch, damit ihr Herz vor dem zerstörerischen Stolz bewahrt bleibt. Der Apostel Paulus berichtet, dass ihm ein „Stachel ins Fleisch“ gestoßen wurde, damit er sich nicht selbst erhöht. Dies hing damit zusammen, dass sein Dienst begleitet war von „einzigartigen [prophetischen] Offenbarungen“ (2. Korinther 12,7).

Gott ist entschlossen, jeden von uns demütig zu machen. Die Schönheit des göttlichen Wirkens im Innern mancher Leute kommt niemals ans Licht, um von anderen Menschen wahrgenommen zu werden.

Manchmal dauert das innere Wirken des Heiligen Geistes fast ein ganzes Leben an, bevor jemand seine Botschaft wirklich weitergeben kann. Manche erhalten sehr früh Gelegenheit, dies zu tun, und sie predigen über das zur Reife führende Wirken des Heiligen Geistes in ihrem eigenen Leben hinaus. Das war in gewissem Maß unsere Situation. Wir waren aufgerufen, eine Botschaft über die Demut zu verkündigen, ohne dass wir in diesem Bereich selber reif gewesen wären. Wenn wir Gott wirklich lieben, gibt er uns Gelegenheit, dem Geist freiwillig in diesen Dingen zu antworten. Manchmal lässt er zu, dass wir durch schwierige Umstände, nämlich Leute, die unseren Charakter und Dienst angreifen, in der Demut wachsen. Die prophetische Kontroverse, die wir in den frühen Neunzigerjahren durchlebten, sollte uns aufrütteln, dass wir den unbemerkten Stolz in uns entdeckten. Natürlich ist Demut eine lebenslange Reise. Gott ist sehr geduldig und gnädig mit uns, wenn er Stück für Stück den unbemerkten Stolz, der unter der Oberfläche in unserem Herzen ist, offenbart. Er ist freundlich zu uns, wenn er geduldig darauf wartet, dass wir uns ändern: „Verachtest du etwa den Reichtum seiner Güte, Geduld und Langmut? Weißt du nicht, dass Gottes Güte dich zur Umkehr treibt?“ (Römer 2,4).

Die falschen Messinstrumente beobachten

1989 schien es meinem Dienst so gut zu gehen. Er wuchs sehr schnell. Als junger Mann befand ich mich mit John Wimber im Reisedienst und sprach regelmäßig auf internationalen Konferenzen zu Tausenden von Menschen. Ich genoss die Aufmerksamkeit und Anerkennung weit mehr, als mir bewusst war. Wegen John Wimbers Bekanntheit lernte ich prominente christliche Leiter aus der ganzen Welt kennen. Mein Stolz wurde in einer Weise „gestreichelt“ und bestärkt, die mir absolut nicht bewusst war. Ich war überwältigt von all den Einladungen zu predigen und von all den Anfragen für Interviews für Zeitschriften und das Fernsehen. Ein Dutzend Herausgeber bat mich darum, ein Buch für sie zu schreiben. Mehrere Firmen schickten uns Vorschläge, wie man unsere Kassetten in ihrem jeweiligen Land verbreiten könnte.

Es war physisch unmöglich, die Vielzahl der Briefe und Telefonanrufe zu beantworten, die jeden Monat eingingen. Wir waren völlig überwältigt und überfordert. Wir beklagten uns über den Druck, aber in Wirklichkeit genoss unser Team die Aufmerksamkeit mehr, als wir zugeben wollten. Wir hatten kein Gefühl mehr für unseren eigenen Stolz und unsere Grenzen und für das, was Gott genau in dieser Phase unseres Lebens in uns wirken wollte.

Eine kurze Zeit lang schien alles, was wir anpackten, zu gedeihen. So nahmen wir an, Gott sei von den Dingen, so wie sie standen, begeistert. Es gab jedoch einige Warnsignale. Aber wir waren zu sehr in Fahrt, um sie wahrzunehmen.

In der frühen Phase unseres Wachstums waren wir geistlich nicht reif genug, um einige grundlegende Warnungen bezüglich unseres Stolzes zu erkennen. Hätte jemand zu uns gesagt: „Ihr seid voller Stolz", so hätten wir alles getan, um darüber „Buße zu tun". Das ist aber nicht das Gleiche, wie den Stolz tatsächlich aus Gottes Perspektive zu sehen.

Warnsignale

Eines der Warnsignale, das wir übersahen, bestand darin, dass wir „unsere Party nur unter uns feierten". Wir waren so glücklich über die scheinbar großen Dinge, die unter uns entstanden, dass wir überhaupt nicht bemerkten, dass es manchen anderen Gemeinden und Werken gar nicht so gut ging. Wir freuten uns an unserem Wachstum, aber wir ignorierten die Tatsache, dass andere es schwer hatten.

Wir ließen es uns einstweilen weiter gut gehen. Ihren Schmerz nahmen wir nicht wahr. Wir sahen nur unser Wachstum. Wenn eine andere Gemeinde in Schwierigkeiten steckte oder sich sogar auflöste, so berührte uns dies nicht besonders, solange wir, was Zahl und Größe anging, Wachstum erlebten.

Heute beklagen wir, dass wir so mit uns selbst beschäftigt waren. Je älter ich werde, desto mehr erkenne ich meine natürliche Neigung zum Stolz. Ich nehme viel mehr Anteil an den Verheißungen und Schwierigkeiten anderer Dienste und Gemeinden in unserer Stadt. Ich will nicht mehr „alleine feiern“. Wenn der Herr sagt, dass er unter uns wirken wird, so fragen wir: „Und was ist mit den übrigen Gemeinden in dieser Stadt? Wirst du auch unter ihnen wirken?“ Gott sagte Mose, er werde aus seinen Nachkommen ein großes Volk machen, nachdem er das Volk Israel zerstört hätte. Mose flehte den Herrn an, die Sünden der Kinder Israels zu vergeben. Mose hatte kein Verlangen, die Zerstörung Israels zu erleben, nur um selbst zum Oberhaupt eines neuen Volkes zu werden.

> Jetzt lass mich, damit mein Zorn gegen sie entbrennt und sie verzehrt. Dich aber will ich zu einem großen Volk machen. Da versuchte Mose, den Herrn, seinen Gott, zu besänftigen, und sagte: Warum, Herr, ist dein Zorn gegen dein Volk entbrannt? Du hast es doch mit großer Macht und starker Hand aus Ägypten herausgeführt. ... Lass ab von deinem glühenden Zorn und lass dich das Böse reuen, das du deinem Volk antun wolltest. ... Da ließ sich der Herr das Böse reuen, das er seinem Volk angedroht hatte (2. Mose 32,10–14).

Bei anderer Gelegenheit wurde der Geist der Prophetie auf die siebzig Ältesten in Israel ausgegossen. Josua wachte eifersüchtig über Moses Ehre. Er wollte, dass Mose als einziger Prophet anerkannt würde. Mose korrigierte Josua mit den Worten: „Wenn nur das ganze Volk des Herrn zu Propheten würde!“ (4. Mose 11,29). Warum wäre es gut, wenn das ganze Volk des Herrn prophezeien würde? Mose wusste, dass dadurch Gottes Absicht gestärkt und sein Volk gesegnet würde.

> Der Herr kam in der Wolke herab und redete mit Mose. Er nahm etwas von dem Geist, der auf ihm ruhte, und legte ihn auf die siebzig Ältesten. Sobald der Geist auf ihnen ruhte, gerieten sie in prophetische Verzückung ... Ein junger Mann lief zu Mose und berichtete ihm: Eldad und Medad sind im Lager in prophetische Verzückung geraten. Da ergriff Josua, der Sohn Nuns, der von Jugend an der Diener des Mose gewesen war, das Wort und sagte: Mose, mein Herr, hindere sie daran! Doch Mose sagte zu ihm: Willst du dich für mich ereifern? Wenn nur das ganze Volk des Herrn zu Propheten würde, wenn nur der Herr seinen Geist auf sie alle legte! (4. Mose 11,25–29)

Heute erzieht der Heilige Geist Leiter mit einem Herzen wie Mose, die sich nicht damit zufriedengeben, Ehre und Segen in ihrem eigenen Dienst zu erleben, wenn andere darin nicht eingeschlossen sind.

Ein wichtiges Warnzeichen, das wir in jenen frühen Tagen übersahen, bestand also darin, dass es uns ziemlich egal war, was andere Werke in unserer Gegend durchlebten. Wir waren zufrieden, solange unser Dienst gesegnet wurde. Im Rückblick erkenne ich tief sitzenden Stolz und Selbstbezogenheit, die mir damals überhaupt nicht bewusst waren.

Das zweite Warnsignal hing damit zusammen, dass wir nicht erkannten, wie nötig wir die anderen Werke brauchten. Es gab im Leib Christi eine Menge Leute, die zu dem, was wir taten, viel beizutragen gehabt hätten, aber wir erkannten nicht, wie nötig wir ihre Einsichten und ihren Beitrag hatten. Sie hätten uns zeigen können, wie man vieles hätte besser machen können, aber wir waren in dieser Anfangszeit zu beschäftigt und zu gefangen in der Euphorie unseres scheinbaren frühen Erfolgs, als dass wir das hätten erkennen können.

Die Versuchungen bei Widerstand

Im gesamten Jahr 1989 schien alles sehr gut zu laufen, weil mein Einfluss und meine Anerkennung aufgrund der Beziehung zu John Wimbers Werk rapide zunahmen. Doch dies änderte sich schlagartig im Januar 1990. Es schien, als wären wir über den Fangdraht einer Bombe gestolpert, als wir in die neunziger Jahre hineingingen.

Plötzlich wurden wir von etwa zehn verschiedenen Werken oder Gemeinden aggressiv angegriffen, die über unsere Lehre und unsere Praktiken Lügen verbreiteten und uns als eine Sekte darstellten. Sie erzählten sehr verdrehte Dinge über uns. Es war erniedrigend für unsere Leiterschaft und verwirrend für unsere Gemeindeglieder. Inmitten dieser schmerzlichen Situation sahen wir uns vor allem mit zwei Versuchungen konfrontiert, denen wir uns bei der Frage stellen mussten, wie wir auf diese Anschuldigungen reagieren sollten.

Die Versuchung, zurückzuschlagen

Zunächst war da die Versuchung zurückzuschlagen. Christliche Leiter aus ganz Amerika ermutigten uns, die Angreifer zu entlarven und die Dinge richtigzustellen. Sie meinten, es sei unsere Verantwortung,

„Gottes Sache zu verteidigen". Aber wir fühlten uns nicht wohl bei dem Gedanken, andere Christen anzugreifen. Interessanterweise hatte uns der prophetische Dienst, der angegriffen wurde, früher prophetische Worte gegeben, die uns halfen, unsere Angreifer in dieser Zeit zu segnen. Einige Jahre zuvor, von 1982 bis 1984, hatte der Herr mehreren prophetisch begabten Menschen durch Träume gesagt, dass wir es mit diesen Auseinandersetzungen zu tun bekommen würden. Im September 1984 offenbarte uns der Herr ganz deutlich, wer einer der Hauptankläger sein würde, und wann genau der Angriff erfolgen würde. In diesen prophetischen Worten hatte der Herr betont, wir sollten nicht zurückschlagen.

Fünf Jahre später, im Dezember 1989, sprachen einige unserer hauptamtlichen Mitarbeiter darüber, dass die Angriffe vermutlich bald einsetzen würden, da die Zeit, von der Gott 1984 gesprochen hatte, nun gekommen war. Wir waren nicht überrascht, als sie direkt danach, im Januar 1990, begannen. Die Tatsache, dass wir diese Information bereits über fünf Jahre im Hinterkopf hatten, bestärkte uns in dem Wissen, dass Gott das Ruder in der Hand hielt, und welche Reaktion er von uns wollte.

Auch John Wimbers Rat half uns in unserer Entscheidung, nicht negativ auf unsere Feinde zu reagieren. John benutzte die Geschichte von Salomo und den zwei Frauen, die beide behaupteten, Mutter desselben Kindes zu sein, als Bild. Als Salomo vorgab, er werde das Kind mit dem Schwert in der Mitte durchteilen, gab die wahre Mutter ihre Rechte auf das Baby auf und ließ zu, dass die Frau, die gelogen hatte, das Kind behielt. Darin erwies sich die wahre Mutter (1. Könige 3,16–28). John sagte, wenn uns wirklich etwas an den weitreichenden Absichten Gottes läge, dann würden wir nicht zurückschlagen. Das würde nur eine zerstörerische Wut entfachen, und die Absicht Gottes (das Kind) würde darüber zerrissen.

Etwa zum gleichen Zeitpunkt erhielt ich vom Herrn ein klares Wort. Er sagte: „Das Maß deines Zorns gegenüber diesen Männern entspricht dem Maß deines unerkannten Ehrgeizes."

Ich erwiderte laut: „Nein, das ist kein unerkannter Ehrgeiz. Herr, worum es mir geht, ist, dass dein Reich und dein Name in den Schmutz gezogen werden." Darauf stellte mir der Herr eine Frage: „Warum wirst du dann nicht genauso zornig, wenn mein Name in den Schmutz gezogen wird, weil andere Werke auf bösartige Weise angegriffen werden?" Ich musste ehrlich antworten und zugeben, dass es mich nicht wütend machte, wenn andere christliche Leiter kritisiert wurden. Was mich in Wirklichkeit störte, war, dass *mein* Ruf angeschlagen war. Ich erkannte nun mit größerer Klarheit, dass ich selbstsüchtige Ziele verfolgte und nun fürchtete, das Erreichen dieser Ziele könnte vereitelt werden, wenn die Angriffe andauerten.

Nachdem ich eine Weile mit diesem Gedanken gekämpft hatte, erkannte ich, dass das, was der Herr gesagt hatte, zutiefst wahr war: *Das Maß meines Zorns gegenüber diesen Männern entsprach dem Maß meines unerkannten Ehrgeizes.* Wir schätzten unseren Dienst völlig falsch ein, weil wir unseren zahlenmäßigen und finanziellen Erfolg als Messlatte benutzten.

Doch nun erkannte ich, dass es einen wichtigen Indikator gab, dem wir wenig Beachtung geschenkt hatten. Unter der Oberfläche verbargen sich selbstsüchtige Ambitionen. So wie bei einem Erdbeben die tektonischen Verschiebungen zutage treten, die tief unter der Oberfläche verborgen liegen, so offenbarte auch die Bedrängnis, die wir erfuhren, unsere versteckten Verwerfungen aus Ehrgeiz und Zorn. Wir mussten nur ehrlich genug sein, dies zuzugeben und die Wahrheit nicht zu verfälschen.

> Wenn aber euer Herz voll ist von bitterer Eifersucht und von Ehrgeiz, dann prahlt nicht und verfälscht nicht die Wahrheit! Das ist nicht die Weisheit, die von oben kommt, sondern eine irdische, eigennützige, teuflische Weisheit. Wo nämlich Eifersucht und Ehrgeiz herrschen, da gibt es Unordnung und böse Taten jeder Art. Doch die Weisheit von oben ist erstens heilig, sodann friedlich, freundlich, gehorsam, voll Erbarmen und reich an guten Früchten, sie ist unparteiisch, sie heuchelt nicht (Jakobus 3,14–17).

Gott züchtigt uns unter anderem hauptsächlich dadurch, dass er uns durch die Hände anderer Menschen Ungerechtigkeiten widerfahren lässt. Er lässt zu, dass wir geprüft werden, und hält Ausschau nach einer Reaktion voll Vertrauen auf ihn und Vergebung gegenüber denen, die uns etwas antun. In den Sprüchen heißt es: „Ein Weg zum Leben sind Mahnung und Zucht" (Sprüche 6,23). Mit seiner Zucht beabsichtigt Gott, dass wir Christus in unserem Herzen ähnlicher werden.

> Jene haben uns für kurze Zeit nach ihrem Gutdünken in Zucht genommen; er aber tut es zu unserem Besten, damit wir Anteil an seiner Heiligkeit gewinnen (Hebräer 12,10).

Die wirkliche Messlatte für einen erfolgreichen Dienst ist die Antwort auf die Frage, ob wir Christus ähnlicher werden. Lieben wir Jesus mehr? Können wir Schwierigkeiten besser in Liebe durchhalten? Können wir unsere Feinde demütig segnen? Dies sind die Dinge, die Gott durch den prophetischen Dienst erfolgreich verwirklicht sehen möchte. Und wir erkannten, dass wir nach den Maßstäben Gottes nicht sehr erfolgreich waren.

Die Versuchung, dem Teufel die Schuld in die Schuhe zu schieben

Als Zweites gab es da noch die Versuchung, all diese Angriffe einfach abzulehnen, weil sie vom Teufel geschickt waren. Die Heilige Schrift lehrt uns ganz deutlich, wir sollen dem Teufel widerstehen (siehe Jakobus 4,7).

Es ist aber zu beachten, dass da steht, wir sollen dem Teufel widerstehen, indem wir uns Gott und seinem Wort unterordnen. Im Rückblick erkennen wir Gottes Wirken inmitten von Satans Wut und der Sünde unserer Angreifer. Der Herr kann Satans Zorn leicht zu unserem Vorteil nutzen (Römer 8,28). Josef wusste, dass das, was seine Brüder als Übel gedacht hatten, Gott für etwas Gutes in seinem Leben nutzte. Er sagte: „Ihr habt Böses gegen mich im Sinne gehabt, Gott aber hatte dabei Gutes im Sinn, um zu erreichen, was heute geschieht: viel Volk am Leben zu erhalten“ (1. Mose 50,20).

Gott sprach zu uns über unsere Irrtümer und unseren Stolz sogar durch die Stimme von Anklägern, die scheußliche Lügen verbreiteten. Jetzt war die Frage, ob wir uns auf die Lügen gegen uns konzentrieren würden oder auf das Werk, das Gott in uns tun wollte. Es stimmt, die Methoden unserer Ankläger waren oft unrecht. Waren sie nun völlig fehlgeleitet oder hatten sie teilweise auch recht? Heute sind wir eher der Meinung, dass wohl beides der Fall war. Unser Mangel an Weisheit und Demut provozierte unsere Ankläger zu bestimmten Reaktionen. Außerdem stimmten einige Dinge, auf die sie hinwiesen – insbesondere was unseren Stolz betraf.

Wie dem auch sei, der Aufruhr, der darauf folgte, zwang uns, uns mit einigen unserer Probleme auseinanderzusetzen, mit Charakterfehlern und unweisen Praktiken. So haben wir schließlich in diesem ganzen Durcheinander die erlösende Hand Gottes entdeckt.

Alle Schuld dem Teufel zuzuschieben, birgt die Gefahr in sich, dass man nicht so sensibel gegenüber dem ist, was der Heilige Geist einem sagen möchte. Manche Menschen mit einer prophetischen Begabung neigen zu einer Art Verfolgungswahn. Sie meinen, es gehöre zum Wesen ihrer Berufung, dass sie verfolgt werden. Wenn nun ein echtes Wort der Korrektur ausgesprochen wird, so sträuben sich manche und denken sich: „Ja, das haben wir schon erwartet; wahre Propheten werden immer verfolgt."

Ich kenne eine große christliche Gruppierung, die von ein paar „Wächtern des wahren Glaubens und der reinen Lehre" sehr hart kritisiert wurde. Es scheint, dass sowohl die meisten ihrer Methoden als auch der Großteil der Fakten, die man ihnen vorwarf, in der Tat äußerst fragwürdig waren. Dieses bekannte christliche Werk war sich sicher, dass die Kritiker vom Teufel beeinflusst waren und es sich deshalb einfach nur um Verfolgung handelte. Und aufgrund dieser ersten Einschätzung, die Kritiker seien reine Instrumente des Teufels und der Verfolgung, nahm diese Gruppierung keine Korrektur von Gott in ihrer Krise an. Wir wollen eine „gute Prüfung" nicht ungenutzt verstreichen lassen; warum nicht Erkenntnis über unseren Stolz und unseren Mangel an Weisheit vom Heiligen Geist empfangen, wenn wir angeschuldigt werden? Der Heilige Geist hat uns in solchen Zeiten viel zu sagen. Auch wenn die Methoden, die gegen uns verwendet werden, unangemessen sind, kann Gott uns darin lebenspendende Korrektur geben. Vergessen wir nicht, Gott korrigierte Bileam sogar durch einen Esel (4. Mose 22,22–35).

Die Erziehung durch den Herrn

Der Schreiber an die Hebräer weist auf zwei häufige, falsche Reaktionen auf Gottes Erziehung hin:

> „Mein Sohn, verachte nicht die Zucht des Herrn, verzage nicht, wenn er dich zurechtweist. Denn wen der Herr liebt, den züchtigt er" (Hebräer 12,5–6).

Die erste falsche Reaktion besteht darin, Gottes Korrektur zu „verachten", indem wir unser Bedürfnis dieser Korrektur verleugnen. Manche verachten Gottes Erziehung, indem sie alle ihre Probleme nur als Angriffe des Satans ansehen und nicht die Tatsache erkennen, dass Gott uns oft mit ihnen korrigieren möchte. So nehmen wir seine Erziehung auf die leichte Schulter.

Die zweite falsche Reaktion besteht darin, sich von seiner liebevollen Zurechtweisung entmutigen zu lassen und in eine lähmende Selbstverurteilung und Hoffnungslosigkeit zu verfallen. Wer sich von Gottes erlösender Erziehungsarbeit entmutigen lässt, bemüht sich unter Druck nicht mehr ernsthaft darum, Gott nachzufolgen.

Wir dürfen weder unsensibel noch überempfindlich reagieren, wenn unser himmlischer Vater auf unsere Fehler und Irrtümer hinweist. Wir müssen lernen, die benötigte Medizin oder Korrektur mit der richtigen, dankbar liebevollen Haltung vor Gott einzunehmen.

Gottes Ziel für uns als seine Kinder ist, dass wir „an Wesen und Gestalt seines Sohnes teilhaben" (Römer 8,29). Gott möchte, dass wir die prophetische Botschaft verkörpern, die er uns anvertraut hat. Es reicht niemals aus, die Botschaft nur zu verkünden. Wir müssen danach trachten, die Botschaft, die wir verkünden, zu leben, bevor wir mit Recht behaupten können, eine prophetische Botschaft oder einen prophetischen Dienst zu besitzen. Gott möchte, dass sein Wort in unserem Leben Fleisch wird. Deshalb lässt er uns auf verschiedene Weise seine heilsame Erziehung widerfahren; er will uns helfen, die unerkannten Schwächen unseres Lebens, diese unter der Oberfläche verborgenen tektonischen Verwerfungen zu erkennen. Wir können diese Erziehung verachten und beschließen, dem Herrn nicht mehr mit dem gleichen Eifer nachzufolgen wie früher. Wir können über Gott verbittert sein, weil er erzieht.

Oder wir können auf die einzig richtige Art antworten, indem wir seine erlösende Erziehung ertragen, weil wir wissen, dass sie uns zum Guten dient, „damit wir Anteil an seiner Heiligkeit gewinnen" (Hebräer 12,7.10).

Durch schmerzliche Erfahrungen gelernte Lektionen

Gott benutzte diese Begebenheiten, um uns auf verschiedene Weise zu korrigieren. Ich möchte einige dieser Lektionen, die ich gelernt habe, nennen.

1. Wahrnehmen des eigenen Stolzes: Wir waren von dem raschen Wachstum und der Popularität unseres Dienstes viel mehr gefangen, als wir uns darum kümmerten, in unserem Charakter Gott ähnlicher und demütiger zu werden.

2. Die Bedeutung anderer Gruppen im Leib Christi für uns: Wir lernten, für Glieder am Leib Christi zutiefst dankbar zu sein, mit denen wir in unseren frühen Tagen nicht wirklich etwas zu tun gehabt hatten. John Wimber betonte immer wieder, dass wir „die ganze Kirche lieben" müssen und nicht nur die, die so aussehen und handeln wie wir.
3. Erkenntnis über den prophetischen Prozess. Wir hatten ein solch unreifes und naives Bild vom prophetischen Dienst! Bei manchen aus unserem Team mussten wir Manipulation entdecken: Sie prophezeiten „Gutes", um in der Gunst solcher Menschen zu steigen, die ihnen Türen öffnen konnten.
4. Rechenschaftspflicht: Wir erkannten, dass wir die Hilfe geistlicher Leiter außerhalb unserer Ortsgemeinde brauchten, durch die wir uns korrigieren ließen. Wir glauben, dass alle Werke Beziehungen zu anderen Gruppen außerhalb ihrer eigenen Mitarbeiterschaft unterhalten sollte. So können gottesfürchtige Leiter unsere blinden Flecken sehen.
5. Ausgewogenheit im Team: Jede Gemeinde braucht eine Ausgewogenheit der Einflüsse von unterschiedlichen Persönlichkeits- und Dienst-Stilen, um stabil zu bleiben. Ja, wir brauchen prophetisch sehr begabte Menschen und die übernatürlichen Manifestationen durch sie, aber wir brauchen auch Lehrer, die mit Leib und Seele Theologen sind, barmherzige Hirten mit einer Stärke im zwischenmenschlichen Bereich, eifrige Evangelisten ebenso wie Menschen, die mit Leitungs- und Verwaltungsbegabungen dienen. Momentan gehören zu dem *IHOP Missions Base*-Leitungsteam vier Leute mit Doktortitel, acht mit Magisterabschlüssen und fünf mit abgeschlossenem Jurastudium. Wir setzen ausgebildete Lehrer mit solchen gemeinsam ein, die prophetisch begabt sind. Das ist nicht immer einfach, aber der Mühe wert.

KAPITEL 15

Wie Prophetie oft falsch eingesetzt oder missbraucht wird

In diesem Kapitel sprechen wir über häufige Formen von Missbrauch einer einfachen Prophetie, wobei zu beachten ist, dass zwischen „einfacher Prophetie“ und dem Amt eines Propheten ein Unterschied besteht. Einfache Prophetie ist beschränkt auf Aufbauen, Ermutigen, Trösten (1. Korinther 14,3), während zu dem Amt eines Propheten die Vollmacht gehört, jemandem oder einer ganzen Gruppe oder Nation Korrektur und/ oder eine spezifische Anweisung zu geben. Jeder kann „einfach“ prophezeien. Aber nur Menschen, die mehrfach zukünftige Ereignisse richtig vorhergesagt hatten, können das Amt eines Propheten beanspruchen.

Alle Prophezeiungen müssen das, was in der Heiligen Schrift geschrieben ist, unterstützen und ehren. Mit der Beachtung dieser einen Regel ersparen wir uns viel Schmerz und Unruhe. Wir dürfen keine Prophezeiungen geben oder annehmen, die den Geist und die Absicht dessen, was in der Bibel geschrieben ist, verletzen.

Mancher, der wenig Erfahrung mit Prophetien hat, gehorcht allzu schnell und naiv „prophetischen“ Anweisungen von Menschen, die über ihm prophezeien und sich ihrer Sache so sicher scheinen. Im Laufe der Jahre habe ich Menschen „prophetische“ Anweisungen annehmen sehen, die zu unnötigem Schmerz und Verwirrung führten. Mit dem Beachten von biblischen Prinzipien und ein wenig gesundem Menschenverstand lässt sich so etwas weitgehend vermeiden. Als ich es mit persönlicher Prophetie zu tun bekam, war ich zunächst sehr bereit gewesen, „prophetische" Anweisungen für mein Privatleben zu befolgen. Deshalb erarbeitete ich 1986 mehrere Richtlinien für das Annehmen persönlicher Prophetie, die ich bis heute anwende.

Missbrauch Nr. 1: Anweisungen im familiären Bereich

Einfache Prophetie soll ermutigen und trösten, nicht spezifische, neue Ausrichtung im familiären Bereich geben. Beispiele für den familiären Bereich, für den wir prophetische Anweisungen weder geben noch annehmen sollten, sind die Wahl eines Ehepartners, Familienplanung, finanzielle Investitionen, Berufswechsel, Umzug in eine andere Stadt, Hauskauf oder -verkauf, Einsatzreisen im Dienst für Gott, Gemeindezugehörigkeit, Wahl eines Colleges usw. Wir können einander im familiären Bereich nach besten Wissen und Gewissen vor Gott Ratschläge geben, aber ich bin sehr dagegen, diese Ratschläge in das Gewand der Prophetie zu kleiden. Viele Leute wollen Prophetien zu den Themen Partnerschaft und Finanzen empfangen. Andere möchten einfach nur gesagt bekommen, was sie tun sollen, damit sie sich nicht länger mit ihrer Unentschiedenheit herumplagen müssen.

Mir wurden im Lauf der Jahre viele Prophetien gegeben, die mir im familiären Bereich Anweisungen boten. Die große Mehrheit dieser „direktiven Prophezeiungen" erwies sich als nicht hilfreich und falsch. Ich bin froh, dass ich sie nicht angenommen habe. So wollte Gott Prophetie nie einsetzen. Nein, Gott möchte, dass die Menschen direkt mit ihm Kontakt haben und von ihm hören und in ihrem persönlichen Leben Weisheit walten lassen. Gott möchte, dass wir für unsere eigenen Entscheidungen verantwortlich sind.

Manche sind eher bereit, Anweisungen von prophetischen Worten anzunehmen, damit sie dann die Verantwortung und die Last der Entscheidungsfindung für ihr eigenes Leben an andere abgeben können.

Ein junger Mann erzählte mir von prophetischen Worten, nach denen er ein bestimmtes Mädchen heiraten sollte. Das Problem war, dass dieses Mädchen schon mit jemand anderem verlobt war. Er aber bestand darauf, er habe prophetische Worte und Träume bekommen, er solle sie heiraten. Ich gab ihm den Rat, diese „prophetischen Worte" nicht zu beachten, doch er stieg dieser verlobten jungen Frau weiter nach. Es endete in einer Katastrophe, denn der junge Mann setzte das Mädchen unter

Druck, indem er sie immer wieder einlud, Zeit mit ihm zu verbringen. Das ärgerte natürlich ihren Verlobten. Als alles gesagt und getan war, blieb dem jungen Mann nur ein gebrochenes Herz – weil er Prophetie missbraucht hatte.

Ich habe bei vielen Christen erlebt, dass sie schädliche und manchmal katastrophale Entscheidungen trafen, weil sie im Bereich ihrer persönlichen Finanzen eine Prophetie befolgten. Ich habe kluge und erfolgreiche Geschäftsleute ihre Weisheit wegwerfen sehen, als sie voller Naivität unrichtige „prophetische" Worte annahmen, die ihnen schließlich unnötigen, großen finanziellen Verlust einbrachten.

MISSBRAUCH NR. 2: DIE AUFGABEN DER GEMEINDEGLIEDER NEU BESTIMMEN

Wir dürfen nicht spezifische prophetische Worte an Menschen geben, die aussagen, dass sie in eine neue Position in der Dienstorganisation, in der sie mitarbeiten, hineinkommen sollen. Wenn der Herr Ihnen prophetische Worte über eine Veränderung bei der Rolle eines Menschen gibt, dann übermitteln Sie es dem Leiter, der für solche Veränderungen verantwortlich ist. Warum? Bei prophetischen Worten, die auf einen Wechsel in der Tätigkeit oder Position eines Menschen hinweisen, geht es normalerweise um eine bestimmte Beförderung. Der, der die positive Prophetie annimmt, schätzt natürlich den Prophezeienden. Aber wenn sein Leiter die Beförderung dann nicht wahr macht, gibt es Potenzial für Ärger und Spaltung.

Ein Freund von mir, der leitender Pastor einer Megagemeinde ist, lud einen Mann mit internationalem prophetischen Dienst ein, in seiner Kirche zu sprechen. Während eines Gottesdienstes ließ dieser Prophet alle Mitarbeiter im pastoralen Dienst vorn kommen. Er prophezeite über jedem Einzelnen. Dem Jugendpastor sagte er, dass Gott ihn zum zweiten Pastor über die ganze Gemeinde setzen würde. Der Jugendpastor freute sich sehr über die angekündigte Beförderung, doch einer der anderen älteren Pastoren regte sich sichtlich auf, denn es war klar, dass das prophetische Wort besagte, dass der junge Mann genau seine Position übernehmen würde.

Tatsächlich hatte mein Freund schon überlegt gehabt, den Jugendpastor in dieser Weise zu befördern. Was der ältere Mann, der sich jetzt aufregte, nicht wusste, war, dass mein Freund geplant hatte, auch ihn zu befördern, nämlich zu seinem eigenen Nachfolger als leitender Pastor. Als nun aber der reisende Diener die Rollenveränderung vorhersagte, ohne zunächst den leitenden Pastor dazu gesprochen zu haben, schuf er einen unnötigen Konflikt. Der verärgerte Pastor verließ schließlich die Gemeinde und nahm viele der Gemeindeglieder mit sich in seine neue Gemeinde. All dies hätte vermieden werden können, wenn der reisende Diener das prophetische Wort zuerst dem leitenden Pastor zur Prüfung vorgelegt hätte. Stattdessen war die „Frucht" des prophetischen Wortes ein gekränkter Leiter und eine Gemeindespaltung.

Nur dass Sie vielleicht ein wahres prophetisches Wort über eine Veränderung der Verantwortungsbereiche von Mitarbeitern einer Organisation empfangen, bedeutet nicht unbedingt, dass es nützlich ist, das Wort öffentlich zu verkünden, ohne es zunächst in angemessener Form der Leiterschaft vorzulegen.

Missbrauch Nr. 3: Menschen korrigieren

Einfache Prophetie soll ermutigen, trösten und aufbauen und nicht Korrektur geben, die die Leute vor den Kopf stößt und häufig beschämt. Wir dürfen Leute nicht bloßstellen, indem wir in öffentlichen Versammlungen negative Dinge über sie offenbaren. Diese Art von Prophezeiungen ist weder hilfreich noch biblisch. Die Heilige Schrift äußert sich sehr klar dazu, dass negative Worte dem Betreffenden zunächst direkt im Privaten gesagt werden sollen (Matthäus 18,15–17).

Ein häufiges Beispiel für öffentliches Korrigieren von Leuten beobachtete ich über die Jahre in der Weise, dass behauptet wurde, jemand habe den „Geist der Isebel". Mir sind viele Männer begegnet, die sich von selbstbewussten Frauen in Leiterschaft bedroht fühlten und deshalb das Etikett „Geist der Isebel" benutzten, um sie zurechtzuweisen.

Ein anderes Beispiel für Missbrauch von Prophetie ist die öffentliche Aussage, jemand sei rebellisch oder habe ein verhärtetes Herz. Ich habe das bei uns gegenüber mehreren Jugendlichen erlebt: Der Prophet stand auf und erklärte, sie seien Rebellen, obwohl sie in Wirklichkeit zwar unreif waren, sich aber doch ernstlich nach Gott ausstreckten.

Wenn der junge Mensch wirklich rebellisch ist, dann ist der Einsatz der „prophetischen" öffentlichen Ansprache genau das Falsche und alles andere als hilfreich.

Es wäre effektiver, wenn der prophetisch Begabte diese junge Person beraten und zu den Dingen, die er verspürt, befragen würde. Aber dem Herzen und dem geistlichen Leben eines jungen Menschen fügt es Schaden zu, wenn der Prophet einfach verkündet, dass Gott ihn als rebellisch ansieht.

Ich bin in Versammlungen gewesen, wo der prophetisch Dienende Menschen herausrief, um sie des Zweifels und Unglaubens zu beschuldigen, und sie für ihren Mangel an Glauben tadelte. Er erklärte, diese Menschen müssten nur glauben, dann würden sie das Werk Gottes sehen. Wer so angesprochen wird, fühlt sich beschämt und demoralisiert, nicht gestärkt und getröstet (1. Korinther 14,3).

Ich habe erlebt, wie Menschen öffentlich aufgerufen und „prophetisch" als mit persönlichen Problemen wie Pornografie oder Alkohol kämpfend beschrieben wurden. Das ist demütigend. Oft genug stimmte es auch gar nicht. Aber wegen des Formats, das dem „Propheten" zugestanden wurde, glaubte die Versammlung dem negativen Bericht, und so haftete diesen Menschen noch jahrelang fälschlicherweise das problematische Etikett an, was sehr viel unnötigen Schmerz verursachte. Selbst wenn die Prophetie zutrifft, sollten solche Worte im privaten Rahmen von Leuten gegeben werden, denen der Angesprochene vertraut.

Derartige Worte sollte es selten geben. Aber wenn, dann müssten sie in angemessenem Rahmen und ohne das Hinzufügen von „So spricht der Herr" ausgesprochen werden, welches den Vorwurf gegen die Person noch verstärkt.

Wenn das prophetische Wort zutrifft, dann sollte es Hoffnung hervorbringen, dass es einen Weg aus dem Problem heraus gibt, und besonders, dass Gott seine große Liebe zu der Person offenbart und seinen Wunsch, sie zu befreien und in eine tiefere Beziehung zu ihm zu führen.

Prophetisch Dienende sollten betonen, dass Jesus gegenüber denen, die es ernst meinen, auch wenn sie im Glauben unreif sind, gnädig, mitfühlend und barmherzig ist (2. Mose 34,6). Jesus ist bereit, jedem, der zu ihm kommt und nicht von ihm wegläuft, zu vergeben. Vergessen wir nicht, seine Freundlichkeit ist es, die uns zur Buße führt (Römer 2,4).

Manche alttestamentliche Prophetien waren an Israel gerichtet in Zeiten großer nationaler Rebellion. Ein heute prophetisch Dienender darf prophetische Worte nicht in demselben Ton gegenüber einem Einzelnen anbringen, der Jesus wirklich liebt, aber in einem Bereich seines Lebens Schwierigkeiten hat. Er muss bedenken, dass die alttestamentlichen Propheten zu einem verhärteten Volk sprachen, nicht zu jemandem, der Gott wirklich liebte. Selbst in jenen Prophetien erklärte Gott immer und immer wieder seine Freundlichkeit und seinen Wunsch, sein Volk möge zu ihm zurückkehren, um Vergebung und volle Wiederherstellung zu erfahren. Wenn wir über seiner Braut prophezeien, dürfen wir nicht vergessen, dass wir oft zu Christen sprechen, die ihn wirklich lieben und die in seinen Wegen wandeln wollen.

Missbrauch Nr. 4: Übermässig auf Träume vertrauen

Viele „Neulinge" im prophetischen Dienst vertrauen zunächst zu sehr auf Träume, um in den persönlichen Dingen ihres Lebens Anweisungen zu erhalten. Ohne Zweifel lehrt die Bibel, dass Gott sein Volk durch prophetische Träume leitet (Apostelgeschichte 2,17). Aber meistens sollte das kein Ersatz für das Erwerben und Anwenden von Weisheit sein.

Träume sind sehr hilfreich, wenn sie uns eine Richtung bestätigen, die wir bereits anfangen zu spüren. Manch einer vertraut zu sehr auf Träume, weil es ihn der persönlichen Verantwortung für Entscheidungen enthebt, die sich als falsch erweisen. Über die Jahre habe ich häufiger gesehen, dass Träume Menschen eher mehr verwirrten, als dass sie ihnen geholfen hätten. Das liegt daran, dass man sich nicht die Mühe machte, die Träume auszusortieren, die nicht als prophetisch zu verstehen waren.

Jedes Jahr bekomme ich mehrere hundert prophetische Träume erzählt. Ich habe herausgefunden, dass nur etwa zehn Prozent davon hilfreich sind. Seit über zwanzig Jahren höre ich fast wöchentlich zwei oder drei Träume von Menschen, die mir versichern, dass Gott sich über mich und meinen Dienst freut und dass großer Segen bevorsteht. Gleichzeitig höre ich auch zwei oder drei Träume pro Woche, die mich warnen, Gott sei bekümmert über mich und bald werde eine Katastrophe über mein Leben und meinen Dienst hereinbrechen.

Salomo lehrte uns, dass in der Fülle von Träumen und Worten, die den Anspruch erheben, prophetisch zu sein, viel Eitelkeit liegt. In Prediger 5,2.6 sagte er: „Im Traum schließt man viele Geschäfte ab, der Ungebildete macht viele Worte. … Vielmehr, wo Träume sich mehren und Windhauch und viele Worte, da fürchte du Gott!" Mit anderen

Worten, wir müssen vorsichtig sein, alle Worte anzunehmen, die den Anspruch erheben, anweisende Prophetien zu sein.

Oft werden Menschen, die es sehr ernst meinen, von den Details ihrer eigenen und der „prophetischen Träume", die andere ihnen erzählen, aus der Bahn geworfen.

In manchen Christen in meiner Bekanntschaft gibt es ein Element dessen, was ich „geistlichen Aberglauben" nenne. Mit anderen Worten, sie befolgen ganz übermäßig eifrig die Details dieser „prophetischen Träume", ohne sich um Weisheit oder auch nur um das zu bekümmern, was Gott ihnen selbst eindeutig aufs Herz gelegt hat.

Ich kannte einmal einen jungen Mann, der verzweifelt Gottes Reden dazu hören wollte, wo er sich niederlassen sollte. Er hatte eine Frau und kleine Kinder, war aber ruhelos und suchte Gottes Reden bezüglich eines Umzugs. In seinem Bekanntenkreis gab es mehrere „Träumer". Jede Woche sagte ihm einer von ihnen einen Traum, nach dem er hierhin oder dorthin oder auch nirgendwohin ziehen sollte. Es lag auf der Hand, dass viele der „prophetischen Worte", die ihm gesagt wurden, sich gegenseitig widersprachen. Dieser junge Mann verbrachte seine Zeit damit, die Details jedes symbolischen Bildes in jedem Traum zu analysieren. Er verausgabte sich in dem Prozess und verlor seine Ausrichtung auf Jesus.

Er lebte in so viel unnötiger Verwirrung. Er war starr vor Furcht, nur ja Gottes Willen herauszufinden. Je mehr Träume er anhörte, desto verwirrter wurde er. Er hörte auf so viele Stimmen von Menschen, die gemäß ihren eigenen Vorstellungen träumten. Sie interpretierten das, was sie träumten, durch eine Brille ihrer eigenen Meinungen, behaupteten aber, von Gott gehört zu haben. Diese Verwirrung stürzte ihn und seine ganze Familie ins Chaos. Ja, er meinte es ernst mit Gott und er wollte seinen Willen tun. Aber all die Träume verursachten in ihm einen Nebel, der ihn davon abhielt, Gottes Weisheit willkommen zu heißen und deutlicher vom Herrn zu hören. Mit anderen Worten, die Auswirkungen waren dem, was Gott eigentlich wollte, genau entgegengesetzt.

Missbrauch Nr. 5: Den prophetischen Dienst trivialisieren

Eine weitere verbreitete Art, wie Menschen Prophetie missbrauchen, ist sie zu bagatellisieren, indem sie für so schlichte Entscheidungen, wie welche Schuhe sie anziehen oder wo sie parken sollen, „prophetische"

Anweisungen suchen. Wir wollen zwar vom Geist geleitet werden, wissen aber, dass auch der sogenannte gesunde Menschenverstand zum Handeln in Gottes Weisheit gehört.

Ich habe Leute verrückte Dinge tun sehen, angeblich weil sie dem Heiligen Geist folgten. Eine Dame bei uns zum Beispiel weigerte sich, der Anweisung eines Ordners zu folgen, der sie bat, ihren Sitzplatz für jemanden zu räumen, für den er reserviert war: Der Herr hätte ihr gesagt, sie solle dort sitzen. Ein junger Mann rannte plötzlich mitten im Gottesdienst durchs Gebäude: Der Herr hätte ihm gesagt, er solle das tun.

Ich habe manche Leute erlebt, die in unnötiger Unentschlossenheit bezüglich einfacher Entscheidungen lebten, weil sie sich weigerten, eine Wahl zu treffen, bis „der Herr sie führte". Sie sitzen an der Ecke und warten darauf, dass Gott ihnen sagt, in welche Richtung sie gehen sollen, oder sie stehen vor dem Kleiderschrank und warten darauf, dass Gott ihnen sagt, was sie anziehen sollen. Ja, sie haben den ernstlichen Wunsch, dem Geist zu gehorchen. Aber indem sie ihre Verantwortung für einfache Entscheidungen abtreten, leben sie wie gelähmt, und manchmal sogar starrköpfig, während sie auf Anweisung vom Heiligen Geist warten. Das trivialisiert den eigentlichen Sinn und Zweck der prophetischen Gabe. Diese Art von exzentrischem Verhalten gehört nicht zum Wirken in der prophetischen Salbung.

Der Herr gibt uns Weisheit für das praktische Handeln im Leben, ohne dass wir für jede kleine Entscheidung ein spezifisches direktes Wort brauchen. Es ist wahr, dass es – selten – einmal vorkommen kann, dass der Geist Sie leitet, wenn Sie auf der Autobahn fahren, plötzlich Ihre Pläne zu ändern und irgendwohin zu fahren, wo Sie eigentlich gar nicht hinwollten. Solche göttlichen Anordnungen gibt es, aber sie sind sehr selten. Wir sollen weise leben, aufmerksam gegenüber dem Herrn und bereit, dass er unseren Gang unterbrechen kann, ohne die prophetische Salbung zu trivialisieren, indem wir in jeder kleinen Entscheidung, die wir zu treffen haben, auf ihn warten.

Manche Christen folgen unbesonnen ihren eigenen Eindrücken, als ob sie alle vom Heiligen Geist kämen. Solch eine Einstellung kann zu bizarrer, instabiler Aktivität führen. Ein Mann bei uns war überzeugt, der Herr sage ihm, er solle sich bei jedem Treffen lange um die eigene Achse drehen. Derartige Impulse sind nicht nur eine Demonstration eines Mangels an Weisheit; manche sind tatsächlich gefährlich, wenn sie ausgeführt werden. Ich habe erlebt, wie Leute im Gottesdienst erotische Dinge taten, z. B. sich auszogen, nur um zu zeigen, dass sie demütig waren und allem gehorchten, was Gott sagte, oder sich gegen eine Wand warfen oder sich stocksteif mitten auf den Fußboden legten und jede Bewegung verweigerten. Solchen Eindrücken nachzugeben öffnet die Tür für noch bizarrere Eindrücke und kann nach und nach zu immer mehr instabiler und unkluger Aktivität führen. Dies ist ein gefährlicher Türöffner zum geistlichen Bereich. Die Leute sollten sich davon bekehren, solchen Eindrücken nachzugeben, und darin nicht ermutigt werden. Manchmal verbirgt sich dahinter, dass jemand Dämonen Raum gibt.

Missbrauch Nr. 6: Schmeichelei und Manipulation

Manchmal denkt sich jemand ein prophetisches Wort aus oder fügt etwas hinzu, um Menschen mit Geld zu manipulieren, oder damit die Leiter ihn akzeptieren. In 1. Korinther 13 spricht Paulus über Liebe im Zusammenhang der geistlichen Gaben und betont dabei, dass Liebe „nicht das Ihre sucht" (Vers 5). Wir müssen uns hüten, so zu prophezeien, dass wir Menschen schmeicheln, um einen persönlichen Vorteil durch sie zu erzielen. Die meisten Menschen haben genug Stolz, um in der Gefahr zu stehen, Schmeicheleien letztendlich zu glauben. Das führt zu Selbsttäuschung.

Menschen, die Prophetie missbrauchen, um anderen zu schmeicheln und sie zu manipulieren, möchten oft nichtöffentlich „prophezeien", damit andere sie nicht zurechtweisen und ihnen sagen, wie unklug und unsinnig solch eine Art Prophetie ist.

Solche Leute prophezeien aus ihrem eigenen Wunsch heraus, Menschen an sich selbst zu binden. Sie setzen Schmeichelei und Übertreibung ein, um den Wünschen anderer entgegenzukommen, und sie dann in der Hand zu haben.

Jakobus warnt uns: „Wenn aber euer Herz voll ist von bitterer Eifersucht und von Ehrgeiz, dann prahlt nicht und verfälscht nicht die Wahrheit! Das ist nicht die Weisheit, die von oben kommt, sondern eine irdische, eigennützige, teuflische Weisheit. Wo nämlich Eifersucht und Ehrgeiz herrschen, da gibt es Unordnung und böse Taten jeder Art. Doch die Weisheit von oben ist erstens heilig, sodann friedlich, freundlich, gehorsam, voll Erbarmen und reich an guten Früchten, sie ist unparteiisch, sie heuchelt nicht. Wo Frieden herrscht, wird (von Gott) für die Menschen, die Frieden stiften, die Saat der Gerechtigkeit ausgestreut" (Jakobus 3,14–18).

Manche sind empfänglicher für Schmeicheleien als andere, weil sie sich so sehr danach sehnen, Prophezeiungen über die Größe oder Einzigartigkeit ihrer Dienstberufung zu hören.

Ich habe mehrere prophetische Dienste erlebt, die denen schmeicheln, die sie als Assistenten für ihren Mitarbeiterstab gewinnen wollen, indem sie prophezeien, „ihr Mantel" würde auf den potenziellen Assistenten fallen. Manche prophetischen Diener wollen Assistenten, die ihrer Autorität blind gehorchen.

Es gibt junge Mitarbeiter, die so darauf aus sind zu glauben, dass sie eine einzigartige Berufung haben, dass sie bereit sind, so ungefähr alles zu tun, um diese Berufung zu erhalten. Natürlich bewirkt solche Manipulation am Ende viel Bitterkeit und Verachtung für den prophetischen Dienst. Ich habe manche ältere „Propheten" diese Art von Schmeichelei immer und immer wieder einsetzen sehen, um sich die Treue junger Menschen zu sichern.

Missbrauch Nr. 7: Unter Ausschluss der Öffentlichkeit prophezeien

Ich rate zu Vorsicht, wenn jemand Ihnen nur ganz allein prophezeien möchte, ohne dass andere Menschen Zeuge des Gesagten sein können. Als allgemeine Regel gilt: Wenn jemand darauf besteht, ein prophetisches Wort für Sie zu haben, das er nur im Geheimen geben kann, dann ist wahrscheinlich etwas nicht in Ordnung. Wenn ein prophetischer Mensch jemanden in ein Hinterzimmer ziehen möchte, um zu prophezeien, dann tut er es normalerweise, damit niemand mitbekommt, wenn er schmeichelt oder manipuliert.

Wer im Licht lebt, hat nichts dagegen, im Licht zu prophezeien oder so, dass er die volle Verantwortung für das Gesagte übernehmen kann. Es ist besser, nur solche Prophezeiungen anzunehmen, die „im Licht" mit Zeugen gegeben wurden. Allen prophetischen Teams rate ich dringend, die Prophetien, die sie geben, aufzuschreiben, wo immer das möglich ist.

Ich erinnere mich an eine Begebenheit, wo ein Prophet, der zu Besuch war, darum bat, mehrere junge Leiter in der Gemeinde, in der ich sprach, treffen zu können, um persönlich über ihnen zu prophezeien. Er bestand darauf, er könne die Worte nur nichtöffentlich weitergeben. Später stellte sich heraus, dass dieser Prophet den jungen Leuten geschmeichelt hatte, indem er jedem Einzelnen von ihnen sagte, wie großartig er wäre und wie wenig die Leitung der Gemeinde seine große Leitungsgabe anerkannte. Er deutete für jeden Einzelnen in unterschiedlicher Weise an, dass er vielleicht seine Gemeinde verlassen und ihm helfen müsse, eine andere Gemeinde aufzubauen, nachdem er in diese Stadt gezogen wäre. Die meisten dieser jungen Männer verließen ihre Gemeinde, um sich ihm anzuschließen.

Noch einmal: Hüten wir uns vor Menschen, die den Anspruch erheben, Propheten zu sein, und sich irgendwohin zurückziehen wollen, um in der Abgeschiedenheit über uns zu prophezeien. Solche Leute wollen unser Vertrauen und damit Einfluss gewinnen, um an unser Geld oder unsere Unterstützung zu kommen.

Das Empfangen einer Prophezeiung öffnet einem ganz besonders das Herz. Das will ich erklären. Wenn ein prophetisch Dienender jemandem in die Augen sieht und Aspekte seiner göttlichen Bestimmung verkündet, bewegt das das Herz des Empfangenden. Das kann manchmal eine Art Seelenverbindung schaffen. Manche prophetisch Dienende nutzen diesen Einfluss aus, um „enge Freundschaften" zu entwickeln, die letztendlich sexuelle Untertöne haben.

Mitunter ist es noch viel offensichtlicher. Einmal besuchten ein Mann und seine Frau die *IHOP Missions Base* und sahen eine junge Frau singen. Danach kam der Mann auf das Mädchen zu und sagte ihr, er habe ein „prophetisches Wort" für sie. Er sagte, sie müssten nach draußen gehen, damit er ihr das Wort weitergeben könne, und so ging sie mit ihm und seiner Frau aus dem Haus. Der Mann prophezeite dem Mädchen, dass der Herr ihr das „Liebhaberherz Gottes" geben wolle. Das Mädchen war verblüfft. Bevor sie wusste, wie ihr geschah, hatte der Mann sie in die Arme genommen und spielte mit ihrem Haar, während seine Ehefrau dabei stand und in Zungen betete! Als das junge Mädchen merkte, was los war, stieß sie ihn zurück und floh in Sicherheit. Ich habe sehr viele ähnlicher Geschichten gehört. Normalerweise nimmt die „prophetische" Person jemanden in einen Nebenraum, blickt ihm in die Augen, schmeichelt ihm und sagt ihm, welch eine wunderbare Bestimmung er hätte. Beim nächsten Treffen prophezeit sie darüber, wie verbunden sie im Geist und wie einzigartig die Verbindung zwischen ihnen wäre.

In diesen privaten „prophetischen Zusammenkünften" entwickeln sich die Täuschungen immer weiter. Mit der Zeit beginnt die „prophetische Person" dann zu sagen, dass der Herr möchte, dass sie auch körperlichen Kontakt haben, um darzustellen, was im Geist geschieht. Viele sind darin gefangen worden, weil sie blind manipulativen prophetischen Menschen folgten, die Gottes Namen eigentlich missbrauchten. Die gutgläubigen Opfer wollen so unbedingt in ihre Bestimmung finden, dass sie zu quasi allem bereit sind. Sogar wenn sie sich von dem „Propheten" gar nicht angezogen fühlen, sind manche bereit, alles zu ertragen, um in ihre Bestimmung zu kommen.

Missbrauch Nr. 8: Mutmassungen über Zeitpunkte

Wir müssen aufpassen, dass wir über die Zeiten der Erfüllung von prophetischen Worten, die wir jemandem geben, keine Mutmaßungen anstellen. Manchmal tun das prophetische Leute, um ein prophetisches Wort „aufzupeppen". Manchmal fühlen sie sich von dem Empfangenden unter Druck gesetzt, auch noch eine Information zum Zeitpunkt hinzuzufügen. Das bringt am Ende nur unnötige Verwirrung.

Missbrauch Nr. 9: „Ich kann nicht anders/kann nicht aufhören"

Im Lauf der Jahre habe ich erlebt, wie prophetische Leute gebeten wurden, nicht mehr weiterzusprechen oder sich nicht mehr in einer bestimmten Weise zu verhalten. Manche von ihnen behaupteten, sie könnten nicht aufhören, weil sie vom Heiligen Geist „überwältigt" wären. Aber die Bibel ist sehr klar darin, dass Menschen, die in der Kraft des Heiligen Geistes wirken, von Liebe und Selbstbeherrschung bestimmt sind (Galater 5,22–23). Paulus sagte: „Die Äußerung prophetischer Eingebungen ist nämlich dem Willen der Propheten unterworfen" (1. Korinther 14,32). Mit anderen Worten, er machte den Prophezeienden selbst verantwortlich, dafür zu sorgen, dass er seinen Geist unter Kontrolle hält. Er ließ nicht zu, dass die prophetischen Leute in der neutestamentlichen Gemeinde behaupteten, sie hätten keine Gewalt über ihr Verhalten oder ihre Äußerungen während einer Versammlung. Noch einmal: Jeder, der behauptet, er könne nicht kontrollieren, was er sagt oder tut, weil er vom

Heiligen Geist „überwältigt“ wäre, ist naiv. Es gibt bestimmte Typen, die die Verantwortung für ihr Tun und Sagen nicht übernehmen wollen, indem sie behaupten, der Heilige Geist ließe sie sich so und so verhalten. Paulus mahnte jeden Gläubigen und forderte ihn auf, in aller Ordnung und Selbstbeherrschung beizutragen, was er hatte (1. Korinther 14,28–40).

Paulus lehrte die prophetischen Leute, sich so selbst zu beherrschen, dass sie während ihrer Prophezeiung lange genug Pause machen konnten, damit andere prophetische Leute sprechen konnten (Vers 30).

Ein Aspekt der Selbstbeherrschung ist die Fähigkeit, den Geist zu beherrschen oder unsere Worte und Taten unter Kontrolle zu halten.

> Besser, wer sich selbst beherrscht, als wer Städte erobert (Sprüche 16,32).

> Eine Stadt mit eingerissener Mauer ist ein Mann, der sich nicht beherrscht (Sprüche 25,28).

Während eines Gottesdienstes kam eine Frau mit einem prophetischen Wort für unsere Gemeinde zunächst zu mir. Ich konnte bestätigen, dass es wirklich ein Wort von Gott war. Zu meiner Überraschung begann sie, als sie aufstand, um der Gemeinde das Wort mitzuteilen, mit Armen und Beinen wild um sich zu schlagen, während sie das Wort aussprach. Sie zog viel Aufmerksamkeit auf sich und hinderte die versammelte Gemeinde sogar, das prophetische Wort, das sie selber aussprach, zu verstehen. Ich sprach die Frau auf ihr unnötiges und ablenkendes Verhalten an, und sie behauptete, sie habe es nicht ändern können. Als ich ihr sagte, dass der „Geist des Propheten dem Propheten untertan“ sei, ärgerte sie sich über mich und beschuldigte mich, „den Geist auszulöschen“.

Missbrauch Nr. 10: Aufmerksamkeit auf sich selber lenken

Paulus sagte, wir sollten nach dem Höchsten streben, wenn wir in den Gaben des Heiligen Geistes dienen (1. Korinther 12,31, 14,12; Philipper 1,9–10). Eine Weise, auf die wir beim Prophezeien einen guten Geist beweisen, ist, dass wir die Aufmerksamkeit auf Jesus lenken und nicht durch unseren exaltierten Stil auf uns selbst. Mancher prophezeit mit der Einstellung, sich selbst darstellen zu wollen, statt sich auf Jesus auszurichten und auf das, was den Leuten hilft, von Jesus zu empfangen. Mit anderen Worten, er zieht sehr viel Aufmerksamkeit auf sich selbst.

Vielleicht kommt er in dem Sinn damit durch, dass man ihn dafür nicht zurechtweist. Aber das ist nicht die beste Haltung für das Ausüben des prophetischen Dienstes.

Am besten prophezeit man so, dass man nicht ungebührlich Aufmerksamkeit auf sich selbst lenkt. Manche, die ein wirkliches prophetisches Wort haben, plustern sich in den Augen anderer als heiliger oder geistlicher auf, weil sie so zutreffende prophetische Offenbarungen bekommen.

Ich ermutige prophetische Menschen in unserer Mitte, ihre Emotionen zu zügeln, bevor sie ein prophetisches Wort weitergeben, und die Ausdrücke „Der Herr hat mir gesagt" oder „So spricht der Herr" nur sehr spärlich einzusetzen. Man kann in einer Weise prophezeien, die „übernatürlich natürlich" ist, ohne die Aufmerksamkeit auf die Tatsache zu lenken, dass man prophezeit. Wir sind angehalten, mit einer hervorragenden Einstellung in der Autorität des Geistes zu wirken (1. Korinther 14,12).

Missbrauch Nr. 11: Die Bedingungen für prophetische Worte unerwähnt lassen

Die meisten prophetischen Verheißungen sind an Bedingungen geknüpft. Sie werden nur eintreffen, wenn bestimmte Bedingungen erfüllt sind. Zum Beispiel bekommen Sie vielleicht eine prophetische Verheißung, dass großer Segen kommen wird, wenn Sie mehr Zeit nehmen, den Herrn zu suchen. Aber wenn sie die Bedingung für die Erfüllung der Verheißung nicht auch nennen, verursachen prophetisch Dienende vielleicht, dass Einzelne den Segen, den der Herr ihnen geben möchte, verpassen. Viele prophetische Worte sind nicht Garantien, sondern Einladungen, mit Gott zu kooperieren. Gott fordert Glauben und Gehorsam, wenn wir gemäß dem, was er verheißt, wirken und beten.

Ich habe Menschen kennengelernt, die richtige und auf ungewöhnliche Weise bestätigte prophetische Worte über ihre Berufung empfangen haben. Die Menschen verstanden die Worte als Garantien statt als Einladungen, und so bemühten sie sich nicht so um den Herrn, wie er es von ihnen forderte, um in ihren neuen Dienst einzutreten.

Ich kannte einmal einen jungen Mann, der in einer großen Versammlung aufgerufen wurde und dem dann ein prophetisches Wort über seine Berufung gesagt wurde. Es wurde auf übernatürliche Weise bestätigt. Aber der Prophet nannte nicht die Bedingungen, die dieser junge Mann erfüllen musste, um seine Berufung auszuleben. Das prophetische Wort war eine Einladung, nicht ein Versprechen. Dieser junge Mann lebte schließlich mit einem falschen Vertrauen auf das prophetische Wort. Er dachte, er könnte leben, wie immer es ihm passte, in der Annahme, eines Tages würde sich das prophetische Wort plötzlich einfach so erfüllen.

Wegen der Genauigkeit des Wortes und der übernatürlichen Bestätigung missverstand dieser junge Mann die Souveränität Gottes, die mit seinem freien Willen zusammenarbeitete. Er dachte, das Wort wäre, als es gegeben wurde, bereits eine abgemachte Sache. Aber der Herr lud ihn damit zu einem dieser Berufung würdigen Leben ein, in dem er Veränderungen vornehmen sollte, die ihn in das führen würden, was der Herr ihm anbot.

Das prophetische Wort hatte diesem jungen Mann die Zuversicht vermitteln sollen, die ihm die Kraft für radikale Entscheidungen zu einem anderen Lebensstil geben würde, nämlich Jesus von ganzem Herzen zu lieben. Das prophetische Wort sollte ihm Glauben geben, schwierige Entscheidungen zu treffen und fest und geduldig an ihnen festzuhalten.

Statt so zu reagieren, sagte der junge Mann einfach: „Was kommen muss, das kommt", lebte seinen Alltag wie immer und verpasste, was der Herr mit ihm tun wollte. Wie gesagt, prophetische Worte sind Einladungen, nicht Versprechungen. Wenn wir ein eindeutiges prophetisches Wort empfangen, das Gott übernatürlich bestätigt, dann sollten wir zittern vor Ehrfurcht, dass wir nur ja auf die Weise reagieren, die dem Herrn gefällt. Beim Weitergeben solcher prophetischer Worte müssen wir den Menschen sagen, dass ihr freier Wille mit der Souveränität Gottes zusammenarbeiten muss.

MISSBRAUCH NR. 12: NEGATIVE WORTE AUSSPRECHEN, OHNE ZU ERWÄHNEN, DASS SIE ABGEWENDET WERDEN KÖNNTEN

Manchmal ist es richtig, jemandem ein prophetisches Wort mit negativer Aussage zu sagen. Diese negativen Worte geben uns oft einen Einblick in das, was Satan mit dem Leben eines Menschen vorhat, und können Gottes Barmherzigkeit sein, dass er die Pläne des Feindes offenbart. Aber es ist wichtig zu kommunizieren, dass die Erfüllung dieser negativen Worte durch Buße, Glauben und Gehorsam abgewendet werden kann. Wird das nicht erwähnt, kann es zu falschen Reaktionen führen, zum Beispiel zu Angst und Furcht, statt zu der Reaktion, die Gott erreichen möchte, nämlich Buße, Liebe zu Gott und Gehorsam.

Es macht mich traurig und wütend, wenn ich das geschehen sehe. Menschen, die glauben, dass das negative prophetische Wort real ist, aber nicht wissen, wie sie sich den negativen Konsequenzen entziehen können, verzweifeln, weil sie denken, dass es keinen Weg aus dem „Gericht", unter dem sie sind, heraus gibt. Ich weiß von einem Propheten, der einmal einer jungen Frau, die bekannte, eine sündige Beziehung zu haben, sagte, sie würde sieben Jahre lang „abfallen" und dann zum Herrn zurückkommen. Die junge Frau war über ihre Sünde gebrochen und hatte den Propheten aufgesucht, weil sie Buße tun wollte. Sie bat Gott um Gnade, aber statt ihr zu sagen, dass Gott ihr vergeben und in seiner Barmherzigkeit helfen würde, verdammte der Prophet sie. Das Mädchen war verzweifelt und dachte, sie habe keine andere Wahl, als sieben finstere Jahre lang „gegen Gott" zu leben. Sie war entsetzt bei dem Gedanken, ohne Gott zu sein, und wollte unbedingt im Licht leben, aber sie dachte, sie habe keine Wahl. Sie dachte, das „prophetische Wort" würde sich unausweichlich erfüllen, statt zu sehen, dass es Satans Plan für ihr Leben beschrieb, der nicht zur Ausführung kommen musste. Sie nahm es wie ein fertig geschriebenes Drehbuch an, an dem sich nichts mehr ändern könnte. Es ist gegen die Schrift und gegen Gottes Herz, auf diese Weise negative Worte weiterzugeben. Jesus schafft einen Ausweg für die, die Buße tun und zu ihm rufen (1. Korinther 10,13).

Missbrauch Nr. 13: Unklar sprechen

Ich ermutige Leute, ihre Prophetien so zu äußern, dass die Bedeutung verstanden werden kann, und nicht übermäßig mystisch oder kryptisch daherzureden. Es ist nicht sehr hilfreich, ein prophetisches Wort weiterzugeben, das nicht zu entschlüsseln ist.

Manch einer denkt, dass er irgendwie geistlicher wäre, wenn er auf merkwürdige und mystische Weise in unlösbaren Rätseln spricht. Das ist Unsinn, denn so etwas führt zu Verwirrung und Missverständnissen statt zu Erbauung. Versuchen Sie, Ihr prophetisches Wort so klar und einfach wie möglich auszudrücken, damit die Leute wirklich darauf eingehen können.

Ich habe erlebt, dass prophetische Menschen mystische Worte weitergaben, die große Verwirrung auslösten, weil sie für jegliche Interpretation offen waren und alles Mögliche bedeuten konnten.

MISSBRAUCH NR. 14: NICHT ANERKENNEN, WENN WIR EIN NICHT ZUTREFFENDES PROPHETISCHES WORT AUSGESPROCHEN HABEN

Wir müssen für die sich als falsch herausstellenden prophetischen Worte, die wir geben, Rechenschaft ablegen. Irgendwann einmal liegen wir vielleicht mit einer prophetischen Botschaft für jemanden daneben. Dann ist es wichtig, dass wir dafür die Verantwortung übernehmen. Manche Leute haben vielleicht Angst, dass ihre Glaubwürdigkeit Schaden nimmt, wenn sie in einer solchen Situation ehrlich sind. Ich glaube, das Gegenteil ist der Fall.

Wenn prophetische Leute ehrlich sind über ihre Patzer, dann entsteht ein gewisses Vertrauen, denn sie sind nicht nur ehrlich, wenn sie richtig liegen, sondern auch, wenn sie falsch liegen. Prophetische Leute, die sich weigern, Patzer zuzugeben, und weiterhin prophezeien, werden nur an Glaubwürdigkeit verlieren, aber die, die zugeben, dass sie sich geirrt haben, gewinnen Vertrauen.

Ich ermutige alle, die auf unserer Bühne prophetisch dienen, sich zu den Fällen zu äußern, wo sie nicht korrekt prophezeit haben.

Kapitel 16

Im Praktizieren von Prophetie wachsen

Um auf dem Gebiet des Prophetischen zu wachsen, muss man die grundlegende Wahrheit akzeptieren, dass alle wiedergeborenen Christen einfache Prophezeiungen geben können. Es ist Gottes Wille, dass jeder, der Jesus liebt, prophezeit. Das ist tatsächlich das Erbe jedes wiedergeborenen Christen.

> Ich wünschte, ihr alle würdet in Zungen reden, weit mehr aber, ihr würdet prophetisch reden (1. Korinther 14,5).

> … könnt ihr alle prophetisch reden (1. Korinther 14,31).

Die Manifestation des Geistes ist eine Demonstration der Macht Gottes. In 1. Korinther 12,7 heißt es: „Jedem aber wird die Offenbarung des Geistes geschenkt, damit sie anderen nützt."

Ich erinnere noch einmal an die drei Aufgaben der einfachen Prophetie – aufbauen, ermutigen und trösten: „Wer aber prophetisch redet, redet zu Menschen: Er baut auf, ermutigt, spendet Trost" (1. Korinther 14,3).

Einfache Prophetie soll Menschen in ihrem Glauben und Lieben inspirieren. Sie erinnert sie, dass Gott sich um ihre Anliegen kümmert. Oft betont sie Dinge, die Menschen schon wissen oder über die sie bereits nachdenken. Bei „Aufbauen" geht es darum, jemandem geistlich in unterschiedlicher Weise weiterzuhelfen, z. B. durch Bestätigung seiner Bestimmung und dessen, was Gott mit seinem Leben vorhat. Eine praktische Möglichkeit wäre, jemandem eine Bibelstelle zuzusprechen. Oft wird dem Empfänger ein solcher Vers schon vorher wichtig gewesen sein. Dadurch bestätigt sich, dass Gott zu ihm spricht. Zum Aufbauen gehört es auch, Menschen zu versichern, dass Gott ihr Herz berühren oder in einem bestimmten Lebensbereich einen Durchbruch geben wird. Vielleicht ist es nur die deutliche Aussage, dass Gott mit ihnen ist, oder es bestätigt etwas in ihrem Herzen Verborgenes, ein Ereignis der Vergangenheit, einen Traum oder etwas, was Gott ihnen zuvor gesagt hat. Vielleicht geht es um einen Durchbruch im Bereich von Erlösung oder Heilung in ihrer Familie.

Einfache Prophetie heißt auch, Menschen zu ermutigen, dass sie beständig bleiben und in schweren Zeiten nicht Gottes Verheißungen aufgeben oder in der Versuchung der Sünde nachgeben. Durch den Heiligen Geist ermutigen wir sie, an ihrer Berufung und Rechtschaffenheit festzuhalten.

Ferner trösten wir durch die Inspiration des Heiligen Geistes. Das heißt, wir zeigen den Menschen, die eine Enttäuschung oder einen Rückschlag in ihrem Leben erleiden, Gottes Perspektive auf. Das gibt ihnen Bestätigung und Sicherheit und hilft ihnen so, auf Gott ausgerichtet zu bleiben und treu Gottes Willen tun zu wollen.

Einfache Prophetie, das sind unter anderem Worte wie: „Der Herr liebt sein Volk“, oder „Der Heilige Geist bereitet uns auf einen Durchbruch vor“. Kleine Gruppen bieten einen guten Rahmen, in dem man einfach prophezeien lernen kann. Sie sind normalerweise ein „sicherer“ Ort zum Anfangen und Wachsen. In einer Atmosphäre von Gebet und Warten auf Gott in einer Kleingruppe können Christen unter der Aufsicht erfahrenerer prophetischer Leiter die Eindrücke aussprechen, die ihnen kommen. In diesem Rahmen ist direktes Feedback und Auswertung möglich, und der Glaube für den prophetischen Dienst kann nach und nach wachsen und reifen.

Wie man mehr prophetische Eindrücke empfängt

Eine praktische Möglichkeit, mehr prophetische Eindrücke zu empfangen, ist, den Heiligen Geist einfach zu fragen: „Was sagst oder tust du zur Zeit, woran ich teilhaben soll?“ Bestimmte Aspekte seines Dienstes an uns wird er zurückhalten, bis wir aktiv danach fragen. Ich versuche solche Fragen mehrmals täglich zu stellen. Ob ich zu einer Mitarbeiterbesprechung gehe, mit jemandem Gemeinschaft habe, an einer Freizeit teilnehme, esse oder studiere, ich lege gerne eine kleine Pause ein und frage den Heiligen Geist: „Möchtest du mir oder durch mich irgendetwas sagen?" Wenn ich im *IHOP*-Gebetsraum sitze, frage ich: „Heiliger Geist, gibt es irgendetwas, was ich irgendwem sagen soll? Hier bin ich." Wenn ich einen Abend mit meiner Frau oder meiner Familie verbringe, frage ich: „Heiliger Geist, möchtest du, dass ich irgendetwas sage?" Beschränken Sie derartige Fragen an den Heiligen Geist nicht nur auf „geistliche" Umstände. Wir bitten, dass sich der Heilige Geist überall einbringt, in kleinen und in großen Gruppen, bei Arbeit und Spiel, in der Schule, bei gesellschaftlichen Ereignissen usw. Wir können die prophetischen Eindrücke des Heiligen Geistes beim Fußballspielen mit unseren Kindern ebenso empfangen wie beim Zusammensein mit Freunden. Wenn Sie einen Freund anrufen, fragen Sie den Geist: „Möchtest du durch diesen Anruf irgendetwas durch mich oder zu mir sagen?"

Es ist egal, ob Sie zu Christen oder Nichtchristen sprechen. Vergessen Sie nicht, Sie brauchen den Ausdruck „So spricht der Herr" nicht zu verwenden, wenn Sie prophezeien. Sie können zu einem Ungläubigen reden, ohne ihm je zu sagen, dass Sie prophezeien. Ich nenne das „übernatürlich natürlich" prophezeien.

Manchmal wird es uns bewusst sein, dass wir prophezeien, und manchmal überhaupt nicht. Ich habe mehr „unbewusste" Prophezeiungen geäußert als beabsichtigte. Mit anderen Worten, ich hatte oft gar nicht vorgehabt, vom Heiligen Geist her zu jemandem zu sprechen, aber es ergab sich „übernatürlich natürlich".

Zum Beispiel kommt es vor, dass ich im Gespräch mit jemandem plötzlich etwas äußere, was vom Heiligen Geist kommt. Die Person reagiert, indem sie mir sagt, dass sie sich ermutigt fühlt.

Ich möchte in unseren Vorstandssitzungen prophezeien. Ich möchte beim Cafébesuch mit einem Freund prophezeien. Ich möchte einfach für Menschen prophezeien. Ich möchte das tun, ohne die Aufmerksamkeit auf mich zu lenken oder auf die Tatsache, dass es dabei um Prophetie geht. Die Menschen werden es wissen, wenn es ihr Herz bewegt.

Das Vorbild Jesu

Jesus war ein Vorbild dafür, wie man im Heiligen Geist lebt und wie man in der prophetischen Salbung wirkt. Johannes 5,19 ist ein klassischer Vers, der Jesu Beziehung zum Vater beschreibt. Jesus tat nichts, bis er es den Vater tun sah.

> Jesus aber sagte zu ihnen: ... Der Sohn kann nichts von sich aus tun, sondern nur, wenn er den Vater etwas tun sieht. Was nämlich der Vater tut, das tut in gleicher Weise der Sohn (Johannes 5,19).

Den ganzen Tag lang bat Jesus: „Vater, zeige mir, was du heute tust.“ Zweifellos hatte der Vater viele unterschiedliche Kommunikationsebenen mit Jesus. Manchmal gab er Jesus einen prophetischen Eindruck, der ihm offenbarte, dass er eine bestimmte Person in der Versammlung am nächsten Tag heilen würde. Manchmal empfing Jesus einen prophetischen Traum über eine Heilung, die bald in seinem Dienst freigesetzt werden würde. Manchmal sprach der Vater auf dramatischere Weise zu Jesus, indem er ihm z. B. einen Engel sandte. Jesus achtete ständig darauf, was der Vater tun wollte. Die Frage in seinem Herzen war immer: „Vater, was tust du gerade?“

Jesus nahm die engen Grenzen des Menschseins an.

> Darum musste er in allem seinen Brüdern gleich sein, um ein barmherziger und treuer Hohepriester vor Gott zu sein ... (Hebräer 2,17).

> Wir haben ja nicht einen Hohepriester, der nicht mitfühlen könnte mit unserer Schwäche, sondern einen, der in allem wie wir in Versuchung geführt worden ist, aber nicht gesündigt hat (Hebräer 4,15).

Jesus war zwar in seinem Erdenleben absolut nie weniger als Gott, doch er lebte, als wäre er absolut nie mehr als ein Mensch. Mit anderen Worten: Als Mensch musste Jesus auf das Wirken des Heiligen Geistes warten und vertrauen, bevor er Menschen dienen konnte. Welche Demut! Jesus ist der ungeschaffene Gott, der Himmel und Erde schuf (1. Mose 1). Doch er verzichtete auf das Recht, seine Macht zu gebrauchen, und lebte 33 Jahre lang als ein Mensch in völliger Abhängigkeit vom Geist. Jesus wartete und sprach nur durch Glauben gemäß dem, was der Vater zu ihm gesprochen hatte. Damit gab er uns ein Vorbild für das Christsein.

Vier Möglichkeiten zu erkennen, was der Vater tut

Es gibt mehrere Möglichkeiten, wie wir sehen, was der Vater tut.

1. Wir können das prophetische Flüstern oder Eindrücke von Gott empfangen. Das kann im Voraus geschehen, aber normalerweise gewährt der Geist diese Einblicke in dem Moment, in dem wir

Menschen dienen. Wir achten auf die Eindrücke und Einflüsse auf unser Herz, um in Gerechtigkeit zu leben und den Geist nicht zu dämpfen.

2. Der Geist lässt uns manchmal eine körperliche Empfindung (Feuer, Wind usw.) oder einen („mitfühlenden“) Schmerz verspüren, was mit dem übereinstimmt, wie er jemanden heilen oder anrühren möchte.
3. Vielleicht sehen wir anhand offensichtlicher äußerlicher Manifestation die Gegenwart des Geistes auf jemandem ruhen (bebende Lippen, Erröten, Zittern oder Weinen).
4. Der Heilige Geist kann uns zeigen, was er tut, indem er uns einen prophetischen Traum oder eine Vision über jemanden gibt, bevor wir dieser Person dienen.

Das Flüstern Gottes empfangen

Hauptsächlich wird der Vater uns zeigen, was er tut, indem er mit dem „sanften, leisen Säuseln“ zu uns spricht. Der Vater wird uns auch etwas zuflüstern oder auf das hinweisen, was er tun will. Der „göttliche Hinweis“ kann als subtiler prophetischer Eindruck in unserem Inneren erfolgen. Elia sah den starken, heftigen Sturm, der die Berge zerriss und die Felsen zerbrach, und fühlte das Erdbeben und wurde Zeuge des Feuers, aber der Herr war in dem sanften, leisen Säuseln.

> Der Herr antwortete: Komm heraus und stell dich auf den Berg vor den Herrn! Da zog der Herr vorüber: Ein starker, heftiger Sturm, der die Berge zerriss und die Felsen zerbrach, ging dem Herrn voraus. Doch der Herr war nicht im Sturm. Nach dem Sturm kam ein Erdbeben. Doch der Herr war nicht im Erdbeben. Nach dem Beben kam ein Feuer. Doch der Herr war nicht im Feuer. Nach dem Feuer aber kam ein sanftes, leises Säuseln. Als Elia es hörte, hüllte er sein Gesicht in den Mantel, trat hinaus und stellte sich an den Eingang der Höhle. Da vernahm er eine Stimme, die ihm zurief: Was willst du hier, Elia? (1. Könige 19,11–13)

Der Vater wird in dem „sanften, leisen Säuseln“ zu uns sprechen, mit anderen Worten: in unauffälligen prophetischen Eindrücken. Ich nenne diese Art des Empfangens „das prophetische Flüstern Gottes“. Oft, wenn ich mit jemandem spreche, kommt mir eine Idee vom Heiligen Geist in den Sinn, die ich dann ausspreche. Selten nur erwähne ich meinem

Gesprächspartner gegenüber, dass der Heilige Geist zu mir spricht. Ich denke mir, wenn es wirklich der Herr ist, der durch mich spricht, wird die Person das schon wissen, auch wenn ich es nicht extra sage.

Nun würde ich natürlich lieber den Donner Gottes oder eine offene Vision empfangen. Solche Art von Erfahrungen habe ich noch nicht oft gemacht. In den 35 Jahren, in denen ich mit dem Herrn lebe, habe ich die Stimme Gottes nur dreimal hörbar vernommen. Ich hatte mehrere prophetische Träume mit tiefer Bedeutung und auch ein paar andere übernatürliche Erfahrungen, aber zu 99 Prozent empfange ich nur Gottes Flüstern in meinem Herzen. Gott gibt uns Eindrücke, die uns mitteilen, was er tun will (Epheser 1,17, Kolosser 1,9, Offenbarung 19,10). Fühlen Sie sich nicht unter Druck, mit etwas aufwarten zu müssen.

Der Herr wird mit dem Flüstern mehr tun, als uns bewusst ist, wenn wir in Aktion treten und es aussprechen. Wir müssen die Eindrücke, die wir vom Heiligen Geist bekommen, zum Ausdruck bringen. Wenn wir das nicht tun, dann wird die Kraft Gottes nicht in demselben Maß freigesetzt. Gibt der Heilige Geist uns in unserem Herzen einen Hinweis, dürfen wir ihn nicht ignorieren, denn dann wird er vergehen und die Person, der wir dienen sollen, wird vielleicht nicht angerührt oder geheilt.

Wenn ich zum Beispiel für jemanden bete, lege ich ihm die Hände auf und warte einen Moment auf den Heiligen Geist; ich bitte ihn, mir einen Satz oder einen Bibelvers in den Sinn zu geben. Wenn uns als ein schwaches Flüstern Gottes eine Schriftstelle in den Sinn kommt, dann müssen wir sie über der Person, für die wir beten, aussprechen. Ich habe gemerkt, dass es „wächst", wenn ich das tue. Mit anderen Worten, wenn wir einfache Bibelverse aussprechen, die der Heilige Geist uns in dem Moment in den Sinn gibt, dann kommt mehr, und der Geist wirkt noch mehr am Herzen der Person.

Ich vergleiche Prophezeien mit dem Hissen eines Segels an einem windstillen Tag. Jemand, der im Boot auf dem See ist, bemerkt vielleicht keinen Wind. Aber er setzt das Segel und plötzlich bewegt sich das Boot ein wenig. Den sanften Wind können wir nicht immer erkennen, wenn wir das Segel nicht hissen. Er ist sanft, aber mit der Zeit wird sich das kleine Segelschiff bewegen, wenn wir das Segel hochziehen.

Wir setzen unser geistliches Segel, indem wir dem Heiligen Geist die Frage stellen, was er gerade sagt oder tut. Mit anderen Worten, wir schalten in den Beobachtermodus um.

Wenn ich sonntags auf der Bühne stehe, kann ich den Heiligen Geist zehnmal um einen prophetischen Eindruck bitten. Ich bitte darum, einen Engel zu sehen oder an dem Tag für die Heilung eines Gelähmten gebraucht zu werden.

Ich fordere unsere Lobpreisteams in der *IHOP Missions Base* auf, die Frage während der ganzen Anbetungszeit, die sie leiten, zu stellen. Dann werden sie Fragmente prophetischer Information empfangen.

Wachen: Aufmerksamkeit gegenüber dem Heiligen Geist

Wir wachsen prophetisch durch das, was die Bibel „Wachen" nennt (Matthäus 24,42–43, 25,13, 26,38–41, 27,36; Markus 13,9, 33–38; Lukas 12,38–39, 21,36; Apostelgeschichte 20,31; 1. Korinther 16,13; 1. Thessalonicher 5,2–4.6; Offenbarung 3,3, 16,15). In 1. Petrus 4,7 heißt es: „Deshalb seid wachsam und nüchtern, werdet nicht müde zu beten" (Hfa), und in 1. Thessalonicher 5,6: „Darum wollen wir nicht schlafen wie die anderen, sondern wach und nüchtern sein."

Im Gebet wachsam sein heißt auch, eine betende Haltung und Aufmerksamkeit für das Wirken des Heiligen Geistes zu kultivieren. Wir achten auf die Eindrücke und Hinweise des Heiligen Geistes in unserem Herzen. Wir richten unser Herz darauf aus, schwache prophetische Eindrücke zu empfangen. Mit anderen Worten, wir achten auf die sanfte Brise des Heiligen Geistes, die uns einen schwachen Eindruck gibt, oder vielleicht kommt uns ein Bibelvers in den Sinn. Wir fragen den Heiligen Geist, was er tut, und wir werden so still in unserer Seele, dass wir von ihm empfangen.

> Ich ließ meine Seele ruhig werden und still; wie ein kleines Kind bei der Mutter ist meine Seele still in mir (Psalm 131,2).

Paulus fragte die Christen in Galatien, wie sie das Wirken des Geistes empfangen hatten.

> Habt ihr den Geist durch die Werke des Gesetzes oder durch die Botschaft des Glaubens empfangen? (Galater 3,2)

Paulus lehrte sie, dass sie das Wirken des Heiligen Geistes durch glaubens- und vertrauensvolles Hören empfangen würden. Mit anderen Worten, durch Hören oder Empfangen von prophetischen Eindrücken und Vertrauen auf solche Eindrücke wirken wir im Heiligen Geist. Prophetische Eindrücke verdienen wir nicht. Aber wir müssen auf sie hören und uns im Glauben und Vertrauen nach ihnen richten. Fasten und Beten richtet unser Herz darauf aus, zu hören und mehr vom Heiligen Geist zu empfangen. Wenn ich auf Eindrücke höre und mich nach ihnen richte, dann wird die Kraft des Geistes freigesetzt. Viele bleiben passiv, sie bitten nicht um das Wirken des Heiligen Geistes in ihrem Herzen. Wir müssen die Frage aktiv stellen und die Eindrücke, die Gott gibt, wertschätzen. Das nennt man glaubensvolles Hören. Wir hören die zarten Eindrücke des Heiligen Geistes.

Warum Christen nicht prophezeien

Ein Grund, weshalb Christen nicht prophezeien, ist, dass es Liebe und geistlichen Elan erfordert, regelmäßig zu prophezeien. Das schließt die Aufmerksamkeit gegenüber dem Heiligen Geist ein, seine zarten Eindrücke zu empfangen. Es erfordert Energie, sich nach den Eindrücken zu richten, und wir müssen das Risiko eingehen, falsch zu liegen und dann von denen, denen wir dienen, nicht geschätzt zu werden. Es ist leichter, einfach insgesamt darauf zu verzichten. Zur Aufmerksamkeit gehört auch, dass wir uns verbieten, in Angst und Selbstmitleid zu schwelgen, was so viel emotionales Hin und Her in uns bewirkt. Es fordert eine gewisse Intensität, dem Heiligen Geist ständig verfügbar zu sein.

Mit der Gnade Gottes zusammenarbeiten

Das Leben als Christ erfordert unsere Kooperation mit der Gnade Gottes. Gott wird nicht unseren Part übernehmen, und wir können seinen nicht tun. Wenn wir unsere Aufgaben nicht wahrnehmen, dann hält Gott eine gewisse Menge Segen zurück. Manche halten Gnade für eine Art Autopilot, mit dem alles Gute einfach irgendwie stattfindet. Gott möchte vieles tun, was aber nicht einfach so geschieht, weil er sich nicht gewaltsam über seine eigene Entscheidung hinwegsetzt, in Zusammenarbeit mit seinem Volk zu wirken. Unsere Aufgabe ist es, treu und aufmerksam im Geist zu sein. An Gott liegt es, dass er uns prophetische Eindrücke geben und seine Macht freisetzen will. Aber wir müssen wachsam und treu sein, wenn wir unseren Part ausführen. Es gibt Dinge, die wir in unserem Leben nicht haben, weil wir nicht um sie bitten. Das Wirken im Geist steht ganz oben auf dieser Liste.

Manche vertrauen auf die Souveränität Gottes, aber in unbiblischer Weise. Das heißt, sie vertrauen darauf, dass Gott die Rolle übernimmt, die er ihnen zugewiesen hat. Wenn wir uns darauf verlassen, dass Gott unsere Rolle übernimmt, ist das anmaßend. Er wird unsere Aufgaben nicht übernehmen. Wir müssen offen bleiben und uns selbst ernähren. Er wird uns dabei inspirieren, und dann wird er an uns wirken, während wir das tun. Aber er wird nicht *machen*, dass wir vor ihm warten oder dass wir unser Herz für den Geist der Prophetie öffnen. Manche glauben fälschlicherweise, dass etwas, was Gott getan haben möchte, automatisch auch getan wird. Das stimmt manchmal in den breiten Pinselstrichen seiner Leitung in der Geschichte. Es gibt große Ereignisse, deren Ausführung Gott bestimmt hat, egal, ob Sie oder ich mitarbeiten oder nicht. Zum Beispiel wird das zweite Kommen Jesu und sein Endzeitgericht über den Antichrist unabhängig davon geschehen, ob wir Gott persönlich gehorchen oder nicht. Aber es gibt viele Dinge in unserem individuellen Leben, die sich auf die Qualität unseres Leben mit Gott auswirken, je nachdem, was wir tun oder nicht tun. Warum? Gott liebt uns mit eifersüchtiger Liebe, er will uns nahe sein, und deshalb wird er geduldig warten, bis wir ihn suchen, bevor er uns Antwort gibt. Er hat sich entschieden, uns eine dynamische Rolle bei der Bestimmung gewisser Faktoren unserer Lebensqualität zuzuweisen. Manche Dinge wird Gott uns einfach nicht geben, wenn wir nicht im Glauben und Gehorsam leben. Es gibt Segnungen, die Gott uns geben will, aber nur, wenn wir ihn darum bitten. Jakobus schreibt: „Ihr erhaltet nichts, weil ihr nicht bittet" (Jakobus 4,2).

Drei Arten, nach Prophetie zu streben

Wir wachsen, indem wir nach den höheren Gnadengaben streben (1. Korinther 12,31), nach den Geistesgaben streben (1. Korinther 14,1) und alles daran setzen, in Gottes Auftrag prophetisch zu sprechen (1. Korinther 14,39 Hfa). Auf drei Arten können wir nach der Prophetie streben. Sie sind so einfach, dass man manchmal darüber stolpert.

1. Wir streben danach zu prophezeien, indem wir beten: „Heiliger Geist, ich möchte prophezeien." Fragen Sie: „Heiliger Geist, was sagst oder tust du gerade?" (Nehmen Sie sich Zeit dafür.) Ich nenne das sanfte, leise Säuseln das „Flüstern Gottes" in meinem Herzen. Fragen Sie den Herrn, was er tun würde, wenn Sie ihm Ihr ganzes Herz und Ihr ganzes Inneres überließen. Wir müssen mit Absicht dafür Raum machen in unserem Herzen und Denken: Wir müssen unser Herz ruhig werden lassen und den Heiligen Geist um prophetische Eindrücke in der Gegenwart bitten. Manche Leute sagen: „Herr, setze deine Kraft in mir frei." Wenn es dann so weit ist, dass füreinander gebetet werden soll, dann schalten sie nicht einen Gang herunter und sagen: „Heiliger Geist, setze *jetzt* deine Kraft in mir frei." Um prophetische Eindrücke in der Gegenwart bitten und sie erwarten, das bedeutet, Raum für sie zu machen. Wir müssen unser Herz ruhig werden lassen, um die Eindrücke des Heiligen Geistes besser zu erkennen. Unser Geist muss still sein. Wir müssen einen Gang herunterschalten und dürfen uns nicht ereifern.
2. Wir müssen das zum Ausdruck bringen, was wir von Gott vernehmen. Fassen Sie den Eindruck in Worte. Was der Geist uns ganz zart aufs Herz legt, sprechen wir aus. (Meistens wird dieses Prophezeien vor wenigen Leuten stattfinden, nicht in der großen Versammlung.)
3. Dankbar für die kleinen Dinge, müssen wir einen Lebensstil von Wachen und Warten kultivieren. Schätzen Sie kleine Machterweise; seien Sie treu im Kleinen. (Geringes verschmähen wir nicht.) In unserem Stolz können wir leicht verachten, wie geringfügig Gottes Macht in unserer Mitte zu sehen ist. Manche sind nur an Gottes prophetischer Salbung und Heilungskraft interessiert, wenn diese sich in ungewöhnlichem und dramatischem Maße manifestieren. Sie sind nur dann eifrig daran interessiert, mit Heilung und im prophetischen Geist zu wirken, wenn es ein bedeutendes Maß an Freisetzung gibt. Mit anderen Worten, sie wollen nach ihren eigenen Vorstellungen prophetisch leben. Man muss demütig sein, um mit Gott nach seinen Vorstellungen zu leben, nämlich treu und dankbar zu sein in Zeiten der Geringfügigkeit.

DIE KLEINEN ANFÄNGE NICHT VERACHTEN

Wir müssen treu und dankbar sein für jegliche Macht, die Gott durch uns freisetzt, wie klein auch immer sie bemessen sein mag. Die Tage der kleinen Anfänge dürfen wir nicht verachten. „Denn wer *gering dachte* von der Zeit der kleinen Anfänge ..." (Sacharja 4,10). Treu müssen wir auch den schwachen Eindruck äußern. Zwischen Dankbarkeit und Treue da, wo Gott seine Macht in geringem Maße zeigt, und der verzweifelten Sehnsucht nach einem größeren Maß manifestierter Macht in voller Erweckung besteht eine deutliche Spannung. Momentan befinden wir uns in einer Phase der Vor-Erweckung. Ich verwende das Wort *Erweckung* gemäß dem Standard in der Apostelgeschichte. Nun wirkt der Herr sicherlich in diesen Tagen. Er rührt Dinge auf und bereitet ein bald bevorstehendes Wirken des Heiligen Geistes in den Völkern vor.

Manche warten, bis Gott seine Macht in ungewöhnlichem oder dramatischem Maß zeigt, bevor sie ihr Herz für Prophetie öffnen. Wie gesagt, sie wollen nach ihren eigenen Vorstellungen prophetisch wirken. Aber der Herr möchte, dass wir ihm nach seinen Vorstellungen und Bedingungen dienen. Das bedeutet Treue in den Tagen der kleinen Anfänge. Wir wachsen im Prophetischen, indem wir im Kleinen treu sind. Wir müssen Buße tun über das Verachten der kleinen Taten des Heiligen Geistes und alles ehren, was Gott tut. Wenn es wirklich wenig ist, dann ehren wir es trotzdem. In unserem Stolz bringen wir es fertig, Kleinheit zu verachten und nur zu dienen, wenn die großen Dinge geschehen.

Einen geringen Eindruck vom Heiligen Geist zu empfangen mag nicht so dynamisch und dramatisch sein, wie wir uns das wünschen, aber es ist jedem Christen jederzeit verfügbar. Wir müssen darum ringen, das auszuleben.

Jesus versprach, dass jedem, der glaubt, Zeichen folgen würden. Diese Zeichen schließen auch „geringfügige" Machterweise Gottes ein – dass jemand vom Kopfschmerz geheilt wird. Auch ein „kleines Wunder" ist Gottes Macht in Aktion.

> Und durch die, die zum Glauben gekommen sind, werden folgende Zeichen geschehen: In meinem Namen werden sie Dämonen austreiben; ... und die Kranken, denen sie die Hände auflegen, werden gesund werden (Markus 16,17–18).

Vom Geist gebraucht zu werden, um andere Menschen durch Prophetie oder Heilung anzurühren, ist ein Abenteuer in Gott. Es verändert unser

Leben. Jeder Tag ist eine Gelegenheit, wo wir für jemanden prophezeien oder Gottes Macht freisetzen können. Während wir lernen, unser Herz in echter Erwartung zu öffnen, kann jederzeit alles Mögliche passieren, ob wir auf dem Markt sind, in einem Restaurant, einem Park oder während wir unsere Kinder zu Hause unterrichten. Gott möchte, dass wir in den Tagen der kleinen Anfänge treu sind (Sacharja 4,10). Viele sind bereit, von Gott mit großen Wundern gebraucht zu werden. Aber der Herr möchte, dass wir treu sind zu heilen, wenn es nur um Kopfweh geht, und zu prophezeien, wenn wir nur jemanden in den einfachen Grundlagen der Liebe Gottes ermutigen.

Sein Angesicht und seine Hand suchen

Wir suchen zuerst sein Angesicht; aber dann müssen wir seine Hand oder die Manifestation seiner Macht suchen. Gott wird uns mehr Offenbarung seines Angesichts und seiner Hand geben, wenn wir uns danach sehnen. Wir wünschen oder erstreben die geistlichen Gaben, indem wir um sie bitten, für sie Raum machen und dann, indem wir sie in den Tagen der kleinen Anfänge ausüben. Früher lehrte ich, wir sollten Gottes Angesicht suchen und nicht seine Hand. Das hört sich gut an, aber es ist kein biblisches Konzept. Die Bibel lehrt, dass wir in erster Linie sein Angesicht suchen sollen, ohne darauf zu verzichten, seine Hand zu suchen. Wir dürfen nicht zwischen seiner Hand oder seinem Angesicht entscheiden. Unser geistliches Erbe umfasst beides. Gott möchte sein Angesicht in Intimität und seine Hand in Macht offenbaren. Jesus lässt uns nicht zwischen Macht und Intimität wählen. Er gibt uns beides. Aber er will, dass beides die richtige Priorität in unserem Herzen zugewiesen bekommt. Durch die Heilige Schrift sind wir angehalten, ernstlich danach zu verlangen, dass wir prophezeien. Gehorchen Sie diesem Gebot? Streben Sie ernsthaft danach zu prophezeien? Nur so werden wir damit anfangen. Wir dürfen nicht in unbiblischer Weise auf Gott warten, indem wir warten, ohne den Heiligen Geist um prophetische Eindrücke zu bitten und ohne unsere geistlichen Segel zu setzen.

Praktische Tipps zum Wachsen im Prophetischen

- Verstehen Sie, dass wir im Geist sensibilisiert werden, mehr von Gottes prophetischen Eindrücken für die Menschen oder Ereignisse zu empfangen, für die wir beten. Das Beten für Menschen versetzt uns in die Position, mehr zu empfangen. So tun wir *zielgerichtet* das, was unserer Rolle entspricht, um die prophetische Leitung des Geistes in unseren Anbetungsversammlungen, Kleingruppen, Hauszellen, Bibelstudien, Gemeinschafts- und gesellschaftlichen Ereignissen zu empfangen, in der geschäftlichen Besprechung, auf dem Markt, in Telefongesprächen, im Einkaufszentrum, während des Homeschoolings oder beim Fußballspiel unserer Kinder. Wenn wir den Herrn fragen, wie wir jemandem effektiver dienen können, werden wir prophetische Eindrücke zur praktischen Umsetzung empfangen. Fasten und im Geist beten erhöht unsere Fähigkeit, prophetische Eindrücke über Leute und Ereignisse zu empfangen.
- Ich bitte unsere Lobpreisteams dringend, den Geist zu fragen, was er gerade tut, wenn sie sich auf das Leiten einer Anbetungszeit vorbereiten. Die Lobpreisteams sollten bei der letzten Besprechung vor dem Gottesdienst so beten, und dann noch fünf- bis zehnmal während der Anbetungszeit.
- Appellieren Sie an die Leute, auf „normale" Weise im Prophetischen zu wirken, ohne sich selbst allzu ernst zu nehmen. Fordern Sie sie auf, für Korrektur und Regulierung offen zu sein, sich bescheiden und nicht melodramatisch auszudrücken, eine Sprache zu verwenden, die alle verstehen können, und auf jegliches Tamtam zu verzichten. So sind sie anderen eine größere Hilfe.
- Das Leitungsteam muss die Integrität und Demut aufweisen, sämtliches Chaos „aufzuwischen", das von falschen Prophetien oder ihrer schlechten Regelung des prophetischen Dienstes bewirkt wurde. Das trägt dazu bei, dass das „gemeinsame Gewissen" der Gemeinde gegenüber der Gabe der Prophetie sauber und gut bleibt.
- Lassen wir uns alle ermutigen, die „Einheit des Geistes zu bewahren", und in Liebe zusammenarbeiten inmitten der Anspannung und Mühe, gute Verwalter der Prophetie zu sein. Vergessen wir nicht: Damit wir keine Kamele schlucken müssen, werden wir

alle ein paar Mücken zu uns nehmen müssen. Streben wir danach, alles im Licht von Gottes Wertesystem zu beurteilen, in welchem Gerechtigkeit, Gnade und Treue der Vorrang eingeräumt ist (Matthäus 23,23–24).

- Wir fordern die Leute zu einer Haltung der „offenen Erwartung" in Bezug auf die Erfüllung einer Prophetie auf. Wie genau Gott ein Wort in unserem Leben zur Erfüllung bringt, unterscheidet sich normalerweise ziemlich von dem, was wir uns vorstellen, wenn wir das Wort zum ersten Mal empfangen. Wir ermutigen die Leute auch, Offenbarungen, denen keine klare Interpretation beigefügt ist, „festzuhalten", „auf ihnen zu sitzen" oder „sie ins Regal zu stellen".
- Die Leiterschaft muss demütig und offen mit Menschen umgehen, deren Prophezeien entweder aus inhaltlichen Gründen oder wegen der Art ihrer Darstellung nicht aufbauend ist. Zeigen Sie solchen Leuten genaue Grenzen auf, die Sie für ihr „Maß" an prophetischer Reife für angemessen halten.
- In unseren größeren Anbetungsversammlungen sind wir zeitlichen Grenzen unterworfen, deshalb können in solchen Treffen bestenfalls sehr wenige öffentliche Prophezeiungen äußern (1. Korinther 14,29).

Kapitel 17

Das prophetische Wort im Gottesdienst

Die Art und Weise, wie wir in unseren regelmäßigen Gottesdiensten mit prophetischen Worten umgehen, hat sich im Laufe der Zeit entwickelt. In unseren ersten beiden Jahren in Kansas City ließen wir fast alles zu, was sich spontan ereignete, ohne irgendwelche Regelungen, wie wir sie heute besitzen. In diesen ersten Jahren, wie auch in den darauffolgenden, kam es vor, dass jemand aus der Gemeinde ein prophetisches Wort aussprach, das unserer Gemeinde viel Gutes brachte.

Im Januar 1985 feierte unsere siebenhundert Mitglieder starke Gemeinde ihre Gottesdienste in einer Schulaula. Am 1. Februar 1985 gab Augustine ein öffentliches Wort weiter, dass der Herr uns bis zum 1. Juni ein Gebäude geben würde. Er sagte auch, zwei Männer würden uns ein Angebot für ein Gebäude machen, das wir einfach nicht ablehnen könnten, und dies würde bis zum 1. Juni geschehen. Alle klatschten und jubelten wie wild über dieses großartige Wort. Bis zum 1. Juni blieben uns noch vier Monate. Drei Monate vergingen, und noch am 1. Mai gab es nicht den geringsten Hinweis, dass wir ein neues Gebäude bekommen würden. Zu meiner Überraschung luden mich am 10. Mai zwei Männer, die eine Sporthalle besaßen, zum Mittagessen ein.

„Wir haben von Ihrer Arbeit gehört“, sagten sie. „Wir möchten, dass Sie unsere Sporthalle bekommen. Es ist ein Gebäude, in dem zweitausend Menschen Platz haben. Die Fußballsaison ist am 28. Mai zu Ende. Wir möchten, dass sie das Gebäude sofort danach übernehmen, damit es nicht leer steht und von Rowdys zerstört wird. Wir brauchen keine Anzahlung und noch nicht einmal ein unterschriebenes Dokument. Wenn Sie uns

Ihr Wort geben, dass Sie den vereinbarten Preis zahlen, überlassen wir Ihnen das Gebäude." Wir waren begeistert.

Am Samstag, den 1. Juni, gaben sie uns die Schlüssel, und am Sonntag, den 2. Juni, feierten wir dort unseren ersten Gottesdienst. Es geschah alles so, wie Augustine vorhergesagt hatte – zwei Männer machten uns ein Angebot, das wir nicht ablehnen konnten, für ein Gebäude, das wir bis zum 1. Juni haben würden. Sie boten es uns zu einem niedrigen Preis an, liehen uns das Geld zinslos und verlangten keine Anzahlung. Wir konnten es innerhalb von drei Jahren vollständig abbezahlen. Es war wirklich ein Angebot, das man einfach nicht ablehnen konnte, genau wie es prophezeit worden war. Ich war überglücklich. Das gab unserer Gemeinde große Zuversicht, dass wir zur richtigen Zeit am richtigen Ort waren und dass Gott sich über uns freute. Dieses Wissen sollte noch in mancherlei Hinsicht von Bedeutung sein, wie sich in den folgenden Jahren herausstellte.

„Alles ist erlaubt" als Ansatz für den prophetischen Dienst

Manchmal machen sich Menschen, die neu im prophetischen Dienst sind, solche Sorgen, der Heilige Geist könne „gedämpft" werden, dass sie den nötigen Regelungsprozess zur prophetischen Offenbarung verweigern. Deshalb lassen sie zu, dass jedes Wort öffentlich ausgesprochen wird, „für den Fall, dass es vom Herrn ist". Der Heilige Geist lässt sich nicht so leicht abschrecken, wie manche meinen.

Anfangs vertrat ich auch diese Ansicht. Ich stellte mir den Heiligen Geist als eine sensible, schreckhafte Taube vor, die beim leisesten Geräusch oder Fehler, den ich machte, davonflöge. So leicht lässt er sich nicht vor den Kopf stoßen. Der Heilige Geist ist sehr sicher, geduldig und freundlich. Folglich ließ ich in diesen ersten zwei Jahren zu viele prophetische Äußerungen, ausgenommen die wirklich „wackeligen", ohne Korrektur durchgehen und machte nicht den Versuch, diese Dinge zu regeln. Damals dachte ich, jeder Versuch, den Fluss des Prophetischen in den Griff bekommen zu wollen, bedeute, sich dem Willen des Heiligen Geistes entgegenzustellen.

In der Regel gab es bei uns drei oder vier prophetische Worte, manchmal aber auch acht oder zehn. Ein paar Mal waren die Propheten so in Schwung, dass die prophetische Rede leider noch lange anhielt, nachdem Gott bereits alles gesagt hatte.

In diesen Jahren geschahen wunderbare Dinge, doch es gab auch viel Negatives. Das Negative hätte sich leicht vermeiden lassen, wenn ich auch nur ein bisschen mehr Erfahrung mit der Leitung eines prophetischen Dienstes gehabt hätte. Damals wurden einige völlig unzutreffende Prophetien gegeben und einige korrekte Worte, die falsch ausgelegt und entsprechend falsch angewandt wurden. Ein wahres Wort, das falsch ausgelegt oder angewandt wird, kann genauso gefährlich sein wie eine unzutreffende Prophetie. Im Allgemeinen blieben Auslegung und Umsetzung jedem selbst überlassen. Das bewirkt unnötig viel Chaos in einer Ortsgemeinde.

Jemand bezeichnete unsere Gemeinde einmal als „die Kirche, in der es dir nie langweilig wird". Doch ich erinnere mich auch an die vielen Stunden, in denen ich mit entmutigten Menschen zusammensaß, die von „prophetischen Worten", die ich nicht richtig kanalisiert hatte, enttäuscht und verletzt waren. Ich selbst erfuhr eine wichtige Schulung in puncto Naivität im Umgang mit meiner Leitungsverantwortung. Zu lange hatte ich zugelassen, dass in den öffentlichen Versammlungen fast alles gesagt werden konnte.

Freiheit und Ordnungsstrukturen

Ich möchte acht Bestandteile eines üblichen Lobpreisgottesdienstes nennen: (1) Loblieder, (2) Predigt des Wortes, (3) persönliche Zeugnisse, (4) eine Zeit, um für Kranke, Beladene und Suchende zu beten, (5) eine Zeit, in der Gott durch die prophetischen Gaben zur Gemeinde reden kann, (6) Gemeinschaft, (7) Taufe und Abendmahl, (8) Gemeindeangelegenheiten (Abkündigungen, Zehnter usw.).

Manche Menschen nehmen fälschlicherweise an, Freiheit bedeute einfach, die Reihenfolge dieser acht Elemente zu verändern. Doch nur weil jemand beschließt, die Aufeinanderfolge von Predigt und Lobpreis zu ändern, bedeutet das noch nicht, dass in dieser Gemeinde Freiheit für das Wirken des Heiligen Geistes besteht.

Freiheit besteht aus zwei Dingen. Erstens besteht sie aus dem Vertrauen zu Gott, das die Menschen in ihrem Herzen tragen. Sie haben die Gewissheit, dass ihnen vergeben ist und dass der Herr, selbst in ihrer Schwachheit und Unreife, für sie ist. Wenn Menschen in ihrem Herzen diese Freiheit vor Gott empfinden, fern jeder Verdammnis, dann kann die Gemeinde im Heiligen Geist wachsen.

Das zweite Element der Freiheit ist die Bereitschaft, die es dem Heiligen Geist erlaubt, unseren Zeitplan durcheinanderzuwerfen. Wenn Gott möchte, dass der Heilige Geist auf ungewöhnliche Weise in der Gemeinde wirkt, dann müssen wir dies zulassen.

Die Gemeindeleitung muss für das spontane Wirken oder Führen des Heiligen Geistes sensibel sein. Wenn nichts auf eine Kursänderung Gottes hinweist, sollten wir uns mit dem normalen Ablauf zufriedengeben. Ein bloßes Herumjonglieren der gottesdienstlichen Elemente bedeutet noch keine Freiheit.

Ich kenne manche Leute, die jede Art von Struktur als Hinweis auf einen kontrollierenden Geist betrachten. Andere haben die Vorstellung, dass mit Freiheit eine jede Woche neue Anordnung der acht Gottesdienstbestandteile gemeint ist. Man braucht nicht viel Scharfsinn, um diese oberflächliche Definition von Freiheit zu durchblicken.

Wir in der *IHOP Missions Base* „setzen unser Segel“, und wenn der Wind des Geistes über die Gemeinde kommt, dann gehen wir mit ihm. Wir stehen aber nicht unter dem Druck, dass ein solcher unvorhergesehener Wind über jede Versammlung hereinbrechen müsste. Ich habe festgestellt, dass das Wehen des Heiligen Geistes, das unseren normalen Ablauf unterbricht, in „Schüben“ auftritt, zu gewissen Zeiten öfter als zu anderen.

Es ist naiv zu meinen, Struktur und Freiheit seien Gegensätze. Ich kenne einige Pastoren, die nichts davon halten, bei Versammlungen überhaupt irgendwelche Strukturen einzuhalten. Und so kann jeder, der am Treffen teilnimmt, innerhalb sehr weniger Grenzen handeln, wie er „sich geführt fühlt“. Gott hat der Kirche nicht umsonst die Gabe der Leitung geschenkt. Sie soll echte Freiheit nicht einschränken, aber sie soll den Fluss des Geisteslebens erleichtern, lenken und bewahren. In den Genuss dieses Flusses kommt man durchaus auch ohne jede Woche die Gottesdienstordnung zu ändern.

Ein prophetisches Wort öffentlich äussern

Manche Gemeinden planen für das Prophetische eine regelmäßige Pause im Programmablauf ein. Der Gottesdienst beginnt mit lebhaftem Lobpreis, wird dann ruhiger mit sanften Anbetungsliedern und schließlich einer Pause und Stille, in der man darauf wartet, dass prophetische Worte geschenkt werden. So hielten wir es jahrelang. Schließlich haben wir diese Praxis aufgegeben, weil so viele der Worte nicht gewichtig waren; die versammelten Gläubigen fanden die meisten der geäußerten Worte langweilig und schalteten einfach ab.

Jede Woche gibt es zwanzig bis dreißig Leute in unserer geistlichen Familie, die prophetische Träume über die *IHOP Missions Base* empfangen. Aber selten werden während unserer Gottesdienste spontane Prophetien von der versammelten Gemeinde ausgesprochen. Mehrere Jahre lang hatten wir ein Mikrofon in der ersten Reihe stehen. Die Menschen kamen während des Gottesdienstes und sprachen zu einem Leiter, der ihr prophetisches Wort bestätigte, und dann gaben sie es öffentlich weiter.

In einer großen Gemeinde kann es fünfzig bis hundert Menschen geben, die während der Lobpreiszeit oder in der vorangegangenen Woche Träume, Visionen oder prophetische Worte empfangen haben. Nur weil jemand eine Offenbarung empfangen hat, bedeutet dies nicht, dass diese auch am Sonntagmorgen vom Podium aus ausgesprochen werden soll.

Wir müssen herausfinden, was Gott uns sagen möchte, und dieses Reden Gottes dann in einer Form an die Gemeinde weitergeben, die hilfreich und aufbauend ist.

Ich vermute, dass ein großer Teil der Offenbarungen nicht dafür gedacht ist, öffentlich mitgeteilt zu werden, sondern ein persönliches Wort an den Einzelnen darstellt, damit er wirkungsvoller beten oder der Gemeinde dienen kann.

Manchmal empfangen zehn Leute im Grunde das gleiche Wort. Dann sollten neun dieser Worte nicht ausgesprochen werden, sondern als Gottes Bestätigung für das prophetische Wort dienen, das eine Person öffentlich ausspricht.

In unserem momentanen Gottesdienstablauf gibt es keine geplanten Pausen für spontane prophetische Worte, die aus der Versammlung gegeben würden. Wir haben Sänger im Lobpreisteam, die begabt sind, die prophetischen Eindrücke, die sie empfangen, zu singen. Oft singen sie, was sie vom Heiligen Geist empfangen. Sie sind auf der Bühne mit Mikrofonen in der Hand. Während der musikalischen Anbetungszeit singen sie spontan prophetische Gebete, Ermutigungen, Herausforderungen und Sehnsüchte. Manchmal kommt jemand aus der Versammlung zu einem Leiter in unserer geistlichen Familie, um eine prophetische Botschaft, die er empfangen hat, vorzulegen. Wenn der Leiter meint, sie sollte öffentlich mitgeteilt werden, dann finden wir einen Zeitpunkt dafür. Aber normalerweise warten wir, bis dieses prophetische Wort bestätigt ist.

Wenn uns Leute prophetische Worte mitteilen, die das ganze Werk korrigieren oder ihm eine neue Richtung geben, warten wir auf Bestätigung. Wir bitten den Herrn, prophetische Worte durch zwei oder drei andere prophetische Worte mit derselben Aussage zu bestätigen.

> Durch die Aussage von zwei oder drei Zeugen wird jede Sache entschieden (2. Korinther 13,1).

> Auch zwei oder drei Propheten sollen zu Wort kommen; die anderen sollen urteilen (1. Korinther 14,29).

Wie man „geistlose“ Prophetien korrigieren kann

Hin und wieder kommt es vor, dass jemand in unseren Versammlungen aufsteht und im Namen der Prophetie ein nicht vom Geist erfülltes oder sogar unbiblisches Wort ausruft, das niemanden inspiriert oder aufbaut. Paulus sagte: „Wer aber prophetisch redet, redet zu Menschen: Er baut auf, ermutigt, spendet Trost“ (1. Korinther 14,3).

Wenn ein Wort nicht vom Geist erfüllt ist und den Leib Christi nicht aufbaut, aber auch keinen Lehrirrtum enthält, behandeln wir es als eine weniger ernstzunehmende Angelegenheit. Wir werden es in der Regel beim ersten Mal durchgehen lassen, und vermutlich auch beim zweiten Mal. Wurden jedoch von einer Person zweimal sogenannte prophetische Worte ausgesprochen, die den Leib Christi nicht aufbauen, so werden wir auf den Betreffenden zugehen und ihm freundlich *nahelegen*, seine Worte den Leitern zu unterstellen, die vorne sitzen, bevor er sie öffentlich mitteilt.

Geschieht es ein drittes Mal, so *verlangen* wir, dass das Wort den Leitern unterstellt wird, bevor es im Gottesdienst ausgesprochen wird. Nimmt die Person diese Korrektur durch die Leitung nicht an, werden wir sie beim vierten Mal unterbrechen und öffentlich korrigieren.

Dies ist nur ein paarmal geschehen. In allen Fällen haben wir uns Zeit genommen, um der Gemeinde den gesamten Prozess zu erklären, den wir mit dem Betreffenden durchlaufen haben. Geschieht dies nicht, so bekommen andere prophetisch begabte Menschen Angst, öffentlich korrigiert zu werden.

Doch wenn die Leute den gesamten Prozess verstehen, so erhalten sie die Gewähr, dass die Leitung nicht hart mit ihnen umgehen wird, falls sie Fehler machen. Sie müssen keine Angst haben, plötzlich vor der gesamten Gemeinde korrigiert zu werden. Andernfalls wird es mit dem prophetischen Dienst bald zu Ende gehen.

Sofortige Korrektur

Es gibt zwei Arten prophetischer Worte, die wir *umgehend*, wenn auch sanft, in der Öffentlichkeit korrigieren. Das eine sind prophetische Äußerungen, in denen die Gemeinde gerügt oder korrigiert wird, ohne dass dieses Wort zuvor dem Leitungsteam übermittelt wurde. Ich würde nie in eine andere Gemeinde gehen und ein prophetisches Wort übermitteln, das eine Korrektur oder Richtungsänderung enthält, ohne dieses Wort zunächst der Leitung dieser Gemeinde gesagt zu haben. Wenn die Leitung das Wort bejaht, würde ich sie bitten, es der Gemeinde weiterzugeben. Es ist in der Regel wirksamer, wenn das Leitungsteam der Ortsgemeinde ein Wort der Korrektur weitergibt, als wenn dies ein Besucher tut, den die Gemeinde nicht gut kennt.

Man könnte mich jedoch auffordern, das Wort selbst der Gemeinde mitzuteilen. Ich würde dies allerdings nur dann tun, wenn zuvor klargestellt wurde, dass ich auf Bitten der Leitung hin spreche.

Wenn die Leiter das Wort in unserem privaten Gespräch verwerfen, ich mir aber sicher wäre, dass ich den Herrn richtig gehört hätte, so würde ich sie unter Umständen im Büro des Pastors warnen, dass sie sich in Schwierigkeiten befinden. Doch ich würde niemals in einer Gemeinde ein Wort der Korrektur aussprechen, ohne die Leitungs- und Autoritätsstrukturen zu achten.

Wenn jemand aufsteht und ein prophetisches Wort ausspricht, das für unsere Gemeinde eine Kursänderung, Rüge oder Korrektur andeutet, ohne dieses Wort zunächst der Leitung zu unterstellen, so antworte ich für gewöhnlich freundlich:

> Ich danke Ihnen für Ihr Bemühen, für diese Gemeinde Worte des Herrn zu empfangen, und dass wir Ihnen etwas bedeuten. Doch ich möchte Sie bitten, dieses Wort mit unserem Leitungsteam zu besprechen und uns dieses Wort prüfen zu lassen. Wenn Sie wollen, können Sie bei diesem Prozess dabei sein, aber fürs Erste werden wir diesem Wort nicht folgen. Wir werden Ihnen gerne später darüber berichten.

Die andere Art prophetischer Worte, die wir umgehend korrigieren, umfasst Worte, die bedeutende Lehrirrtümer enthalten. Auch hier muss die Korrektur mit Freundlichkeit und Sanftmut geschehen, weil wir es mit kostbaren menschlichen Wesen zu tun haben. Ich würde solche Fehler auf der Stelle korrigieren, und zwar mit diesen Worten: „Ich bin sicher, dass dies gut gemeint war, doch das soeben ausgesprochene Wort stellt eine Lehre in Frage, die wir als biblisch ansehen.“ Daraufhin würde ich die in Frage gestellte Lehre deutlich darlegen.

Prophetische Ausrichtung in unseren Anbetungszeiten empfangen

Wir bitten um die prophetische Leitung des Heiligen Geistes in der Auswahl der Lieder während der Anbetungszeit und in der Freisetzung von prophetischen Orakeln oder dem Lied des Herrn durch die prophetischen Sänger. In der Zeit, in der für Menschen gebetet wird, bitten wir um Worte der Erkenntnis in den folgenden vier Grundkategorien prophetischer Leitung:

1. *Herzensangelegenheiten*: Aufruf, sich wieder neu auf die innige Nähe zu Jesus auszurichten und/oder prophetische Offenbarung zu empfangen, ferner Gnade zum Überwinden von Kompromissbereitschaft, Entmutigung und Verdammnis.
2. *Persönliche Umstände*: Gunst, dass sich im Dienst oder auf der Arbeitsstelle neue Türen öffnen, oder Hilfe in Krisen in den Bereichen Familie, Arbeit, Finanzen, bei Misshandlung, Bedürfnis nach Richtungweisung, Gerichtsverfahren usw.
3. *Körperliche Heilung*: Worte der Erkenntnis zu spezifischen Nöten oder Gebet um allgemeine Heilung
4. *Übertragung eines geistlichen Amtes*: Bevollmächtigung zu Prophetie, Evangelisation und Fürbitte

Kapitel 18

Das prophetische Lied des Herrn

Jesus liebt Musik. Kaum jemand stellt sich Gott als jemanden vor, der gerne und wunderschön singt. Jesus ist ein ausgezeichneter Sänger, Songwriter und Musiker.

Unser Gott ist ein singender Gott (vgl. Zefanja 3,17), und er hat eine gewaltige Stimme (Psalm 29). In Offenbarung 15,3–4 lesen wir, dass er sein eigenes, besonderes Lied hat, das „Lied des Lammes“. Ja, der Heilige Geist ist solch ein guter Songwriter, dass er sogar ein ganzes Liederbuch in der Bibel hat – das Buch der Psalmen. Ganz klar: Gott liebt Musik.

Die Bibel macht deutlich, dass alle gesalbte, lebenspendende Musik im Himmel und auf Erden von Gott kommt. Bereits vor Erschaffung der Welt hat es im Bereich der Engel Musik gegeben (Hiob 38,7), und sie reflektiert das Herz und die Persönlichkeit Gottes. Vollmächtige Musik war schon immer eine Form der Gemeinschaft und Beziehung zwischen Gott und seinen Geschöpfen im Himmel wie auf Erden, und sie wird es auch immer bleiben. Der Musik wohnt eine Kraft inne, welche die Gefühle der Menschen zutiefst zu beeinflussen vermag.

Sie ist eine Gabe der Vorsehung, die Gott seiner Kreatur geschenkt hat. Musik ist in die gesamte geschaffene Ordnung eingewebt. In der ganzen Heiligen Schrift wird die Schöpfung ermahnt, Gott im Lied zu preisen. Ebenso soll Gottes Volk „Psalmen und Hymnen und Lieder, wie der Geist sie eingibt“ singen, „jubeln aus vollem Herzen zum Lob des Herrn“ (Epheser 5,19). In alle Ewigkeit werden wir dem Herrn Lieder singen.

Satan hat Musik pervertiert in seinem Angriff gegen Gottes Reich. Doch dies zeugt letztlich nur vom großen Wert der Musik. Der Satan hat über die Jahrhunderte hinweg die geistliche Kraft und die Einflussmöglichkeiten der Musik benutzt, um Menschen zur Finsternis zu verführen, einschließlich Götzendienst und sexueller Unmoral.

Der Katechismus von Westminster beginnt mit der berühmten Feststellung: „Es ist das höchste Ziel des Menschen, Gott zu verherrlichen und sich in alle Ewigkeit an ihm zu erfreuen." So viel zur Freudlosigkeit der Puritaner! Der Autor John Piper hat diese Feststellung auf brillante Weise umgewandelt: „Es ist das höchste Ziel des Menschen, Gott zu verherrlichen, indem er sich in alle Ewigkeit an ihm erfreut."[1]

Eine der vorrangigen Möglichkeiten, wie wir Gott genießen können, ist durch vom Geist inspirierte Musik, die von Gott kommt. Sicher werden einige der Freuden, die er auf ewig in seiner Rechten hält, in den himmlischen Gesängen vor seinem Thron bestehen (Psalm 16,11).

Was ist das prophetische Lied des Herrn?

Eigentlich tritt das Lied des Herrn dann auf, wenn Jesus den Vater vor der Gemeinde im Lied lobt. Wie tut er das? Jesus singt inmitten der Versammlung, indem er seinen Geist auf Sänger in der Gemeinde freisetzt. Jesus ist das Haupt, und wir sind der Leib. Mit anderen Worten, wir sind der physische, irdische Ausdruck dessen, was Jesus will. Wir bezeichnen dies als „prophetisches Singen" oder „das Lied des Herrn".

In Hebräer 2,12 wird Jesus dargestellt, wie er inmitten und mittels der Versammlung der Gläubigen dem Vater Lob singt: „Ich will deinen Namen meinen Brüdern verkünden, inmitten der Gemeinde dich preisen." Dieser Vers setzt voraus, dass der Heilige Geist in prophetischen Botschaften der Gemeinde durch ein Lied eine tiefere Offenbarung des Wesens und der Persönlichkeit Gottes gibt. Es ermutigt uns, die Majestät und Schönheit Gottes durch prophetische Gebete zu verkünden, die wir singen können.

Der auferstandene Christus setzt in uns seine Lieder frei, indem er uns durch den Heiligen Geist bevollmächtigt, um den Vater durch uns zu verherrlichen. Das liegt dem zugrunde, was manchmal „Lied des Herrn" genannt wird. Dieser Ausdruck, der durch die charismatische Erneuerung der vergangenen Jahrzehnte populär wurde, bezieht sich auf die Schriftstellen zum Thema „Lieder des Herrn" (Psalm 137,4), „Lieder, wie der Geist sie eingibt" (Epheser 5,19) und „Singen eines neuen Liedes zum Herrn" (Psalm 33,3, 96,1, 98,1, 149,1; Jesaja 42,10). Das prophetische „neue Lied“ wird in allen Nationen freigesetzt werden und zu Jesu zweitem Kommen führen. Jesaja 42,10–13 zeigt uns, zusammen mit Offenbarung 22,17, das klarste Bild der Endzeitgemeinde, die in Verbindung mit prophetischem Singen betet, um das zweite Kommen Jesu zu erbitten. Die Endzeit-Anbetungsbewegung wird von prophetischer Musik und Liedern geleitet sein.

> Singt dem Herrn ein neues Lied, verkündet seinen Ruhm bis ans Ende der Erde! Es jauchze das Meer und alles, was es erfüllt, die Inseln und ihre Bewohner. Die Wüste und ihre Städte sollen sich freuen, die Dörfer, die Kedar bewohnt. Die Bewohner von Sela sollen singen vor Freude und jubeln auf den Gipfeln der Berge. Sie sollen die Herrlichkeit des Herrn verkünden, seinen Ruhm auf den Inseln verbreiten. Der Herr zieht in den Kampf wie ein Held [das zweite Kommen Jesu], er entfacht seine Leidenschaft wie ein Krieger. Er erhebt den Schlachtruf und schreit, er zeigt sich als Held gegenüber den Feinden. „Ich hatte sehr lange geschwiegen, ich war still und hielt mich zurück. Wie eine Gebärende will ich nun schreien, ich schnaube und schnaufe. Die Berge und Hügel dörre ich aus [Endzeitgerichte] …“ (Jesaja 42,10–15)

Der Heilige Geist wird vor dem zweiten Kommen Jesu sicher noch stärker durch das Freisetzen seiner Lieder wirken. Gottes Schatzkammer himmlischer Musik wird aufgeschlossen und im Leib Christi freigesetzt werden. Diese Musik wird eine ganze Bandbreite der Merkmale Gottes widerspiegeln, von seiner einfühlsamen Gnade bis hin zu seinem schrecklichen Gericht.

Über die Jahrhunderte hat Jesus seine Lieder durch die Gemeinde freigesetzt. Manche dieser Lieder sind spontan; sie werden in Anbetungsgottesdiensten, in Gebetsversammlungen, Hausgruppen oder in der privaten Andachtszeit eines Menschen zum ersten und einzigen Mal gesungen. Andere erlangen Berühmtheit, denn sie werden aufgeschrieben und von Millionen gesungen. „Prophetische Lieder“ vom Himmel sind als Kirchenlieder erfasst und werden überall auf der Erde von Chören gesungen.

Auch heute bevollmächtigt und inspiriert der Heilige Geist viele prophetische Musiker und Sänger, die innigen Lieder von Gottes Herzen ebenso wie den großen Kriegsruf des Löwen von Juda zu singen. Im Licht der Bedeutung von Musik sollte es uns nicht wundern, dass Gott Sänger gebraucht, um prophetische Vollmacht anzuregen und zu aktivieren (2. Könige 3,15).

David begriff die Tatsache, dass der Geist seine Kraft durch prophetisches Singen manifestiert. Er lehrte: Wenn wir lobsingen, wohnt Gott und erweist er seine Kraft in unserem Lobgesang (Psalm 22,3). Auch darum richtete König David einen ununterbrochenen Gebets- und Anbetungsdienst ein.

Davids Verständnis der himmlischen Anbetung, wie wir sie im Buch der Psalmen erkennen, ist Grundlage für seinen politischen Thron, der auf beständiger Anbetung und Fürbitte ruhte. Mit anderen Worten, Davids Herrschaft hatte ihren Ausgangspunkt in prophetischer Anbetung (1. Chronik 23–25).

> In festlichem Glanz sollen die Frommen frohlocken … Loblieder auf Gott in ihrem Mund, ein zweischneidiges Schwert in der Hand, um die Vergeltung [Gerechtigkeit] zu vollziehn an den Völkern, an den Nationen das Strafgericht, um ihre Könige mit Fesseln zu binden, … um Gericht über sie zu halten, so wie geschrieben steht. Herrlich ist das für all seine Frommen (Psalm 149,5–9).

David verstand die geistlichen Auswirkungen von prophetischem Fürbitte-Lobpreis. Er stellte 4000 vollzeitliche, bezahlte Musiker und 288 Sänger an: „Sie zählten, zusammen mit ihren Amtsbrüdern, die im Gesang zu Ehren des Herrn unterrichtet waren, 288 Mann, lauter geübte Leute“ (1. Chronik 25,7). „4000 [waren] Torwächter und 4000 sollten den Herrn mit den Instrumenten preisen, die David zum Lobpreis anfertigen ließ“ (1. Chronik 23,5).

Als David vor König Saul prophetische Musik spielte, verließ diesen die dämonische Belastung.

> Da sagten die Diener Sauls zu ihm: Du siehst, ein böser Geist … quält dich. Darum möge unser Herr seinen Knechten … befehlen, einen Mann zu suchen, der die Zither zu spielen versteht. Sobald dich der böse Geist … überfällt, soll er auf der Zither spielen; dann wird es dir wieder gut gehen. … Sooft nun ein Geist … Saul überfiel, nahm David die Zither und spielte darauf. Dann fühlte sich Saul erleichtert, es ging ihm wieder gut und der böse Geist wich von ihm (1. Samuel 16,16–23).

Elischa forderte einen Musiker, als er für den König von Israel prophezeien sollte. Elischa, der Prophet mit einer „doppelten Portion“ von Elias prophetischem Geist, brauchte einen prophetischen Musiker als Inspiration zur Prophetie.

Doch Elischa sagte zum König von Israel: „Was habe ich mit dir zu schaffen? Geh zu den Propheten deines Vaters … Aber nun holt mir einen Harfenspieler!“ Als der Spieler über die Saiten fuhr, kam die Hand des Herrn über Elischa … (2. Könige 3,13–15)

Als König Joschafat in den Krieg zog, stellte er die prophetischen Sänger vor die Armee, weil er verstand, dass sie Gottes Macht zum Kämpfen freisetzen würden.

Boten kamen und meldeten Joschafat: „Ein großer Heerhaufen zieht von jenseits des Meeres, von Edom, gegen dich. ...“ Joschafat geriet in Furcht, er beschloss den Herrn zu befragen und ließ in ganz Juda ein Fasten ausrufen. … Nachdem er sich mit dem Volk beraten hatte, stellte er Sänger für den Herrn auf, die in heiligem Schmuck dem kampfbereiten Heer voranzogen, Loblieder sangen und riefen: „Dankt dem Herrn; denn seine Huld währt ewig.“ Während sie den Jubelruf und Lobpreis anstimmten, führte der Herr Feinde aus dem Hinterhalt gegen die Ammoniter, Moabiter und die Bewohner des Berglands Seïr, die gegen Juda gezogen waren, sodass sie geschlagen wurden (2. Chronik 20,2–3, 21–22).

Engelchöre

Wenn wir der Zeit von Jesu Wiederkunft näher kommen, wird es üblicher werden, dass Einzelne oder ganze Versammlungen Engelchöre sehen und hören. Jede Erfahrung eines Engelchores wird vermutlich eine bestimmte Botschaft, die auf Gottes Herzen ist, betonen. Menschen, die visionäre Begegnungen mit dem Himmel hatten, berichten oft von der wunderbaren Musik, die sie hörten. Ich kenne mehrere Leute, die die atemberaubende Musik von Engelchören erlebt haben.

Ich persönlich hörte sie eines Samstagmorgens im Sommer 1990. Ich kam zum großen Saal der Gemeinde, um an einem Gebetstreffen für Erweckung teilzunehmen. Als ich aus dem Auto stieg und mich der Haustür näherte, hörte ich sehr laute Musik, die aus dem Altarraum kam. Ich dachte, dass das Technikteam irgendetwas Majestätisches, z. B. Händels *Messias,* sehr laut über die Anlage laufen lassen würde. Ich lief schnell in den Altarraum, weil ich mir Sorgen machte, dass die große Lautstärke der Musikanlage schaden könnte.

Ich hörte diese wunderbare Musik bis zu dem Moment, wo ich die Tür zum Altarraum öffnete. In dem Moment war die herrliche Musik vorbei, gerade so, als hätte jemand den Stopp-Knopf an der Stereoanlage gedrückt, als ich die Türen zum Altarraum öffnete. Zu meiner Überraschung war die Musikanlage drinnen überhaupt noch nicht angeschaltet, und nur zwei Leute waren im Haus, sie knieten betend am Altar. Sie hörten nichts. Verblüfft erkannte ich, dass ich soeben eine Begegnung mit dem Heiligen Geist gehabt hatte.

Ich sagte in dem Treffen niemandem, was ich gehört hatte. Ich ging davon aus, dass der Herr uns sicherlich begegnen und dieses Treffen besonders mit seiner Kraft segnen würde. Bestimmt hatte er mich deshalb die himmlische Musik hören lassen. Aber zu meiner Überraschung verlief das Treffen nicht anders als die meisten der gewöhnlichen Gebetstreffen, die wir jeden Tag durchführen – nichts Spektakuläres; nur ein paar müde, aber aufrichtige Gläubige, die früh am Morgen eine Erweckung von Gott erbaten.

Später dachte ich über die Bedeutung dieser Erfahrung nach. Da machte mir der Herr deutlich, dass ihn solche „gewöhnlichen" täglichen Gebetstreffen, die so schwach und ohne großartige Auswirkungen scheinen, erfreuen. Die himmlischen Heerscharen nehmen regelmäßig an solchen Gebetstreffen teil, ungesehen und unbemerkt, um mit ihrer starken und herrlichen himmlischen Musik, Anbetung und Fürbitte in unsere schwachen Gebete und unseren schwachen Lobpreis einzustimmen. Die Engelchöre wirken im himmlischen Bereich immer im Zusammenspiel mit unseren irdischen Gebetstreffen. Diese Erfahrung stärkte meinen Glauben, als ich sah, welche Bedeutung Gott „trockener" Fürbitte beimisst.

Auch andere Gläubige wurden durch diese Geschichte ermutigt, in trockenen Gebetstreffen durchzuhalten, weil sie wussten, dass der Herr unserer Fürbitte immer die Stimmen seines Engelchors hinzufügt. Wir haben nicht die Verantwortung, unseren Gebeten eine höhere „Durchschlagskraft" zu verschaffen; wir sind nur dafür verantwortlich, weiter zu beten und nicht aufzugeben!

Der Endzeitkonflikt: zwei globale Anbetungsbewegungen

Der große Konflikt am Ende der Zeiten wird zwischen zwei globalen Anbetungsbewegungen ausgetragen werden. Der Heilige Geist baut die mächtigste Anbetungs- und Gebetsbewegung auf, die gegen die Anbetungsbewegung des Antichrists und seine Verfolgung streiten wird. Selbst der Antichrist versteht den Wert der Musik – Satan hat Musik pervertiert in seinem Angriff auf Gottes Reich, und auf viele, viele Menschen nimmt er mit falscher „prophetischer" Musik Einfluss.

Ich glaube, dass die Schrift das klar zum Ausdruck bringt: Der Antichrist wird eine staatlich finanzierte, weltweite Anbetungsbewegung aufbauen, um die Anbetungsbewegung des Heiligen Geistes zu hindern (Offenbarung 13,4.9.12.15). Diese Anbetungsbewegung wird die Menschen im Reich der Finsternis in eine tiefe Herzensverbindung mit Satan führen. Die Musik in dieser Bewegung wird Menschen emotional berühren, und sie wird von dämonischen Zeichen und Wundern unterstützt werden (Vers 13).

Aber parallel zum Aufstieg der dämonischen Anbetungsbewegung wird der Aufstieg einer globalen Anbetungsbewegung stattfinden, welche maßgeblich am zweiten Kommen Jesu beteiligt sein wird. Ich glaube, mit dem Näherrücken der Wiederkunft Jesu auf die Erde wird der Geist intensiver wirken und den Erlösten immer mehr seine Lieder schenken; Gottes Musik-Schatzkammer wird aufgeschlossen und im Leib Christi freigesetzt werden.

Das prophetische neue Lied wird vom Thron Gottes ausgehen. Es wird in allen Nationen freigesetzt und mit Jesu Wiederkunft auf die Erde dynamisch verbunden sein.

Jetzt ist die Zeit für Sänger und Musiker, sich vorzubereiten und zu üben, um in der großen Erweckungs- und Gerichtszeit ein neues Lied vom Herrn zu empfangen und zu singen.

Praktische Möglichkeiten zur Förderung des prophetischen Singens

1. Singen Sie in Ihrer persönlichen Andachtszeit direkt zum Herrn, und zwar Bibelstellen und auch die Gebete in diesen Bibelstellen. Der Heilige Geist wird das gebrauchen, um in Ihnen prophetische Lieder freizusetzen. Im privaten Rahmen können Sie Sicherheit gewinnen, bis Sie sich wohl fühlen, diese Lieder womöglich auch einmal im Rahmen eines Gottesdienstes zu singen.
2. Vor anderen könnten Sänger spontane prophetische Lieder in Abstufungen singen: Beginnen Sie im Rahmen von kleineren

Gruppen, z. B. der Anbetungszeit in einem Hauskreis oder kleinen Gebetstreffen. Es ist leichter, zunächst Lieder *zu Gott* zu singen und nicht *von Gott* zu den Leuten. Bleiben Sie viele Jahre treu in einem Anbetungsteam.

3. Benutzen Sie die Bibel selbst, um spontane Lieder zu Gott und vor der Versammlung zu singen. Die Psalmen eignen sich natürlich gut, um inspirierendes Material zu sammeln. Ich ermutige unsere prophetischen Sänger, direkt aus den Psalmen zu singen, indem sie einfach die Bibel öffnen und ihre Worte für das Lied übernehmen. Wenn Menschen, die prophetisch singen, sich im Nachsinnen über die Schrift versenken, werden ihre gesungenen Prophetien reicher und erfüllter.
4. Sänger sollten auf bestimmte Themen achten, die der Geist salbt. Sie können das herausfinden, indem sie beobachten, ob die Versammlung sich besonders engagiert und gesegnet ist, wenn ein bestimmtes Thema gesungen wird. Wenn ein Sänger bemerkt, dass die Versammlung bei einem bestimmten Thema mehr als normal „mitgeht", dann kann er dieses Thema einfach in einem spontanen Lied zu Gott singen. Zum Beispiel: Ein Lied, in dem um Gottes Gnade gefleht, Dankbarkeit ausgedrückt oder Gottes Güte gefeiert wird, könnte die Aufmerksamkeit der Versammlung auf besondere Weise fesseln. Wenn zum Beispiel ein Lied über das Empfangen der Gnade Gottes besonders gesalbt ist, wie die innere Bewegung der versammelten Gemeinde bestätigt, dann kann der Sänger darauf reagieren, indem er ein „improvisiertes" oder prophetisches Lied zu Gott zurücksingt, welches genau dieses Thema widerspiegelt. Das Lied mag eine göttliche Antwort beinhalten: Wie Gottes Herz bewegt ist, wenn er sieht, wie die Leute an seine Barmherzigkeit glauben.
5. Gott kann einem Sänger schon Wochen vor dem Gottesdienst, in dem er singt, prophetische Lieder geben. Ältere, bekannte Lieder können prophetische Bedeutung gewinnen, wenn sie unter der Leitung des Heiligen Geistes gesungen werden.
6. Manche Menschen missverstehen, wie der Geist mit uns zusammenarbeitet. Er zwingt uns nicht zu singen. Nein, er wirkt innerhalb des Rahmens unserer Persönlichkeit und der menschlichen Dynamik eines Gottesdienstes (1. Korinther 14,32–33; Galater

5,22–23). Wir können ein prophetisches Lied zurückhalten, bis in einem Gottesdienst der richtige Zeitpunkt gekommen ist. Seien Sie demütig genug, andere beurteilen oder auswerten zu lassen, was Sie gesungen haben (1. Korinther 14,27–29).

7. Die Gemeindeleiter sollten von Zeit zu Zeit öffentlich über das Thema „prophetisches Singen" predigen, um seine Bedeutung zu unterstreichen und um den Glauben und Mut derjenigen zu wecken, die prophetisch singen und spielen. Überlegen Sie, für das Lobpreisteam ein Wochenendseminar zu veranstalten, um die prophetische Salbung auf ihnen zu erwecken. Wenn nötig, bringen Sie Lobpreisleiter von außerhalb hinzu, die im prophetischen Musizieren erfahren sind. Diese Gäste sollten die Leute aus dem eigenen Team schulen und ihnen ein Vorbild für prophetische Musik liefern. Sorgen Sie auch dafür, dass diese Lobpreisleiter denen die Hände auflegen, die eine Freisetzung prophetischer Musik in ihrem eigenen Leben erfahren wollen. Der Heilige Geist kann diese Gabe durch einen Gläubigen an den nächsten weitergeben (1. Timotheus 4,14).
8. Die Lobpreisleiter sollten den prophetischen Liedern im Gottesdienst Raum geben. Es reicht, wenn sie einfach beim Singen mehrmals einige Minuten Pause machen, gleichzeitig aber eine erkennbare Akkordfolge instrumental weiterspielen. Dann wissen die prophetischen Sänger, wann sie einsetzen können; außerdem können sie sich harmonisch an die Instrumente anpassen. Bald wird das Lobpreisteam lernen, mit den prophetischen Sängern zusammenzuarbeiten, ohne sich ablenken zu lassen. Spontan im Gottesdienst gespielte Musikinstrumente können prophetisch gebraucht werden. Der Lobpreisleiter lässt zu, dass sich die Musik manchmal frei entwickelt. Mitunter wird sie in überraschender Weise anschwellen.
9. Wir haben herausgefunden, dass in der Regel drei oder vier prophetische Lieder in einem normalen Gottesdienst, der nicht länger als eine Stunde dauert, reichen. Es gibt natürlich Ausnahmen, besonders für längere Anbetungstreffen, die über Stunden gehen.
10. Das prophetische Singen sollte auf die Bereiche Ermahnung, Ermutigung und Trost begrenzt werden, so wie diese im ersten Korintherbrief, Kapitel 14, Vers 3 beschrieben werden. Es sollte

nicht zu einem Mittel werden, um der Gemeinde Worte der Korrektur oder Weisungen weiterzugeben, außer die Gemeindeleitung hat dem im Voraus zugestimmt.

11. Die Sänger sollten allzu mystische, gleichnishafte und komplizierte Botschaften vermeiden. Singen Sie möglichst nicht das Bild oder die Vision selbst, sondern eher die Wahrheit, die dem Bild zugrunde liegt. Wenn Sie ein prophetisches Lied singen, dann verwenden Sie Begriffe, die leicht verständlich sind und die anderen Menschen Hilfe und Ermutigung bedeuten.
12. Bitten Sie diejenigen, die nicht die entsprechende Stimme haben, ihre Prophetien nicht gerade im öffentlichen Rahmen vorzutragen. Wem die Stimme fehlt, der muss sich – wie ich selbst übrigens auch – beim Prophezeien aufs Reden beschränken! Wer wie ich nicht berufen ist, öffentlich zu singen – der kann ja dennoch für sich singen. Ich mache das. Es tut meinem Geist gut, und es freut den Herrn, auch wenn mein Gesang höchstens als „fröhlich laut sein“ durchgehen kann! [In der deutschen Bibel heißt das „jauchzen“, d. Üs.]

Wir müssen verstehen, dass Gott jeden Christen zum Prophezeien beruft: „Ich wünschte, ihr würdet alle in Zungen reden, weit mehr aber, ihr würdet prophetisch reden. … einer nach dem andern könnt ihr alle prophetisch reden. So lernen alle etwas und alle werden ermutigt“ (1. Korinther 14,5.31).

Sänger müssen voller Eifer und Glauben sein, dass Gott sie mit prophetischen Liedern gebrauchen möchte. Ich fordere die Sänger auf, ruhig zu werden und emotional „herunterzufahren“, wenn sie den Geist fragen, was er in einem Gottesdienst betont. Sie müssen auf kleine Eindrücke oder Bilder achten, die der Heilige Geist ihnen gibt. Sie müssen sie genügend schätzen, um sie zu singen.

Es ist wichtig, dass wir verstehen: Auch die ersten Anfänge prophetischer Sänger sind vor Gott wichtig. Deshalb dürfen wir sie nicht verachten. Warum ist das so wichtig? Weil wir in diesen Dingen nur Schritt für Schritt wachsen können. Wir dürfen von den Tagen der kleinen Anfänge nicht gering denken, sondern müssen auch da, wo das Lied des Herrn erst beginnt, treu sein. Den zarten Eindrücken des Geistes sollen wir Ausdruck verleihen, wir dürfen sie nicht ignorieren (siehe Sacharja 4,10; Matthäus 25,21).

Kapitel 19

Manifestationen des Heiligen Geistes

Wenn Gott seine Macht durch die Kirche manifestiert, können wir dadurch geistlich wachsen, es kann uns aber auch verwirren und zum Straucheln bringen. In der gesamten Kirchengeschichte kam es immer wieder vor, dass eine Ausgießung der Macht des Heiligen Geistes von merkwürdigen, ja sogar bizarren physischen Phänomenen begleitet wurde. In den frühen 1990er-Jahren kursierten in vielen Ländern Zeugnisse darüber, wie Menschen von Manifestationen des Geistes, die von physischen Phänomenen begleitet waren, gesegnet wurden. Die Erweckung in Toronto unter der Leitung von John Arnott und das Wirken des Heiligen Geistes in Verbindung mit Rodney Howard-Browne führten in der Gemeinde Jesu quer durch die westliche Welt zu neuem Verständnis und zu Kontroversen.

Seitdem wurden viele Christen in ihrer Liebe zu Jesus geistlich erfrischt und verjüngt. Aber andere Gläubige waren skeptisch und fragten, ob solche Manifestationen ein echtes Wirken Gottes darstellten. Was hatte es mit dem fleischlichen Verhalten einiger Leute auf sich, welches sie als eine Folge der Berührung des Heiligen Geistes ausgaben? Wie geht man damit um?

Manche Gemeindeleiter waren verwirrt und wussten nicht, wie sie diese Dinge sehen sollten und was sie in dieser echten Bewegung des Heiligen Geistes ermutigen oder ablehnen sollten. Es war eine Zeit, in der viele begannen, anhand der Bibel einen Rahmen auszuarbeiten, in welchem diese Manifestationen und physischen Phänomene gedeutet werden konnten.

Die manifeste Gegenwart Gottes

Heimsuchungen der manifesten Gegenwart Gottes auf Einzelnen, Bewegungen und geografischen Regionen sind in der Geschichte der Christenheit oft aufgetreten und aus verschiedenen Gründen verachtet worden. Leider stellen sich ihnen oft Gemeindeleiter entgegen, die nicht demütig genug sind, zuzugeben, dass es geistliche Erfahrungen über ihre eigenen hinaus gibt, mit denen Gott Menschen erneuert. Solche Leiter meinen, sie hätten es fest in der Hand, was der Heilige Geist wirkt oder nicht wirkt. Der Heilige Geist ist aber viel größer als irgendeiner von uns.

Wir müssen vor dem Herrn immer die Haltung des Lernenden einnehmen und anerkennen, dass wir nicht alles verstehen, was der Heilige Geist tun mag. Egal, wie reif jemand im Herrn ist, wir alle sind immer noch nur Kinder und müssen deshalb in unserer Beziehung zu ihm als unserem Vater kindlich bleiben. Es gibt nur einen im ganzen Reich Gottes, der alles weiß!

Jemand stellte einmal die interessante Frage: „Wo wohnt Gott?" Ein anderer antwortete scharfsinnig: „Überall, wo er will." Das ist wirklich eine gute Antwort. Als Salomo den Tempel weihte, sagte er: „Siehe, selbst der Himmel und die Himmel der Himmel fassen dich nicht, wie viel weniger dieses Haus, das ich gebaut habe" (1. Könige 8,27). Es ist etwas Geheimnisvolles um den Ort, den Gott wählt, um seine Gegenwart zu manifestieren. Gott ist so nah und doch so fern. Er ist so vorhersagbar in seiner Treue und doch so geheimnisvoll in seiner Vorgehensweise. Deshalb fühlen wir uns von Natur aus nicht mit allem wohl, wie er wirkt.

Das entspricht seiner Absicht, damit wir demütig sind, wenn wir ihn voller Staunen anbeten. Die philosophischen Erklärungen für viele seiner Eigenschaften und Vorgehensweisen ließ Gott für unseren endlichen Intellekt unbefriedigend. Wie sollte es denn auch anders sein, wenn unser endliches Denken versucht, die Unendlichkeit zu erfassen?

Die menschliche Sprache vermag die Persönlichkeit und das Wesen Gottes nicht voll zu transportieren. Wir sehen die Herrlichkeit Gottes durch einen Spiegel, aber nur schwach (1. Korinther 13,12). Wir müssen mit der Tatsache der absichtlich rätselhaften Wege Gottes versöhnt werden, wenn wir unsere Beziehung mit ihm genießen und in aller Freiheit von ihm empfangen wollen. 5. Mose 29,28 sagt: „Was noch verborgen ist, steht bei dem Herrn, unserem Gott. Was schon offenbar ist, gilt für uns und unsere Kinder auf ewig."

Wo also wohnt Gott wirklich? Wo ist seine Gegenwart? Zunächst wohnt er im Himmel, in unzugänglichem Licht (1. Timotheus 6,16). Ferner ist er allgegenwärtig, und es gibt keinen Ort, wo er nicht wäre. Drittens lässt er sich herab, in seinen „Tempeln" zu wohnen. Im Alten Testament war das erst Moses Stiftshütte in der Wüste, dann der Tempel in Jerusalem. Im Neuen Testament ist es die Gemeinde – der Leib Christi.

Viertens sind er und sein Wort eins, und so ist er in der Heiligen Schrift präsent. Fünftens ist er in den Sakramenten der Gemeinde gegenwärtig. Und schließlich sucht er immer wieder einmal bestimmte Leute und Orte durch seine „manifeste Gegenwart" heim. Mit anderen Worten: Gott „kommt hernieder" und begegnet Menschen im natürlichen Bereich in den Erweckungen, wie sie in der Kirchengeschichte zu sehen sind.

Wenn Gott „nahe kommt", kann die normale Ordnung durcheinandergeraten. Wenn der allmächtige, allwissende, allgegenwärtige, unendliche, heilige und liebende Gott sich herablässt, niederzufahren und schwache, gebrochene und endliche Menschen zu berühren, was meinen wir denn, was mit der normalen Ordnung geschehen sollte? Es ist nur logisch, etwas anderes als das Übliche zu erwarten.

Wir wollen die Wahrheit über Gott und seinen Charakter und seine Wege ehren – wir brauchen nicht einen Aspekt seines Charakters anderen vorzuziehen oder eine Wahrheit zulasten anderer Wahrheiten über Gott. Im Folgenden stehen vier neutestamentliche Texte, die sich auf das biblische Konzept der manifesten Gegenwart Gottes beziehen.

Jesus versprach, auf eine mehr als sonst spürbare Weise unter uns „gegenwärtig" zu sein. Matthäus 18,20:

> Denn wo zwei oder drei in meinem Namen versammelt sind, da bin ich mitten unter ihnen.

Paulus verweist auf die Versammlung der Gläubigen als den Ort, an dem Jesu Gegenwart besonders sichtbar ist, um reulose Gemeindeglieder zu strafen. Ich möchte in diesem Zusammenhang in erster Linie den Punkt betonen, dass die Macht Jesu in besonderer Weise gegenwärtig ist, wenn sich Gläubige versammeln.

> Im Namen Jesu, unseres Herrn, wollen wir uns versammeln ... und zusammen mit der Kraft Jesu, unseres Herrn, diesen Menschen dem Satan übergeben zum Verderben seines Fleisches, damit sein Geist am Tag des Herrn gerettet wird (1. Korinther 5,4–5).

Es gibt Gelegenheiten, da ist Gottes Heilungskraft in stärkerem Maße präsent als normalerweise. Die Kraft Gottes floss in spürbarer Weise aus Jesu Körper hinaus. Anscheinend manifestierte sich die Kraft des Heiligen Geistes nicht ständig in diesem Maße durch ihn. Aber zu bestimmten Zeiten und in bestimmten Situationen geschah es doch, wie Gott es anordnete.

> Und die Kraft des Herrn drängte ihn dazu, zu heilen (Lukas 5,17).

> Viele Menschen aus ganz Judäa ... strömten herbei. Sie alle wollten ihn hören und von ihren Krankheiten geheilt werden. Auch die von unreinen Geistern Geplagten wurden geheilt. Alle Leute versuchten, ihn zu berühren; denn es ging eine Kraft von ihm aus, die alle heilte (Lukas 6,17–19).

Biblische Beispiele der manifesten Gegenwart Gottes

Physische Manifestationen geschehen dann, wenn Gottes Gegenwart im natürlichen Bereich sichtbar wird:

- Daniel fiel erschrocken mit dem Gesicht zu Boden (Daniel 8,17, 10,7–10, 15–19).
- Feuer fiel vom Himmel und verzehrte das Opfer (3. Mose 9,24; 1. Könige 18,38; 1. Chronik 21,26).
- Die Priester konnten wegen der Gegenwart Gottes nicht stehen (1. Könige 8,10–11; 2. Chronik 7,1–3).
- Auf König Saul und seine Männer fiel der Geist und sie prophezeiten, als sie sich dem Lager der Propheten näherten (1. Samuel 19,18–24).
- Ein Busch brannte, ohne zu verbrennen (2. Mose 3,2).
- Es gab Donner, Rauch, Erdbeben, Trompetenklang und Stimmen auf dem Berg Sinai (2. Mose 19,16).
- Mose sah die „Herrlichkeit Gottes“ an sich vorüberziehen; Moses Gesicht leuchtete übernatürlich (2. Mose 34,30).
- Jesus und seine Kleider leuchteten übernatürlich, und eine übernatürliche Wolke sowie Mose und Elia besuchten ihn (Matthäus 17,2–8).
- Der Heilige Geist kam in Form einer Taube herab (Johannes 1,32).
- Ungläubige Wachleute wurden zu Boden geworfen (Johannes 18,6).
- Petrus und Paulus fielen in Trance und sahen und hörten in der geistlichen Welt (Apostelgeschichte 10,10, 22,1).

- Saulus von Tarsus sah ein helles Licht, wurde vom Pferd geworfen, vernahm Jesu hörbare Stimme und erblindete vorübergehend (Apostelgeschichte 9,4).
- Johannes fiel um wie tot, hatte keine körperliche Kraft mehr und sah und hörte in der geistlichen Welt (Offenbarung 1,17).

Die Aufzeichnungen der Kirchengeschichte sind voller Zeugnisse von Leuten, die den Geist auf viele unterschiedliche Weisen erfahren haben. Das Buch Joel gebraucht die Analogie von Wein für das Ausgießen des Geistes. Petrus deutete das Geschehen am Pfingsttag prophetisch als eine Teil-Erfüllung der Endzeitprophetie von Joel. An jenem Tage beschuldigten die Beobachter die hundertzwanzig mit dem Heiligen Geist Erfüllten, sie seien von Wein betrunken.

Vermutlich waren sie überwältigt von der manifesten Gegenwart der Freude des Heiligen Geistes! Es gehört zu Gottes Natur, etwas so Einfaches und Grundlegendes wie Freude und deren Auswirkungen auf sein Volk zu nehmen, um die Aufmerksamkeit von ausgebrannten, gelangweilten und verhärteten Ungläubigen zu wecken. Der Bericht in Apostelgeschichte 2 ist nicht nur ein historischer Bericht über die Geschehnisse in Jerusalem im ersten Jahrhundert; er ist auch eine göttliche Offenbarung dessen, was geschieht, wenn die Fülle des Heiligen Geistes auf ein Volk herabkommt. In Apostelgeschichte 2 gab es die Manifestation von Wind, Feuer und dem Wein des Geistes. Bevor alles vorbei ist, wird es „Blut, Feuer und Rauchdampf" geben. Das Feuer Gottes überführt uns von Sünde und setzt leidenschaftliche Fürbitte und die Furcht des Herrn frei. Gottes Wind löst das mächtige Wunderwirken von Engeln aus.

Geistliche Manifestationen und Phänomene prüfen

Die Bibel berichtet nicht von allen möglichen göttlichen oder legitimen übernatürlichen Aktivitäten und/oder Erfahrungen, die in den Völkern vorgekommen sind oder vielleicht noch vorkommen werden. Nein, sie berichtet von Beispielen göttlicher Aktivität und legitimer übernatürlicher Erlebnisse, die in größere Kategorien fallen, welche für das Wirken des Heiligen Geistes typisch sind. Dieses Konzept wird in Johannes 21,25 gelehrt, wo Johannes sagt, wenn all die wunderbaren Taten Jesu aufgeschrieben würden, könnten alle Bücher der Welt sie nicht fassen.

Nirgends lehrt die Bibel, dass Gott gebunden ist, nur das zu tun, was er schon einmal getan hat. Tatsächlich gibt es viele biblische Prophezeiungen, dass Gott tun wird, was er noch nie getan hat. Gott ist immer und in Ewigkeit frei, nie da Gewesenes zu wirken, was mit seinem Charakter, wie er in der Schrift offenbar ist, übereinstimmt. Er ist Gott, und er kann alles tun, was er will.

Das Einzige, was die Bibel als für Gott unmöglich anführt, ist Lügen. Wir müssen sehr vorsichtig sein, wenn wir sagen, Gott würde oder könnte dieses oder jenes nie tun. Er bittet uns für nichts um Erlaubnis, was er zu sagen oder zu tun entscheidet. Vergessen wir nicht, wie er Hiob konfrontierte und mit ihm umging, als Hiob die Weisheit der Wege Gottes infrage stellte. Der westlichen Christenheit fehlt allzu oft die übernatürliche Seite des Glaubens und das Empfinden für das Mysterium Gottes.

Manchmal werden Leute übereifrig und/oder besitzen nur unzureichende Bibelkenntnis; sie verdrehen und verzerren Texte in dem Bemühen, die Gültigkeit mancher geistlichen Manifestationen oder physischen Phänomene zu beweisen, auf die in der Bibel nicht ausdrücklich hingewiesen wird. Zum Beispiel versuchen manche die Erfahrung des unkontrollierten Lachens durch diese Art von „Textbeweis“ zu verteidigen, doch dieses Phänomen wird in der Heiligen Schrift nicht ausdrücklich erwähnt.

Allerdings bezieht sich 1. Petrus 1,8 auf eine weiter gefasste Kategorie des Geisteswirkens, „ihr … jubelt in unsagbarer, von himmlischer Herrlichkeit verklärter Freude“. Warum sollte es überraschen, dass ein Mensch oder ganze Gruppen von Menschen einen Aspekt dieser Art von Freude erleben, die vielleicht lange andauerndes Lachen auslöst?

Es gibt aufrichtige Christen, die bei derartigen Berichten in Panik geraten und sofort schlussfolgern, dass eine geistliche Verführung am Werk sein müsste. Aber – vielleicht! – ist ihre Sicht von Gott, seinen Wegen und der Bibel zu einschränkend. Ironischerweise könnte es ihre mangelhafte Bibelauslegung sein, die sie zu solch voreingenommenen Schlussfolgerungen führt. Es gibt einen Riesenunterschied zwischen Verhaltensweisen, die biblische Prinzipien über Gottes Wirken unter den Menschen missachten, und Verhaltensweisen, die die Bibel nicht ausdrücklich nennt.

Leider sind manche Leute der Meinung, dass etwas, was sie nicht persönlich erlebt haben, unmöglich von Gott kommen könne – warum hätte Gott es denn sonst nicht auch an ihnen gewirkt? Gemeindeleiter fühlen sich mitunter von sich selbst oder auch von anderen unter Druck gesetzt, alle Antworten haben zu müssen. Die Arroganz und Vermessenheit solch einer Mentalität ist leicht zu erkennen. Wir müssen vor Gott kindlich bleiben als Lernende, um das Wirken des Heiligen Geistes zu erfahren und mehr zu empfangen.

Zur Prüfung geistlicher Manifestationen gilt es einige Faktoren zu bedenken. Zunächst prüfen wir das übergeordnete Glaubenssystem und den Lebensstil (und Veränderungen darin) der Menschen, die von den Manifestationen betroffen sind. Zweitens sehen wir uns die übergeordneten Überzeugungen und den Lebensstil derjenigen an, die als Gefäß gebraucht werden, um den Segen des Geistes freizusetzen. Wir sollten die kurz- und langfristige Auswirkung der Erlebnisse auf Einzelne und Gemeinden prüfen. Und schließlich müssen wir uns ansehen, ob in dem Kontext, in welchem die Phänomene auftreten, Jesus insgesamt geehrt wird.

Jonathan Edwards spricht von fünf Prüfungen, mit denen sich feststellen lässt, ob eine bestimmte Manifestation als ein echtes Wirken des Geistes anzusehen ist. Er sagte, dass Satan folgende Dinge in Menschen nicht bewirken kann und nicht bewirken würde, wenn er könnte.

Wenn wir mindestens eine dieser Fragen mit Ja beantworten können, dann hat das Erlebte als echt zu gelten, trotz „kleiner Bedenken [Kritikpunkte], wie sie viele haben wegen seltsamer Dinge, Unregelmäßigkeiten, Fehlverhalten und den irrigen Vorstellungen und Skandalen mancher Bekenner [Menschen, die behaupten, Christen zu sein]."[1]

Mit anderen Worten: Edwards sagte, dass das Vorhandensein irgendeiner Vermischung mit dem Menschlichen den göttlichen Stempel auf dem, was er im Rahmen einer wahren Erweckung wirkt, im Allgemeinen nicht ungültig macht. Ein beträchtlicher Anteil menschlicher Elemente sollte in und um eine geistliche Erweckung sogar erwartet werden. Dies sind die fünf Prüfungen:[2]

- Ehrt das Geschehen die Person Jesus Christus?
- Bringt es mehr Hass auf die Sünde und größere Liebe zur Gerechtigkeit hervor?
- Bewirkt es mehr Respekt vor der Heiligen Schrift?
- Führt es Menschen in die Wahrheit?
- Bewirkt es größere Liebe zu Gott und Menschen?

HISTORISCHE FÄLLE VON MANIFESTATIONEN DES GEISTES

Außergewöhnliche physische Phänomene, bewirkt durch die Gegenwart des Heiligen Geistes auf Menschen, sind umfassend dokumentiert und bestätigt durch die Erweckungsgeschichte in buchstäblich jedem

Zweig der christlichen Kirche. Im Folgenden sind nur einige Zitate von Hunderten möglicher, die diese Tatsache bekräftigen.

Jonathan Edwards gilt als einer der größten Theologen der Geschichte, er lebte während der Zeit der Großen Erweckung in Amerika in den 30er- und 40er-Jahren des 18. Jahrhunderts. Edwards verfasste die durchdachtesten und verständlichsten biblischen Bewertungen, Überlegungen und Schriften über die Manifestationen des Geistes.

> Es war ganz wunderbar zu sehen, wie die Gefühle der Menschen mitunter bewegt wurden, wenn Gott ihnen plötzlich gleichsam die Augen öffnete und ihnen ein Empfinden der Größe seiner Gnade schenkte. ... Die freudige Überraschung ließ ihr Herz gewissermaßen hüpfen, sodass sie in Lachen ausbrachen, wobei ihnen gleichzeitig oft die Tränen über das Gesicht strömten und sie immer wieder laut weinten. Manchmal konnten sie nicht anders, als mit lautem Rufen ihrer großen Bewunderung Ausdruck zu verleihen.[3]

> ... manche sehnten sich derart nach dem Geist, oder ihr Sehnen wuchs in einem solchen Maße, dass es sie aller natürlichen Kraft beraubte. Manche wurden so überwältigt von dem Empfinden der Liebe Jesu „bis in den Tod“ gegenüber so armen, erbärmlichen und unwürdigen Kreaturen, dass ihr Körper dadurch schwach wurde. Mehrere Personen empfanden die Herrlichkeit Gottes und Exzellenz Christi so stark, dass ihr Wesen und Leben darunter fast dahinzusinken schienen; und aller Wahrscheinlichkeit nach wären sie vergangen, wenn Gott ihnen ein wenig mehr von sich selbst gezeigt hätte. ... und als sie dazu in der Lage waren, sprachen sie von der Herrlichkeit der Vollkommenheit Gottes.[4]

> Sehr häufig erlebte man ein ganzes Haus voller Schreie, Ohnmachten, Krämpfe und Ähnlichem, sowohl vor Bedrängnis als auch vor Bewunderung und Freude.[5]

> ... viele wurden in ihren religiösen Gefühlen weit über das hinaus erhoben, was sie je zuvor erlebt hatten: und es kam vor, dass Menschen in einer Art Trance lagen und vielleicht ganze vierundzwanzig Stunden regungslos liegen blieben, ohne Besinnung, aber mit sehr lebhaft tätiger Vorstellungskraft, als ob sie in den Himmel gingen und dort eine Vision von herrlichen und wunderbaren Dinge hätten.[6]

Das Folgende ist der Bericht eines atheistischen „Freidenkers“ namens James B. Finley, der 1801 die Erweckung in Cane Ridge, Kentucky, besuchte:

> Der Lärm war wie das Donnern des Niagara. Das riesige Meer der Menschen wirkte aufgewühlt wie in einem Sturm. … Manche der Leute sangen, andere beteten, andere flehten mit den herzzerreißendsten Worten um Gnade, während wieder andere lautstark schrien. Als Zeugen dieser Szenen bemächtigte sich meiner ein merkwürdiges Gefühl, wie ich es nie zuvor verspürt hatte. Mein Herz schlug stürmisch, mein Knie zitterten, meine Lippen bebten, und ich fühlte mich, als müsse ich zu Boden fallen. Eine sonderbare übernatürliche Kraft schien das gesamte dort versammelte Denken und Fühlen zu durchdringen. … einmal sah ich mindestens fünfhundert in einem Moment zu Boden gehen, wie niedergemäht von einer Batterie von tausend Gewehrschüssen, und dann folgte direkt darauf Kreischen und Schreien, das den Himmel selbst zerriss. … Ich floh zum zweiten Mal in die Wälder und wünschte, ich wäre zu Hause geblieben.[7]

Teresa von Avila (1515–1582) schrieb über den Zustand der Ekstase: „Die Person verliert selten das Bewusstsein; ich habe es manchmal ganz verloren, aber nur selten und nur für kurze Zeit. In der Regel ist das Bewusstsein gestört; und obwohl nicht fähig, in Bezug auf äußerliche Dinge zu handeln, kann die Person immer noch hören und verstehen, aber nur gedämpft, wie von weit weg.“[8]

Ein Katalog geistlicher Manifestationen und Phänomene

Nach dem hebräischen und biblischen Modell der Einheit der Persönlichkeit wirkt sich der Geist auf den Körper aus. Manchmal kann der menschliche Geist so betroffen sein von der Herrlichkeit Gottes, dass der menschliche Körper nicht in der Lage ist, die Intensität dieser geistlichen Begegnungen zu fassen – und daraus ergibt sich eventuell ein merkwürdiges physisches Verhalten.

Manchmal, wenn auch sicherlich nicht immer, sind physische Reaktionen einfach menschlich und nicht direkt vom Heiligen Geist ausgelöst.

Bei anderen Gelegenheiten können physische Reaktionen von dämonischen Mächten verursacht sein, die durch die manifeste Gegenwart Gottes aufgewühlt werden. Es schien in neutestamentlichen Erzählungen üblich zu sein, dass Dämonen „aus der Deckung kommen“ mussten, wenn Jesus oder die Apostel in der Nähe waren (zum Beispiel bei dem besessenen

Gerasener und der Wahrsagerin in Philippi). Manche dieser merkwürdigen Erfahrungen lassen sich bestenfalls als „Erweckungsphänomene" einordnen statt als „Manifestationen des Geistes". Aber das bedeutet nicht, dass sie deshalb fleischlich wären und verboten werden sollten.

Folgende Phänomene und/oder Manifestationen wurden in heutiger Erfahrung beobachtet: Schütteln, Zucken, Verlust der körperlichen Kraft, schweres Atmen, flackernde Augen, bebende Lippen, Öl auf dem Körper, Veränderungen der Hautfarbe, Weinen, Lachen, „Trunkenheit", Taumeln, Mühen wie unter Wehen, Tanzen, Hinfallen, Visionen, Hören im geistlichen Bereich, inspirierte Äußerungen (d. h. Prophetie), Zungenrede, Auslegung, Engelserscheinungen und -manifestationen, Springen, heftiges Rollen, Kreischen, Wind, Hitze, Elektrizität, Kälte, Übelkeit als Wahrnehmung des Bösen, Riechen oder Schmecken guter oder böser Präsenzen, Kribbeln, körperlicher Schmerz als Wahrnehmung von Krankheiten, Empfinden von Schwere oder Leichtigkeit, Trancen (veränderter Körperzustand während des Sehens und Hörens in der geistlichen Welt), Unfähigkeit normal zu sprechen, Störungen in der Natur (z. B. Durchbrennen von elektrischen Sicherungen).

Was Gott mit äusserlichen Manifestationen beabsichtigt

Oft beleidigt Gott den Verstand, um das Herz zu prüfen und zu offenbaren. Wie in Apostelgeschichte 2,1–13 berichtet, war die Reaktion mancher, die erlebten, wie zu Pfingsten der Geist ausgegossen wurde, bewunderndes Staunen, andere waren perplex und verwirrt und wieder andere spotteten. Diese drei Reaktionen auf das Wirken des Geistes und manche daraus resultierenden Ereignisse sehen wir nach wie vor auch heute. Diese „Art Gottes" fordert uns insofern heraus, als wir unangemessen alles unter Kontrolle haben wollen, und zielt darauf ab, unsere unheiligen Hemmungen und unseren Stolz niederzureißen. Im Folgenden einige der Gründe, warum Gott vielleicht entscheidet, merkwürdige und/oder bizarre Ereignisse zu gebrauchen, um sein Reich unter den Menschen zu fördern.

Durch Zeichen und Wunder will er seine Macht demonstrieren

Zeichen werden gegeben, um über sie hinaus auf Gott zu verweisen, der da ist. Wunder machen neugierig auf das Geheimnis der Wege Gottes. Die Schrift bestätigt das Konzept der „am Verstand vorbei“ geschehenen Übermittlung der Gnade, Macht und Weisheit Gottes. Manchmal, aber gewiss nicht immer, umgeht Gott unseren Verstand, wenn der Heilige Geist auf uns kommt. Wie manche Leute Erneuerungsphänomene erleben, fällt in diese Kategorie.

Er will uns stärken, um innere Bindungen zu überwinden – Angst, Lust, Stolz, Bitterkeit usw.

Eine Bekannte, eine Schwester im Herrn, erlebte eines bestimmten Abends eine Freisetzung von Freude und Lachen. Voll der Freude am Herrn ging sie danach nach Hause. Beim Betreten ihres unbeleuchteten Hauses fiel ihr auf, dass eine Angst vor Dunkelheit, die sie seit Kindheitstagen gequält hatte, überraschenderweise völlig verschwunden war. Niemand hatte mit ihr bezüglich dieses Problems gebetet. Irgendwie war es entfernt worden, ohne dass sie darüber nachgedacht hätte – ein Nebeneffekt ihrer Erfahrung mit der Freude des Herrn.

Er will Liebe, Frieden, Freude, Furcht Gottes usw. schenken

Unter der Kraft des Heiligen Geistes fiel Sue neulich zu Boden. Im Laufe dieser Zeit hatte sie eine Vision, wie Jesus ihr Empfinden von Wertlosigkeit heilte, während seine Liebe ihr ganzes Sein mit Frieden überflutete, wie sie es in all ihren Jahren als gläubige Christin noch nie erfahren hatte.

Er will körperlich und seelisch heilen

Jill erlebte eine bemerkenswerte körperliche Heilung. Neulich empfing sie intensiven Gebetsdienst, wobei sie unter der Kraft des Geistes mehrmals zu Boden fiel. Dabei war ihr nur bewusst, dass sie große Freude und Frieden empfand.

Sie hatte sowohl an einer schweren Augenkrankheit wie auch an der Parkinsonkrankheit gelitten. Aufgrund ihres Augenleidens konnte sie keine Tränen produzieren; stündlich musste sie Augentropfen nehmen.

Auf dem Heimweg von der Konferenz, wo dieses geschehen war, wurde ihr plötzlich bewusst, dass sie schon vier Stunden lang keine

Augentropfen gebraucht hatte. Seit dem Tag hat sie sie überhaupt nicht mehr nötig. Außerdem kann sie jetzt normal gehen und sprechen, weil die schweren Symptome der parkinsonschen Krankheit so weit gelindert sind.

Er will zum Dienst bevollmächtigen

Gott hatte Scott durch viele Prüfungen und Enttäuschungen geführt. Inzwischen war er geistlich so verstört, dass er ständig Angst hatte, in seinem Leben würde wieder alles kaputtgehen. Der Heilige Geist ergriff ihn auf ungewöhnliche und merkwürdige Weise. Er verbrachte Stunden auf dem Boden, weil der Heilige Geist an ihm wirkte. Im Verlauf eines Jahres wurde Scotts Herz von Gottes Liebe gewaltig verwandelt und befreit. Es fällt schwer, die Echtheit und die Heiligkeit der merkwürdigen Begegnungen, die Scott erfuhr, infrage zu stellen.

Er will Gottes Wort freisetzen: prophetische Sensibilisierung und wirkungsvolle Predigt

JoAnn hatte mehrere Begegnungen mit dem Geist. In Gottes Gegenwart hatte sie gezittert und gelacht und geweint. Sie fragte den Herrn: „Wozu soll all das dienen?“ Dann empfing sie die Bevollmächtigung für prophetische Offenbarung mit einem Maß an Genauigkeit, das alles übertraf, was sie bis dahin je erlebt hatte.

Er will geistliche Kapazitäten vergrößern und befreien

Manifestation werden gegeben, um die Herzen der Menschen, die zu Gott gehören, zu erfrischen, ermutigen und heilen, damit sie als Jünger Jesu reif werden und stärkere Zeugen für ihn sind.

Falsche Vorstellungen über die Manifestationen aufdecken

Falsche Vorstellung Nr. 1: Wenn ich hingegebener wäre, dann würde ich mehr Manifestationen des Geistes erleben.

Das Erleben der Manifestationen des Heiligen Geistes hat nichts mit unserer geistlichen Leidenschaft und Hingabe zu tun, es handelt sich vielmehr um das Wirken der freien Gnade Gottes.

Falsche Vorstellung Nr. 2: Wenn viele sichtlich vom Geist berührt sind, dann ist die Erweckung da!

Die klassische Definition von Erweckung geht weit über das Erleben von Manifestationen hinaus, sie schließt auch viele Bekehrungen und tiefe Verwandlungen von Menschenleben in geografisch ausgedehnten Gebieten ein. Der Begriff *Erneuerung* beschreibt besser, was über die letzten zehn bis fünfzehn Jahre in Amerika passiert ist. Die Erneuerung wird hoffentlich zur vollen Erweckung führen.

Falsche Vorstellung Nr. 3: Die Leute, die Gott gebraucht, um seine manifeste Gegenwart zu schenken, sind gewöhnlich reif und sensibel für Gott.

Menschen, die für den Dienst mit Zeichen und Wundern in der Kraft des Heiligen Geistes gebraucht werden, vermitteln oft unbewusst den Eindruck, dass die Kraftgaben Verdienstorden für ihre Geistlichkeit wären. Das bringt manchen hingegebenen und aufrichtigen Christen unter Verdammnis. Die Gaben und Berufungen Gottes sind freie Gaben seiner Gnade.

Falsche Vorstellung Nr. 4: Seien Sie nur offen und sensibel gegenüber dem Geist, und Sie werden physische Manifestationen des Geistes erleben.

Es wäre weniger verwirrend, wenn es wirklich so wäre, aber das ist es nicht. Gewiss, manche Menschen haben Schranken in ihrem Denken und Fühlen, die das Wirken des Geistes behindern. Aber es kommt oft vor, dass sogar Skeptiker und Zyniker mächtig von Gott berührt werden. Andere, die sehr offen für eine Berührung sind und sich danach sehnen, erleben sie auf nach außen sichtbare Weise nicht. Wir können nicht beurteilen, wer „offen“ und wer „verschlossen“ dafür ist, von Gott zu empfangen.

Es gibt Schranken (z. B. Angst und Stolz), die uns hindern können zu empfangen. Bitten Sie den Heiligen Geist, alle Barrieren aufzuzeigen, die vielleicht in Ihnen vorhanden sind. Er wird treu sein, einer solchen Bitte zu seiner Zeit zu entsprechen. Inzwischen gehen Sie nicht davon aus, dass es ein Hindernis sein muss, das Sie abhält, von Gott zu empfangen.

Falsche Vorstellung Nr. 5: Wenn es wirklich der Heilige Geist ist, der diese Menschen anrührt, dann wird das sofort und auf Dauer „Frucht" in ihrem Leben tragen.

Gott wirkt an vielen Menschen, die nicht die Frucht hervorbringen, die er beabsichtigt. Es gibt keine Garantien, dass aus diesen „göttlichen Einladungen" Frucht resultiert. Die Menschen sind frei, wie sie auf diese großzügigen Gelegenheiten, die ihnen der Heilige Geist gibt, reagieren: umfassend, teilweise oder sogar überhaupt nicht.

Falsche Vorstellung Nr. 6: Wenn die Kraft des Heiligen Geistes jemanden anrührt, dann dürfte der seine Reaktionen nicht mehr unter Kontrolle haben.

Nach der Bibel ist es Fakt, dass ein Prophet nur sehr selten die Kontrolle verliert, wenn er unter dem Einfluss des Heiligen Geistes ist. Das betonte Paulus mit seiner Lehre, dass der „Geist des Propheten" dem bevollmächtigten Propheten untertan sei (1. Korinther 14,32). Aus diesem Abschnitt erfahren wir, dass wir unsere Reaktionen kontrollieren können, wenn der Herr uns berührt. Ich stimme zu, dass in der Bibel von seltenen Gelegenheiten die Rede ist, wo ein Prophet eine „unkontrollierbare" Reaktion zeigte, als er vom Geist ergriffen wurde. Zum Beispiel wurde Hesekiel vom Geist ergriffen und von Babylon nach Jerusalem transportiert (Hesekiel 8,3). Nun, das fällt bestimmt unter „unkontrollierbare" Reaktionen auf den Geist. Wenn der Geist wirkt, gibt es eine geheimnisvolle Kombination von göttlichen und menschlichen Elementen. Petrus wusste, wie er gehen sollte, und hatte die Kraft dafür, als Jesus ihn einlud, auf das Wasser zu kommen. Das übernatürliche Element war, dass er beim Gehen nicht versank. Zu einem bewussten Sicheinlassen auf die Gegenwart des Geistes gehört mehr eigenes Zutun, als wir gemeinhin annehmen.

Gefahren im Zusammenhang mit Manifestationen

Wir haben die Fallgruben des Widerstands gegen das Wirken des Heiligen Geistes genannt. Aber am anderen Ende des Spektrums steht mitunter eine „Überreaktion". Liebe zu Gott und Liebe untereinander muss der vorrangige Wert unserer Gemeinschaft bleiben. Wenn der Heilige Geist mächtig wirkt und das zu physischen Manifestationen führt, dürfen wir nicht mit Missachtung der Heiligen Schrift „überreagieren". Dafür will ich einige Beispiele nennen.

- *Fanatismus*. In ihrem Enthusiasmus können sich Leute so verrennen, dass sie sich extrem verhalten und zu merkwürdigen und unbiblischen Vorstellungen verführt werden. Dieses Problem muss angesprochen werden, sobald es auftaucht. Das sollte mitfühlend geschehen, sowohl im privaten wie im öffentlichen Rahmen. Es ist eine sehr heikle Prozedur, denn das wahre Feuer des Geistes wird in gewissem Umfang immer von „Buschbränden" begleitet sein, die von den fleischlichen Elementen in einem unvollkommenen Gläubigen herrühren.
- *Die weniger aufregenden oder weniger sichtbaren Aspekte unseres Glaubens vernachlässigen.* Dabei geht es um Dinge wie die tägliche Andacht halten, demütig dienen, den Armen helfen, barmherzig sein, seine Feinde lieben, geduldig leiden, Eltern ehren, Lüste zügeln, seine Kinder erziehen, „ganz normal" zur Arbeit gehen, Besorgungen machen, den Zehnten, Rechnungen und Steuern zahlen und Beziehungskonflikte lösen.
- *Im Namen der „Freiheit des Geistes" jegliche Zurückhaltung aufgeben.* Die ganze Gemeinde muss sich der Spannung zwischen Freiheit und Zurückhaltung stellen. Wir werden nicht immer einer Meinung sein, wie mit dieser Spannung umgegangen werden sollte. Wir müssen einige „Mücken schlucken", um nicht „Kamele schlucken" zu müssen (Matthäus 23,24). Wir müssen versuchen, die unwichtigeren Themen (Mücken) – unterschiedliche Arten von Manifestationen – nicht mit den wichtigen Themen (Kamelen) – Liebe zu Jesus und zu Menschen und Gehorsam gegenüber der Heiligen Schrift – durcheinanderzubringen.
- *Abgelenkt werden von der Ausrichtung auf Jesus und seine wichtigsten Ziele.* Wir dürfen uns nicht ablenken lassen von unserer Leidenschaft für Jesus, Evangelisation, Gemeindebau usw., indem wir den Manifestationen selbst in unangemessenem Maße Zeit und Aufmerksamkeit widmen.
- *Auf unsere Sensibilität gegenüber dem Geist stolz werden.* Wir müssen die subtile Selbstgerechtigkeit vermeiden, mehr als andere vom Geist „gesegnet" zu sein. Gottes Gnade wird ausgeteilt,

um seine Liebe und Barmherzigkeit zu mehren, indem sie uns in Dankbarkeit und Demut führt.

- *Äußerliche Manifestationen über das Werk des Geistes im Herzen von Menschen stellen.* Nach und nach innerlich verwandelt zu werden, um in Liebe und Demut zu wandeln, ist das Ziel des Geisteswirkens.
- *Die menschlichen Werkzeuge aufs Podest heben, die Gott für das Werk des Geistes gebraucht.* Wir müssen jede Art von „Heldenverehrung" in unserem Herzen vermeiden. Wir müssen auf Jesus ausgerichtet bleiben. Aber die „Gesichtslosigkeit" der Armee Gottes bedeutet nicht, dass es nicht irgendwelche bekannten Christen mit einem öffentlichen Dienst gibt. Es bezieht sich auf die demütige Haltung, die alle annehmen müssen.

DIE RICHTIGE HALTUNG ANNEHMEN, UM DEN DIENST DES GEISTES ZU EMPFANGEN

Darum sage ich euch: Bittet, dann wird euch gegeben; sucht, dann werdet ihr finden; klopft an, dann wird euch geöffnet. Denn wer bittet, der empfängt; wer sucht, der findet; und wer anklopft, dem wird geöffnet. Oder ist unter euch ein Vater, der seinem Sohn eine Schlange gibt, wenn er um einen Fisch bittet, oder einen Skorpion, wenn er um ein Ei bittet? Wenn nun schon ihr, die ihr böse seid, euren Kindern gebt, was gut ist, wie viel mehr wird der Vater im Himmel den Heiligen Geist denen geben, die ihn bitten (Lukas 11,9–13).

In diesem Abschnitt fordert Jesus seine Jünger auf, spezifisch zu beten. Die als „bitten", „suchen" und „anklopfen" übersetzten Verben stehen im Griechischen in einer Verlaufsform. Das gibt den Sätzen den Sinn, dass die gewünschten Segnungen mit Beharrlichkeit erstrebt werden müssen.

Gott möchte, dass wir wirklich wollen, was wir wünschen, und nicht passiv oder gleichgültig sind. Er hält die Segnung eine kurze Zeit zurück, um unseren Hunger nach dem, für das wir so eifrig beten, zu vertiefen.

Die Bitten um die guten Dinge seines Reiches lassen sich zusammenfassen in der Bitte um die Freisetzung des Geisteswirkens. Gott ist ein großzügiger Vater, der den Dienst des Geistes für uns freisetzen möchte, aber er will, dass wir ihn wirklich mit der Fülle seiner Gaben, Frucht und

Weisheit begehren. Unser Wunsch ist es, mehr von Gott zu empfangen, nicht nur, äußerliche Manifestationen zu erleben.

Viele berichten, sie hätten von Gott empfangen, nachdem sie in Erneuerungsveranstaltungen völlig in die Gegenwart Gottes eingetaucht waren („Soaking"), ohne dass es irgendwelche äußerlichen Manifestationen gegeben hätte. Die *Titration* ist ein chemisches Experiment. Dabei hat man zwei klare Lösungen in verschiedenen Reagenzgläsern. Tropfen für Tropfen wird eine Lösung mit der anderen vermischt. Bis zur Übersättigung gibt es keine chemische Reaktion. Der eine Tropfen, der schließlich zur Übersättigung führt, verursacht eine heftige, deutlich sichtbare chemische Reaktion. Manche sind in Gebetsräumen und Erneuerungsveranstaltungen stundenlang vor Gott, ohne dass eine geistliche Reaktion feststellbar wäre. Dann begegnet ihnen der Geist plötzlich in einer Weise, die einen nachhaltigen Eindruck auf sie ausübt. Zurückblickend glauben sie, dass während der vielen Stunden, die sie auf Gott warteten, und durch ihr Eintauchen in das unsichtbare und verborgene Wirken des Heiligen Geistes eine geistliche „Titration" stattgefunden hat. Wie auch immer, nicht auf die äußerlichen Effekte der geistlichen Erneuerung sollen wir unsere und anderer Aufmerksamkeit richten, sondern auf die innere Verwandlung unserer Seele, die Jesus ähnlicher wird.

Ratschläge zum Durchführen von Erweckungsveranstaltungen

Dr. Martyn Lloyd-Jones sagte in Bezug auf die Gefahr der Überheblichkeit über das geheimnisvolle Wirken des Heiligen Geistes: „Sage nie nie und sage nie immer, wenn es darum geht, was der Heilige Geist tun könnte oder nicht." Der Herr lässt sich absichtlich nicht in die Schubladen stecken, die wir für ihn vorsehen!

- Planen Sie eine längere und ungestörte Zeit, in der auf Gott gewartet wird, für die auch nichts anderes vorgesehen ist, falls Gott sich nicht in ungewöhnlich manifester Weise „zeigt". Bestimmen Sie, dass es nicht unbedingt eine trockene Zeit mit Gott sein muss, in der nichts geschieht, nur weil nichts Ungewöhnliches stattfindet.
- Richten Sie sich durch Anbetung und betendes Schriftlesen auf den Herr selbst aus.

- Erklären Sie die Manifestationen nur von Zeit zu Zeit. Es ist besser, sie dann zu erklären, wenn sie tatsächlich anfangen zu geschehen, um dem Vorwurf vorzubeugen, die Macht der Suggestion sei am Werk. Es kann eine Hilfe sein, Literatur zur Verfügung zu haben, die diese Dinge erklärt.
- Geben Sie auf Jesus ausgerichtete Ermutigung und seien Sie offen, Menschen einzuladen, ihre Erlösung in Empfang zu nehmen, wenn Ungläubige zu Erneuerungsveranstaltungen kommen.
- Eventuelle Erfahrungsberichte sollten darauf ausgerichtet sein, wie die Beziehung zu Gott und die Frucht des Geistes gefördert wurden, statt die Aufmerksamkeit auf Phänomene zu lenken.
- Suchen Sie jegliche Übertreibung des Geisteswirkens zu verhindern. Der Heilige Geist braucht keine Übertreibung, um in den Menschen den Glauben für Heilung oder vermehrtes Empfangen von Gott aufzubauen. Lassen Sie nicht zu, dass unwahre und unechte Zeugnisse gegeben werden, selbst wenn sie scheinbar „Glauben fördern helfen".
- Vermeiden Sie es, den Eindruck zu vermitteln, der Heilige Geist sei aufgrund eines bestimmten Dienststils unter menschlicher Kontrolle. Wir bitten demütig um seinen Dienst, wenn wir ihn voll Zuversicht anrufen, er möge seine Macht freisetzen. Aber wir dürfen nicht so respektlos sein, stolz zu befehlen und zu verlangen, dass er dies oder jenes tue. Er macht sich selbst verfügbar, aber wir dürfen seine göttliche Demut nicht ausnutzen, indem wir ihn herumkommandieren. Wenn wir lange genug seine Gegenwart und Macht missbrauchen, könnte er seine manifeste Gegenwart entziehen. Die Geschichte göttlicher Heimsuchungen bestätigt diese Wahrheit.
- Wenn Sie die Aufmerksamkeit darauf lenken, was an einem Einzelnen oder einem Teil der Versammlung geschieht, dann tun Sie das nur aus dem Grund, dass die ganze Gruppe aufgebaut wird. Kommunizieren Sie als Leiter ernsthaft, nicht albern und fasziniert von den Manifestationen. Sogar wenn der Geist unkontrollierbares Lachen schenkt, seien Sie sich bewusst, dass etwas Heiliges stattfindet. Nehmen Sie die Freude des Herrn auch ernst, während Sie sie genießen. Schließlich ist es himmlische Freude, und himmlische Geschehen sind von Natur aus Ehrfurcht gebietend.
- Lassen Sie Raum dafür, dass der Herr Leute ohne menschliche Vermittlung anrühren kann. Wenn dies geschieht, baut das Glauben und

beseitigt Ängste vor Manipulation. Lassen Sie die Versammelten eine Weile in die Gegenwart Gottes „eintauchen", bevor die Beter losgehen und sie berühren dürfen.

- Geben Sie großzügig Freiraum, wenn jemand nicht möchte, dass ihm die Hände aufgelegt werden. Sagen Sie, wie die Leute Ihnen ein Signal geben oder reagieren können, wenn sie persönliches Gebet empfangen möchten, wenn sie zum Beten nach vorne kommen, lassen Sie ihnen aber auch die Möglichkeit, mit Gott allein zu kommunizieren.
- Anbetungsteams sollten während der Gebetszeiten leiten. Manchmal reicht einfache Hintergrundmusik, wenn kein Anbetungsteam zur Verfügung steht.
- Widerstehen Sie dem Druck, irgendetwas zu produzieren. Streben Sie danach, übernatürlich natürlich und natürlich übernatürlich zu sein. Erweckung ist Gottes Geschäft. Für die Ausführung vertrauen wir auf ihn. Empfangen Sie die Kraft in dem Maß, wie Gott sie schenkt, mit dankbarem Herzen. Dies ist die Atmosphäre, die der Geist anerkennt.
- Wenn in Ihrem Umfeld keine Erneuerung aufgetreten ist, denken Sie darüber nach, jemanden in Ihre Gemeinde einzuladen, den Gott bereits als einen Auslöser für geistliche Erneuerung gebraucht hat, um den Dienst des Geistes in größerem Umfang weitergeben zu helfen.

Ein Gebetsdienst-Team aufbauen

Um den Dienst der Erweckung zu vereinfachen, ist es wichtig, ein Team von Menschen auszurüsten, die regelmäßig für andere beten. Die Qualifikationen sollten nicht allzu stringent sein. Die wenigen, die den Menschen gar nicht gut tun würden, wird man aussondern müssen. Machen Sie ganz deutlich, was jemanden für das Gebetsteam qualifiziert und was ihn disqualifiziert. Das wird im Lauf der Zeit ein immer größeres Thema, wenn die, die „mehr" empfangen haben, den Wunsch bekommen, „es weiterzugeben". Folgende Eigenschaften sollten die Mitarbeiter in einem Gebetsdienstteam aufweisen:

- Sie sollten freudige und aktive Gemeindeglieder sein.
- Sie sollten das Zeugnis eines gottesfürchtigen Charakters haben und geistlich wachsen wollen.

- In Verhalten, Erscheinung, Sprechweise und Gewohnheiten sollten sie einigermaßen gesellschaftsfähig sein.
- Sie sollten einen Ausbildungskurs zum Thema *Persönlicher Gebetsdienst* absolviert haben.
- Sie sollten belehrbar sein und sich korrigieren lassen, ohne ständig „in ihren Gefühlen verletzt" zu sein.

Teilnehmer am Gebetsdienstteam sollten die sein, die die Frucht des Geistes wertschätzen, wie sie in Galater 5,22–23 aufgeführt ist. Die Frucht des Geistes ist nichts weniger als der Charakter Jesu Christi, der sich in Gläubigen und durch sie manifestiert. Sehen wir uns jede Frucht des Geistes einzeln an und überlegen wir, wie sie auf den Gebetsdienst zutreffen könnte.

- *Liebe.* Liebe ist die alles überspannende Eigenschaft, aus der alle anderen Aspekte der Frucht des Geistes entspringen. Wenn wir für andere beten, müssen wir uns als Diener aus Liebe sehen und nicht als Glaubenshelden. Die Einstellung eines Dieners ist der herausragende Ausdruck der Liebe. Wenn wir für andere beten, sind wir uns bewusst, dass es viel mehr darum geht, dass sie von Gott empfangen, als um uns, die dafür „Lorbeeren ernten", dass wir in Kraft wirken, wenn sie im Geist zu Boden gehen.
- *Freude.* Wir gehen an das Beten für andere mit dem freudigen Bewusstsein heran, dass uns damit ein Vorrecht verliehen wird. Selbst wenn es uns emotional nicht gut geht, können wir auf die Freude in uns zurückgreifen und unsere persönlichen Schwierigkeiten zeitweilig zur Seite legen.
- *Frieden.* Wir streben an, andere in den Frieden mit Gott, mit sich selbst und mit anderen zu führen, und dienen ihnen mit einem friedfertigen Geist, der in Gottes Fähigkeit ruht, selbst in unserer Schwachheit durch uns zu wirken.
- *Langmut.* Manche müssen einen Gang zurückschalten und sich Zeit nehmen, wenn sie für andere beten. Der Heilige Geist wird nicht gerne angestoßen – er möchte vorangehen. Normalerweise nimmt er sich seine Zeit, um seine Macht zu zeigen. In der Stille der Seele können wir die Eindrücke des Geistes besser empfangen.
- *Freundlichkeit.* Wir werden oft für Menschen beten, deren Leben von der Sünde zerstört wurde. Viele haben keine gesellschaftlichen Umgangsformen gelernt und sie haben unangenehme Eigenschaften

an sich. Viele haben falsche Lehren angenommen und sind sogar von Dämonen belastet. Wir müssen manches an ihrer Unreife liebevoll ertragen und uns ihres Verführtseins freundlich annehmen.

- *Güte.* Wir befassen uns mit den Nöten anderer; deshalb zeigen wir ihnen, dass wir uns praktisch kümmern, wenn wir für sie gebetet haben. Vielleicht haben wir selbst nicht die Möglichkeiten, kennen aber jemanden, an den wir sie verweisen können. Wir weigern uns, aus dem heiligen Vertrauen einen Vorteil zu ziehen, das uns Menschen entgegenbringen, indem sie sich vor uns verletzbar machen, wenn sie uns erlauben, für sie zu beten.
- *Treue.* Manchmal erfordert das Beten für andere Beharrlichkeit von uns. In vielen Fällen müssen wir öfter als einmal für dieselbe Person beten. Wir dürfen uns von scheinbarem Versagen nicht einschüchtern lassen. Wir verpflichten uns für den Rest unseres Lebens dem treuen Gebet für Menschen.
- *Sanftmut.* Wir beten für andere in dem Bewusstsein, dass wir nicht die Antworten für sie haben, sondern dass wir jemanden kennen, der sie hat. Das bewahrt uns vor Anmaßung und Plattitüden. Unser Vorgehen, sowohl körperlich wie verbal, muss freundlich sein, nicht hastig oder harsch. Wenn wir dazu beitragen können, dass die Menschen sich entspannen, weil sie wissen, dass sie in unserer Gegenwart sicher sind, dann werden sie leichter vom Herrn empfangen können.
- *Selbstbeherrschung.* Wir fordern die Leute auf, „herunterzukommen“, sowohl emotional als auch körperlich, wenn sie für andere beten wollen. Wenn Sie die manifeste Gegenwart des Geistes äußerlich sichtbar mit „unkontrollierbarem“ Lachen und Zucken erleben, dann wechseln Sie in einen „Persönlich-von-Gott-empfangen“-Modus statt in einen „Für-andere-beten“-Modus. Wir wollen nicht unwissentlich andere manipulieren, indem wir sie unter Druck setzen, auf uns zu reagieren, wenn wir „manifestieren“, während wir für sie beten. Zu dieser allgemeinen Regel gibt es Ausnahmen. Eine Ausnahme ist, wenn Sie jemand spezifisch darum bittet, für ihn zu beten, während Sie in solch einem Zustand sind. Eine andere könnte sein, wenn die andere Person ein Freund ist und Sie wissen, dass er solch eine Erfahrung gerne hätte. Und es mag noch andere Ausnahmen geben. Wenn wir mit diesen Werten

im Herzen für andere Menschen beten, werden wir ihnen damit zum Segen sein. Zeigt sich bei Einzelnen, dass sie im persönlichen Dienst außergewöhnlich bevollmächtigt sind, könnten ihre Leiter ihnen mehr Freiheit geben, im Gebet und/oder prophetischen Dienst größere Risiken einzugehen.

Angemessene Reaktionen auf geistliche Erneuerung

- Nehmen Sie die Haltung des „Lernenden" an, nicht die des „Experten" im Dienst des Geistes. Es gibt nicht allzu viele, die diesen Weg schon gegangen sind. Wir müssen wie Kinder vor unserem himmlischen Vater sein. Wir vertrauen mehr auf seine Fähigkeit, uns zu lehren, als auf unsere Fähigkeit zu lernen. Seine Hingabe an uns ist stärker als unsere an ihn.
- Seien Sie großzügig, freundlich und geduldig mit den Ansichtsunterschieden zu anderen Werken und Gemeinden im Leib Christi. Wir müssen niemandem beweisen, dass etwas von Gott ist, wenn es das wirklich ist!
- Geben Sie angemessene Freiheit und schaffen Sie genügend Gelegenheiten für den Geist, sich in Umständen zu manifestieren, die speziell darauf angelegt sind, den Dienst der Erneuerung willkommen zu heißen. Gott kann mit seiner manifesten Gegenwart in jegliche Versammlung einbrechen, ohne die Vermittlung durch Menschen. Aber wenn nur isolierte Einzelne betroffen sind, dann muss die Leitung eine Ermessensentscheidung treffen, ob der Kurs einer bestimmten Veranstaltung geändert werden sollte.
- Lehren und leben Sie biblische Einschränkungen in dem Bestreben, in jedem spezifischen Zusammenhang sensibel zu sein. Fragen Sie immer: „Wie sieht Liebe aus?" Bemühen Sie sich um der Einheit willen um Unterordnung unter die Leiterschaft. Bei stärkerer Angst, „Gott zu verpassen" oder „verführt zu werden", werden Fehler in der Beurteilung geschehen.
- Studieren Sie die Geschichte der Erweckungen, um Weisheit zu gewinnen, und die Fehler, die in Erweckungen der Vergangenheit gemacht wurden.

Kapitel 20

Gottes Strategie des Schweigens

Auf Menschen, die in den prophetischen Dienst berufen werden, lastet ein ungeheurer Druck. Sie werden einen Ruf bekommen, der viel Druck auf ihrem Leben nach sich zieht, zum Teil, weil Menschen sie ehren, und zum Teil, weil Menschen sie hassen. Übernatürliche Manifestationen der Kraft müssen von geistlicher Reife begleitet sein, sonst wird der Druck zu einem Stolperstein werden, über den der prophetisch Begabte gewiss zu Fall kommen wird.

Der Druck der Stille

Ganz besonders schwer ist es für jemanden im prophetischen Dienst, Menschen zu begegnen, die in großer Not sind, nur um dann herauszufinden, dass Gott zu dieser Not schweigt. Möglicherweise hat Gott zuvor bei einem Dutzend anderer Menschen aus dieser Gemeinde sein Herz und seinen Geist mit großer Klarheit und äußerst detailliert offenbart. Doch dann steht der prophetisch begabte Mensch einer Person gegenüber, die sich in einer verzweifelten Situation befindet und mehr als jeder andere ein Wort Gottes nötig hätte, und derselbe Prophet empfängt überhaupt nichts vom Heiligen Geist – es herrscht völlige Funkstille. Diese unangenehme Situation, die irgendwann unvermeidlich eintreten muss, stellt für jemanden mit prophetischer Begabung eine wirkliche Prüfung seines Charakters und seiner Reife dar. Wenn er sagt: „Ich habe kein Wort für Sie", werden die Menschen enttäuscht sein, vielleicht sogar wütend. Unter Umständen steht sein Ruf auf dem Spiel, und damit zukünftige Einladungen und Honorare.

Der Druck menschlicher Erwartungen und Ansichten kann Menschen im prophetischen Dienst in ein gefährliches Fahrwasser führen, sodass schließlich sogar ihre Integrität und ihr Dienst Schiffbruch erleiden.

Die große Versuchung besteht darin, ein Wort weiterzugeben, das man nicht empfangen hat, nur um dem Druck des Augenblicks auszuweichen. Das ist die gleiche Versuchung, die den geistlichen Lehrer dazu provoziert, Fragen aufgrund von Informationen zu beantworten, über die er sich nicht sicher ist. Manchen Lehrern fällt es einfach zu schwer zu sagen: „Ich weiß es nicht." Die gleiche Unreife und der gleiche Stolz, die den Lehrer meinen lassen, seine Glaubwürdigkeit beruhe auf der Fähigkeit, alle Dinge zu wissen, hält den prophetisch dienenden Menschen davon ab, in einer verzweifelten Situation, in der sein Ruf auf dem Spiel steht, zu sagen: „Ich habe kein Wort für Sie."

Ungeachtet des Erwartungsdrucks der Menschen oder des eigenen Wunsches, jemandem in Not zu helfen, muss sich jeder mit einem prophetischen Auftrag die Disziplin auferlegen, dort zu schweigen, wo Gott schweigt. Wenn jemand aus seinem eigenen Gutdünken heraus ein Wort produziert, so kann dies den Absichten Gottes mit einer Gemeinde oder mit dem Leben eines Einzelnen direkt entgegenwirken; und es spielt keine Rolle, ob dieses Wort aus Mitgefühl oder aus dem Druck, die Glaubwürdigkeit des eigenen Dienstes zu wahren, heraus gegeben wurde. Dahinter steht ein Mangel an Integrität, der auf lange Sicht niemals dazu führt, dass der Glaube der Menschen auferbaut wird, selbst wenn sich manche kurzzeitig über ein menschengemachtes „prophetisches" Wort freuen.

Manchmal fügt jemand zu dem, was Gott gesagt hat, noch etwas hinzu, weil er liebevoller sein will als Gott, indem er dem fragenden Herzen eines Menschen vorschnelle Antworten gibt und jemandem ein Wort sagt, obwohl Gott schweigt. Wer dies tut, erliegt der Versuchung, einen Lückenfüller einzufügen. Er erliegt der Versuchung, ein „prophetisches Wort" auszudenken, damit andere nicht von ihm enttäuscht sind.

Menschen quälen sich ständig mit der Frage herum: „Warum lässt Gott es zu, dass dieser oder jener Mensch weiter leiden muss?" Um Gott und seinen Ruf zu retten, geben manche Männer und Frauen im prophetischen Dienst voreilige Antworten. Doch für den prophetischen Dienst bedeutet Reife nicht nur die Bereitschaft, ein schwieriges Wort auszusprechen, sondern auch die Bereitschaft, zu schweigen, selbst wenn ein „prophetisches Wort" angebracht scheint. Manche prophetisch begabten Menschen halten die Umstände, in denen sich andere befinden, für so bedrängend, dass sie meinen, ihnen unbedingt ein Wort von Gott geben zu *müssen*.

Wenn Gott schweigt bei einer Gelegenheit, wo *wir* unbedingt wollen, dass er spricht, prüft das die geistliche Reife sowohl der Hilfesuchenden wie des Propheten. Jeder Christ muss Gott vertrauen, wenn er schweigt. Es ist ein unvermeidlicher Teil des geistlichen Wachstums, und eine prophetische Person muss sich Gott auch dann unterordnen, wenn er zu einer Situation nichts sagt. Ansonsten wird sie schließlich Worte für Menschen fabrizieren, obwohl Gott wollte, dass sie schweigt. Trotz ihrer gut gemeinten Bemühungen um Gottes Image wird sie zum Stolperstein für die, denen sie helfen möchte.

IN DER DUNKELHEIT VERTRAUENSVOLL SEINEN WEG GEHEN

Jesaja beschreibt jemanden, der in der Furcht des Herrn wandelt, als einen Menschen, der Gott auch in dunklen Zeiten vertraut, das heißt in Krisenzeiten, in denen er kein Wort vom Herrn hat.

> Wer von euch den Herrn fürchtet, der höre auf die Stimme seines Knechtes. Wer im Dunkel lebt und wem kein Licht leuchtet, der vertraue auf den Namen des Herrn und verlasse sich auf seinen Gott (Jesaja 50,10).

Dieses Im-Dunkel-Leben bezieht sich, so wie es hier gebraucht wird, nicht auf eine moralische Finsternis, die daher kommt, dass uns Sünde oder dämonische Mächte bedrängen. Es bedeutet einfach nur, sich auf unbekanntem Boden zu bewegen, ohne ein klares Licht und ein Ziel zu haben, das uns Sicherheit gibt. Jesaja fährt im nächsten Vers fort:

> Ihr alle aber, die ihr Feuer legt und Brandpfeile entzündet, sollt in die Glut eures eigenen Feuers laufen und in die Brandpfeile geraten, die ihr entflammt habt. Durch meine Hand kommt das über euch; am Ort der Qualen werdet ihr liegen (Jesaja 50,11).

Dieser Vers unterstreicht die Gefahr und die Qualen, in die sich die Menschen begeben, die sich weigern, auf Gottes Licht zu warten, und die ihr eigenes Feuer entfachen, nur um irgendein Licht zu produzieren. Dieses Feuer bezeichnet ein menschengemachtes, nachgeahmtes Feuer, das niemals Gottes Licht ersetzen kann. Menschen, die sich dieses nachgeahmten Feuers bedienen, werden am Ort der Qualen liegen, statt sich in der Geborgenheit des Friedens niederzulegen. Dies ist eine Warnung, prophetische Worte nicht zu produzieren!

Jesaja warnt die Menschen, die den Herrn fürchten, davor, ihre eigene Flamme zu entzünden. Machen Sie kein künstliches Licht, nur weil Sie von der Dunkelheit frustriert sind, und erzeugen Sie, was den prophetischen Dienst angeht, nicht selbst ein Licht für andere Menschen.

Gottes Schweigen zwingt uns dazu, in unserem Vertrauen zu ihm als Person zu wachsen, wenn wir durch die Dunkelheit gehen und nicht wissen, wohin der Weg uns führt. Schließlich erkennen wir, dass er uns die ganze Zeit über sehr nahe war. Auf diese Weise entfaltet sich unsere persönliche Lebensgeschichte mit Gott.

Missverstandenes Schweigen

Jesus reagierte häufig nicht so auf Menschen, wie wir es von Gott erwartet hätten. Manchmal, wenn wir denken, Gott müsse doch antworten, schweigt er. Manchmal, wenn wir meinen, er solle eingreifen, handelt er nicht. Dies allein sollte für Menschen im prophetischen Dienst Grund genug sein, keine Mutmaßungen darüber anzustellen, was Gott in einer bestimmten Situation sagen oder tun soll.

Als Jesus die Region von Tyrus und Sidon durchquerte, begegnete ihm eine kanaanäische Frau, die ihn um Befreiung ihrer von Dämonen besessenen Tochter anflehte. Jesu Antworten waren völlig unvorhersehbar in dieser Krisensituation.

> Da kam eine kanaanäische Frau aus jener Gegend zu ihm und rief: Hab Erbarmen mit mir, Herr, du Sohn Davids! Meine Tochter wird von einem Dämon gequält. Jesus aber gab ihr keine Antwort. Da traten seine Jünger zu ihm und baten: Befrei sie (von ihrer Sorge), denn sie schreit hinter uns her. Er antwortete: Ich bin nur zu den verlorenen Schafen des Hauses Israel gesandt. Doch die Frau kam, fiel vor ihm nieder und sagte: Herr, hilf mir! Er erwiderte: Es ist nicht recht, das Brot den Kindern wegzunehmen und den Hunden vorzuwerfen. Da entgegnete sie: Ja, du hast recht, Herr! Aber selbst die Hunde bekommen von den Brotresten, die vom Tisch ihrer Herren fallen. Darauf antwortete ihr Jesus: Frau, dein Glaube ist groß. Was du willst, soll geschehen. Und von dieser Stunde an war ihre Tochter geheilt (Matthäus 15,22–28).

Zunächst *sah es so aus*, als *ignoriere* Jesus sie, denn er ging mit keinem Wort auf sie ein. Als sie weiter schrie, *sah es so aus*, als würde er sie *abweisen*, als er sagte: „Ich bin nur zu den verlorenen Schafen des Hauses Israel gesandt." Sie ließ aber nicht locker, und dann *sah es so aus*, als würde er sie *beleidigen*: „Es ist nicht recht, das Brot den Kindern wegzunehmen und den Hunden vorzuwerfen." Die Frau ließ sich nicht abweisen. Schließlich *belohnte* Jesus sie und sagte: „Frau, dein Glaube ist groß. Was du willst, soll geschehen."

Wir wären äußerst erstaunt gewesen, wenn wir Zeugen dieser Begegnung hätten sein dürfen. Jesus schien zunächst nicht reagieren und nicht handeln zu wollen und antwortete ihr dann sogar scheinbar unhöflich – dies alles passt sicher nicht in das Bild, das wir uns darüber gemacht haben, wie der Gott der Liebe handeln sollte. Doch aus heutiger Perspektive ist völlig klar, dass Jesus den Glauben dieser Frau auf die Probe stellte, prüfte und „herauskitzelte".

Aufgrund unserer vorgefassten Meinungen kommen wir manchmal zu falschen Schlussfolgerungen über Gottes Schweigen oder scheinbare Unwilligkeit zu handeln. Wir kommen vielleicht zu dem Ergebnis, dass Gottes Liebe zu uns nachgelassen hätte oder wir für etwas bestraft werden sollten. Doch bei dieser Frau und ihrer dämonisch besessenen Tochter, die schließlich geheilt wurde, war dies ganz gewiss nicht der Fall. Dasselbe gilt für Lazarus, als er krank wurde und starb. Die Schrift macht sehr deutlich, dass Jesus Lazarus sowie seine beiden Schwestern, Marta und Maria, lieb hatte. Er traf jedoch absichtlich zu spät für eine Heilung ein.

> Denn Jesus liebte Marta, ihre Schwester und Lazarus. Als er hörte, dass Lazarus krank war, blieb er noch zwei Tage an dem Ort, wo er sich aufhielt (Johannes 11,5–6).

Wir wissen, dass es nichts mit einem Mangel an Liebe zu tun hatte, dass Jesus in dieser Situation scheinbar nicht handelte. Es ging vielmehr darum, den Erlösungswillen Gottes zu erfüllen. Lazarus, Marta und Maria lernten, Jesus in allen Dingen zu vertrauen, selbst als dies bedeutete, über alles Verstehen hinaus in der Dunkelheit zu leben.

Johannes war ein großer Mann, und doch tat Jesus nichts, um zu verhindern, dass er von König Herodes enthauptet wurde. Jesu Tatenlosigkeit hatte weder damit zu tun, dass Jesus Johannes nicht geliebt hätte, noch hatte es damit zu tun, dass Johannes selbst unwürdig gewesen wäre.

> Amen, das sage ich euch: Unter allen Menschen hat es keinen größeren gegeben als Johannes den Täufer (Matthäus 11,11).

Es ist offensichtlich, dass Gott für Johannes die Ehre des Märtyrertodes vorgesehen hatte und dass dies Gott und sein Reich, insgesamt gesehen, am meisten ehren würde. Wir stolpern über die Tatsache, dass Gott nicht so redet oder handelt, wie wir es für richtig halten. Doch von Jesaja lernen wir, dass wir kein eigenes Licht produzieren dürfen, wenn wir in der Dunkelheit leben. Aus den Evangelien lernen wir, dass Gottes Schweigen nicht bedeutet, wir würden von ihm abgelehnt oder nicht mehr geliebt; dieses Schweigen müssen wir im Licht der Erlösungsabsichten Gottes verstehen. Ein Mensch mit prophetischer Begabung muss verstehen, dass das prophetische Wort, nach dem sich die Menschen häufig so verzweifelt sehnen, ein Wort ist, das Gott selbst verweigert. Sie fragen nach Informationen über ihre Umstände, und Gott gibt ihnen Informationen über ihre Beziehung zu ihm. Sie wollen Frieden und Gewissheit, doch Gott hat einen anderen Weg für sie, Frieden zu bekommen. Wenn Gott nicht antwortet, so liegt es manchmal daran, dass wir die verkehrten Fragen stellen.

Eine Hungersnot in Bezug auf ein Wort des Herrn

Wenn Gott schweigt oder uns eine Zeitlang das Gefühl vermittelt, nicht gegenwärtig zu sein, so kann dies eine Reihe von Gründen haben, die allein Gott kennt. Vielleicht hat er die Absicht, uns Glauben zu lehren, oder es mag sogar seine Absicht sein, über solche Menschen das Gericht zu bringen, die sein Reden mutwillig abgelehnt haben. Amos sagte dem Volk Israel eine Hungersnot in Bezug auf das prophetische Wort voraus, weil das rebellische Volk Israel sich geweigert hatte, früheren prophetischen Worten von Gott zu gehorchen:

> Seht, es kommen Tage – Spruch Gottes, des Herrn –, da schicke ich den Hunger ins Land, nicht den Hunger nach Brot, nicht Durst nach Wasser, sondern nach einem Wort des Herrn. Dann wanken die Menschen von Meer zu Meer, sie ziehen von Norden nach Osten, um das Wort des Herrn zu suchen; doch sie finden es nicht (Amos 8,11–12).

Es erscheint uns merkwürdig, dass Gott sein Wort dem Volk Israel vorenthielt, das doch anscheinend so sehr nach diesem Wort suchte. Doch in Wirklichkeit hatte Israel das Wort, das Gott ihm bereits durch die Propheten gesagt hatte, bewusst ignoriert und verworfen. Sie wünschten sich sehr, Gott möge reden, aber sie wollten nicht hören, was Gott ihnen zu sagen hatte. Deshalb bemühten sie sich so sehr darum, ein anderes Wort von Gott zu empfangen.

Was Israel als Volk widerfahren ist, das geschieht auch im Leben halsstarriger Menschen.

Beispiel: Ein verletzter Mann hat von Gott das Wort empfangen, er solle alles vergeben, was es zu vergeben gibt. Aber nachdem er diese einfache und doch herausfordernde Antwort abgelehnt und verworfen hat, beginnt für ihn ein langer Prozess, bei dem er an allen möglichen Orten nach Antworten auf seine wachsenden Probleme sucht. Obwohl es so scheint, als suche er mit ganzem Eifer nach dem Willen Gottes, leidet er offensichtlich unter dieser Hungersnot in Bezug auf ein Wort des Herrn. Warum? Weil er das, was Gott ihm bereits ganz klar gesagt hat, ablehnt. Dieses Wort war ihm einfach zu unangenehm.

In anderen Fällen schweigt Gott nicht wegen der Rebellion eines Menschen, sondern weil er die Situation einrichtet, die diesem zu einem späteren Zeitpunkt größeren Segen bringt. So etwas verwirrt manche Menschen, die zwar aufrichtig, aber unreif sind, weil sie meinen, das Schweigen Gottes sei ein sicheres Zeichen seiner Unzufriedenheit und Ablehnung. Weil manche Menschen über lange Zeit hinweg nur Schweigen vom Himmel erleben, schließen sie fälschlicherweise, dass Gott sich von ihnen zurückgezogen habe oder dass sie auf irgendeine Weise sehr schlimm gesündigt haben müssten. Sie werden Opfer von Anklage, Verdammnis und Ablehnung.

Über das Offenbarte Schweigen

Eine sehr wichtige Prüfung für einen Propheten besteht darin, ob er bereit ist, ein hartes Wort Gottes auszusprechen und dann die daraus entstehende Zurückweisung und Verfolgung, die zur ganz normalen Last des prophetischen Dienstes gehören, anzunehmen. Hier wird geprüft, ob dieser Prophet sich ganz Gott anvertrauen kann und sich vor Gott bewährt.

Eine weitere sehr wichtige Prüfung besteht darin, zu schweigen, wenn Gott schweigt, ungeachtet der Tatsache, dass in diesem Augenblick ein ganz offensichtliches Bedürfnis nach einem Wort Gottes zu bestehen scheint. Hier werden die Ehrlichkeit und Integrität des Propheten vor Gott geprüft.

Eine dritte sehr wichtige Prüfung betrifft die Bereitschaft des Propheten, über etwas zu schweigen, was Gott dem Propheten ganz eindeutig offenbart hat, über was er aber nicht reden sollte. Hier werden die Reife und die innere Sicherheit durch die Beziehung zu Gott geprüft. Manche Propheten möchten immer sicherstellen, dass bekannt wird, wer eine bestimmte Offenbarung empfangen hat, und sie sagen einfach alles, was ihnen gezeigt wurde. Sie sind wie Kinder, die ein Geheimnis wissen und es einfach nicht aushalten, darüber zu Stillschweigen zu bewahren. Sie müssen es irgendjemandem erzählen.

Vorsicht bei Worten der Korrektur

Wir weisen Männer und Frauen mit einer prophetischen Begabung auch darauf hin, sehr vorsichtig vorzugehen, wenn sie Prophetien aussprechen, die öffentliche Korrektur beinhalten. Solche Prophetien können Scham, Schmerz und Verwirrung auslösen. Wenn jemand prophetische Korrektur für eine andere Person empfängt, müssen wir dem Prozess folgen, den Jesus für die Situation lehrte, wenn wir einen Bruder sündigen sehen (Matthäus 18,15–18). Nach diesen Prinzipien sollen wir zunächst privat mit dem Betroffenen über seine Sünde sprechen, bevor wir uns in der Öffentlichkeit an ihn wenden. Es braucht viel Reife und Erfahrung, damit ein Mensch im prophetischen Dienst schweigen kann, wenn Gott etwas offenbart, was nur für die eigenen Ohren bestimmt ist.

Aus der eigenen Fantasie heraus prophezeien

Ein weiteres häufiges Problem im Kontext des prophetischen Dienstes betrifft die Leute, die sich ein positives Wort zurechtbasteln, obwohl der Herr tatsächlich ein negatives sagt. Jeremia lehrte gegen die, die aus ihrer eigenen Fantasie heraus prophezeiten und die eine Vision verkündeten, die sich selbst ausgedacht hatten.

So spricht der Herr der Heere: Hört nicht auf die Worte der Propheten, die euch weissagen. Sie betören euch nur; sie verkünden Visionen, die aus dem eigenen Herzen stammen, nicht aus dem Mund des Herrn. Immerzu sagen sie denen, die das Wort des Herrn verachten: Das Heil ist euch sicher!; und jedem, der dem Trieb seines Herzens folgt, versprechen sie: Kein Unheil kommt über euch (Jeremia 23,16–17).

In Jeremia 23 sehen wir die Warnung an „Propheten" gerichtet, die Gottes Gericht über Israels nationale Rebellion ignorierten. Sie beachteten Gottes Warnung vor Gericht nicht und erfanden eine Prophetie, die nur wunderbare Dinge verkündete und dem jüdischen Volk versicherte, Gott würde ihre Nation vor dem Gericht schützen. Gott droht solchen „Propheten" mit dem Gericht, die sich Gottes Disziplinierung entgegenstellen, welche zur Heilung eines gesamten rebellischen Volkes dienen könnte.

Anmerkungen

Kapitel 2

1 Marquis Shepherd, „Gentlest of Winters Goes Out with a Blast of Snow“ in: Kansas City Times, 21. März 1983.

2 „Comet's Path to Give Close View“. in: The Examiner, Independence, MS, 7. Mai 1983.

Kapitel 4

1 Wayne Grudem, *The Gift of Prophecy in the New Testament Today,* Eastboume, 1988 (deutsch: *Die Gabe der Prophetie*, Fürth, 1994, *vergriffen*).

2 a.a.O., S. 14.

3 a.a.O., S. 198–209.

Kapitel 5

1 Grudem, *The Gift of Prophecy*, S. 20–22.

Kapitel 6

1 Catherine Kroeger, „The Neglected History of Women in the Early Church" in: Christian History, Winter 1980, S. 7.

2 a.a.O., S. 14.

3 a.a.O., S. 8.

4 a.a.O., S. 6.

5 a.a.O., S. 20–24.

6 Mark Twain, *Personal Recollections of Joan of Arc*, gesehen bei Fordham University, http://www.fordham.edu/halsall/basis/conte-loanofarc.html (eingesehen am 27. Juni 2008).

Kapitel 8

1 Ich empfehle sehr die Lektüre von Iain H. Murrays Buch mit dem Titel *The Puritan Hope* (Carlisle, PS, 1979).

2 George E. Ladd, *The Presence of the Future*, Grand Rapids, MI, 1974. Ladd war viele Jahre lang Professor für Neues Testament am *Fuller Theological Seminary* in Pasadena, Kalifornien.

Kapitel 10

1 David Edwin Harrell jr., *All Things Are Possible* (Bloomington, IN, 1975), S. 38.

Kapitel 11

1 Samuel Johnson in einem Brief an George Berkeley, 3. Oktober 1741, in: Stephen Nissenbaum (Hsg.), *The Great Awakening at Yale College,* Belmont, CA, 1972, S. 57–58.

2 Jonathan Edwards, *The Works of Jonathan Edwards,* Bd. 1, Carlisle, PA, 1979, S. 62–70.

Kapitel 18

1 John Piper, *Desiring God*, Portland, OR, 1986, S. 14.

Kapitel 19

1 Jonathan Edwards, *The Works of Jonathan Edwards,* Bd. 2, „An Humble Attempt to Promote Explicit Agreement and Visible Union of God's People in Extraordinary Prayer, for the Revival of Religion and the Advancement of Christ's Kingdom on Earth", Christian Classics Ethereal Library, http://www.ccel.org/ccel/edwards/works2.vii.ii.ii.html?bcb=0 (eingesehen am 9. Juli 2008).

2 Jonathan Edwards, „A Treatise Concerning Religious Affections, in Three Parts", Christian Classics Ethereal Library, http://www.ccel.org/ccel/edwards/affections.txt (eingesehen am 9. Juli 2008).

3 Jonathan Edwards, *The Works of Edwards,* „A Narrative of Surprising Conversions and the Great Awakening", 1736, Nachdruck Carlisle, PA, 1991, S. 37–38.

4 a.a.O., S. 45.

5 a.a.O., S. 547.

6 a.a.O., S. 550.

7 John White, *When the Spirit Comes With Power*, Downers Grove, IL, 1988, S. 70.

8 Francis MacNutt, *Overcome by the Spirit*, Old Tappan, NJ, 1990, S. 35.

Bitte beachten Sie auch die folgenden Seiten mit weiteren Titeln von Mike Bickle.